フロイト入門

中山元
Nakayama Gen

筑摩選書

フロイト入門　目次

第一章　精神分析の誕生

第二章　忘却と失錯行為

フロイト入門

第一章

精神分析の誕生

1　精神分析の誕生まで

精神分析による革命

本書では、無意識という思想を提起することによって、哲学と心理学の分野において、革命的な変革を引き起こしたフロイトの思想と、それが果そうとしていた思想的な課題について考えてみたいと思う。フロイトの何よりの業績をあげるならば、精神分析を始めることで、無意識という概念を提起して、無意識の分析を思想的な課題としたこと、そしてそれまでの「わたし」、あるいは自我という概念を一変させたことだろう。この変革は、哲学における主観性の優位を揺るがす重要な帰結をもたらすことになった。

フロイト自身が挙げた有名な譬えでいえば、フロイトの精神分析は、それまでの二度の革命に次いで、人間から宇宙の主人としての地位と誇りを奪う第三の革命の役割を果したのだった。

第一の革命は、天文学の分野で、コペルニクスの地動説によって引き起こされた。一五四三年に出版された『天球の回転について』は、わたしたちの住む地球を中心としてすべての天体が運動しているというそれまでの「常識」を、根本から揺るがすことになった。フロイトは「人類は時の経過のうちに、科学によって二度、その素朴な自惚れに大きな打撃を受けねばなりませんでした。最初はわたしたちの地球が宇宙の中心などではなく、ほとんど想像することができないほど巨大な宇宙系のごく小さな部分にすぎないことを知ったときです[1]」と語っている。コペルニクスの地動説の体系が、それまでのプトレマイオスの天動説の体系を転倒したことによって、人間が世界の中心に存在するという自己中心的な考え方が、根本的に転倒されたのだった。

第二の革命は、生物学の分野で、ダーウィンの進化論によって引き起こされた。一八五九年に出版された『種の起源』は、動物の種というものは変化しないものであり、人間は世界が創造された際に、神によって神の姿をかたどって創られたというそれまでの「常識」を揺るがした。フロイトは「人類はそれまで天地創造において特別な地位を与えられていると信じ込んでいたのですが、それが崩壊しました。生物学の研究によって、人類は動物界から進化したものであり、人間のもつ動物的な本性は、消しがたいものであるという事実をつきつけたのです[2]」と指摘している。進化論によって人間は、自分たちが「神の似姿」などではなく、猿から進化した動物の一種にすぎないことを思い知らされた。

そして第三の革命が、フロイトの精神分析によるものだった。精神分析は、それまで人間が信じていた主観性や主体性というものの価値に根本的な打撃を与えた。フロイトは、精神分析によって、「人間の不遜は、今日の心理学の研究によって三度目の、そしてもっとも手痛い傷を加えられたことになります。人間の自我は自分自身の家の主人などではけっしてありえないこと、そして自分の心的な生において無意識に起こっていることについては、依然としてごく乏しい情報しか与えられていない[3]」ことを思い知らされたのである。この第三の革命は、近代において啓蒙の理念を支えていた理性への信頼を根底から覆すものであり、それまでの二つの革命よりもさらに根本的に、人間の自己への信頼を揺るがすことになった。

近代の理性崇拝

近代のデカルト以来の哲学が教えたことは、人間が真理を獲得することができるのは、絶対に疑いえない「わたしは考える」（エゴ・コギト）を支える「わたし」（エゴ）の存在の確実さに依拠することによってだということだった。ということは、思考し、判断する理性の能力こそが、人間が頼ることのできる究極のものであるということである。

フランス革命をもたらした啓蒙の精神は、理性によってそれまでの伝統的な国家とは異なる理性的な国家を創設できると主張した。イギリスでもフランスでも、それまで伝統的な国家を代表し、象徴してきた国王を殺害して、自分たちが望ましいと考える国家を創造する試みが行われている。

近代の初頭の絶対主義的な国家では、国王という主権者によってその権威と権力が維持されていた。近代の初頭に、それまでの封建国家の身分制の権力構造が打破され、国王のもとに権力が集中される絶対主義的な国家構造が確立された。

こうした国家では国王というものは、キリスト教の伝統にも支えられて、神から与えられた支配者であり、統治者であると認められていた。国王の権威は疑うことのできないものだったのであり、国王は国家の主権を体現する存在だった。

イギリスのピューリタン革命とフランス革命において、そうした疑う余地のない権威をもつ公的な人物を、たんなる一人の私人として死刑にするという行為が可能であったのは、人々が自分たちのもつ理性の力を信じることができたからだった。人間は理性の力によって、自分たちの生活のために最善の国家を構築することができるというのが、その根底にあった考え方である。

そしてこの理性の力への信頼は、デカルトの語った考える「わたし」の能力にたいする信頼でもあった。近代的な主体である「わたし」は、自分のうちにある理性と思考する能力によって、理性的に自分を支配し、国家を支配することができることが信じられるようになっていた。

このように近代という時代は人間が自己の理性を信頼することから可能となったのである。フランス革命は、それまでのキリスト教の神を信仰することを禁じて、至高の理性を神に匹敵する絶対者として祝う祝祭を始めたほどである。

一七九四年六月八日（牧月《プレリアール》二〇日）に、ロベスピエールの指導のもとで「至高理性の祭典」が祝われた。ミシュレは「これほど楽しい期待をもたらした祭典はかつてない。これほど観喜とともに祝われた祭典はかつてない」[4]と、それまでに例のないこの祭典を称えている。

フランス革命では、救世主であるイエスの代わりに、そしてその母の聖母マリアの代わりに、理性を体現した女性像が崇められた。そしてそれが自由であることだと信じられたのだった。神という宗教的な絶対者から解放された人間は、自分が理性を行使することで、「自由な」存在になれると信じたのである。

理性の狂いと神殺しの恐ろしさ

しかしこのようにして、神から統治を委託されたはずの国王を殺害するということは、父親を殺し、神を殺すということを意味していた。そのことの恐ろしさは、当初はよく認識されなかったが、やがて人間は神を殺害して自分を神の座につけたことのもつ意味に気づくようになったのである。

ニーチェは、人間による神殺しという行為の恐ろしさについて、次のように啓発的に語っている。「神は死んだ！　神は死んだままだ！　それも、おれたちが神を殺したのだ！　殺害者中の殺害者であるおれたちは、どうやって自分を慰めたらいいのだ？　世界がこれまでに所有していた最も神聖なもの最も強力なもの、それがおれたちの刃で血まみれになって死んだのだ、――おれたちが浴びたこの血をだれが拭いとってくれるのだ？　どんな水でおれたちは体を洗い浄めたらいいのだ？　どんな贖罪《しょくざい》の式典を、どんな聖なる奏楽を、おれたちは案出しなければならなくなるだろうか？」[5]。

ロベスピエールの理性という「至高存在の祭典」は、こうした「贖罪の式典」としてはあまりにもお粗末なものだった。人間たちは、神を殺して自分を神の座につけたことの恐怖におののくようになる。神は死後もその恐怖によって人間たちを支配しているかのようである。啓蒙の近代は、フランス革命による王の斬首の後、この恐怖に支配されるようになった。神の死後も、神の影が人間を支配しているかのようだった。

ニーチェはこの神の影について、ブッダが死んだのちも、数世紀の間、ある洞窟の中にブッダの「巨大なおそるべき影」が残っていたことを指摘しながら、次のように語っている。「神は死んだ、――けれど人類の持ち前の然らしめるところ、おそらくなお幾千年の久しきにわたり、神の影の指し示されるもろもろの洞窟が存在するであろう。――そしてわれわれ――われわれはさらにまた神の影をも克服しなければならない！」[6]。

近代以降の時代は、この神の影に支配された時代と言えるだろう。人々が殺したと信じたはずの神の影は、狂気として、無意識的なものとして、理性の万能を信じていた人々の心の隙をついたのである。

この神の影の大きさは、実際に近代という時代が始まってみると、理性への信頼を裏切るような出来事が次々と起こったことによって、まざまざと示された。それを象徴するのが、ふだんは理性的にふるまい、狂気のきざしもみせないふつうの人々が、狂気に駆られているとしか思えないような罪を犯した事件が続発したことである。彼らは自分や隣人の子供たちを殺し、食べたのだった。革命の興奮がまだ覚めやらぬ一八一七年にはフランスのアルザス地方セレスタで、ある主婦が「自分の娘を殺害し、その体を切り分けて、白キャベツと一緒に調理した」[7]という事件が起きている。

その数年後にはある羊飼いが「幼い少女を殺害して陵辱し、彼女の性器を切り取って食べ、彼女の心臓を取り出してしゃぶった」[8]という異様な事件が起きた。これらの事件で重要なのは、犯罪者たちには人肉を食べるという罪を犯すいかなる動機もなく、精神の錯乱も確認されなかったことである。ただその怪物的な犯行だけが、彼らの理性の狂いを示していた。啓蒙の明るい光の中で、かえって人間の心の暗さが照らしだされたかのようだった。神を殺害した人間の傲慢さが、無意識のうちで、その贖罪を求めているかのようである。

これらの「怪物たち」が示したのは、わたしたちの心の中には、理性によって制御されてない無意識的で、原初的な欲望が存在しているということだった。こうした人類のもつ原初的な欲望をフロイトは後に、近親相姦（インセスト）、父親殺し（パリサイド）、人肉食（カニバリズム）という三つのとくに嫌悪される欲望としてまとめることになる。この時代はまさに、性の禁忌を犯し、人間の肉を食べる「性的侵犯者と食人者」[9]が「怪物的民衆」[10]として登場し、理性への崇拝を血に塗れさせたのである。

無意識と近代哲学

このようにして神を殺して、神の座についたはずの理性は、その背後に隠し持っている欲望の無意識的な力によって、その至高の地位から追い落とされた。それではこの理性に代わって人間の心を支配しているものは何だろうか。フロイトはそれを無意識と名づけた。フロイトの提起したこの無意識という概念は、それまでの伝統的な近代哲学の根幹を揺るがす力をもっていた。

デカルトがもっとも確実なもの、ただ一つだけ人間が確実であると確信することのできるものだった「コギト」、すなわち「考えるわたし」の確実さは、フロイトによると人間の自己のごく一部にすぎず、わたしたちは「考えることのできないもの」によって支配されているのである。

このフロイトの指摘が、「考える営み」としてのコギトの確実性に依拠した近代の哲学を揺るがすものであったことは明らかだろう。

そしてこの無意識という概念は、近代の革命を主導した理性にたいする信仰を揺るがすものであると同時に、伝統的な心理学の土台を崩壊させるものであった。近代に登場した啓蒙の理念と自然科学は、人間の心を科学的な手段で解明することができると考えていた。近代的な心理学を代表するのは、実験室で感覚や反応時間などを調査したヴィルヘルム・ブント（一八三二〜一九二〇）の創始した科学的な心理学である。『心理学原論』（一八九六年）を主著とするヴントは、一八七九年にライプチヒ大学に世界で初めて心理学実験室を設置している。

この近代的な心理学には二つの軸があった。一つはすでに指摘した啓蒙の精神である。啓蒙（リュミエール、アウフクレールング、エンライトゥンメント）というのは、理性が光であり、明るみであることを信じるということだ。これは理性の光の力で暗黒の中世の暗がり（蒙）を開く（啓く）という意味をもっていた。この暗がりがどこから来たのかというと、キリスト教の迷妄がもたらしたのだとされていた。宗教的な迷信と迷妄を理性の力で打破するというのが、啓蒙の精神であり、人間の心はこの輝かしい理性の働く場であるはずだった。デカルトはすべての人々にわけ与えられた自然の光としての理性を深く信じていたのである。

もう一つは、科学と技術の力への信頼である。ガリレオが地動説を禁圧しようする教会の圧力に抵抗した逸話は有名だが、彼が発明した望遠鏡という新たな技術の力で、宇宙の天体の運動にいたるまで、科学的な実験によって自然の法則が解明されるようになる。近代の心理学もまた、何らかの仮説を立て、実験によってその仮説を証明することで、人間の心もまた解明することができるという近代の科学的な方法論に依拠していた。

このように近代の心理学は、この宗教批判と科学的な客観性に依拠して、人間の魂を心の心理的なメカニズムに還元して解明することができると考えた。伝統的なキリスト教では魂は高貴なものであり、心理的なメカニズムなどではなかった。それを心理学は科学的な手段で解明することができると考えたわけである。

ロマン主義の反動

しかし革命の後に起きたさまざまな「怪物的な」事件が示したのは、人間には至高の理性がそなわっているのではなく、健全なはずの人間もときに狂気によって支配されることがあるということだった。それとともに、この理性信仰への信念は揺らいでくる。啓蒙の精神が宗教批判と科学技術によって人間の心の闇を照らすことができると信じたとすれば、人間の心はそのようなものではなく、魂という特別な質をもつものであると考えるロマン主義的な思想が生まれてくる。

このロマン主義的な思想の第一の特徴は、歴史を重視することだった。啓蒙の精神が普遍性を標榜したのにたいして、ロマン主義はそれぞれの民族ごとに異なる歴史の個別性を重視した。

ロマン主義の第二の特徴は、啓蒙の精神を正面から批判したことだった。啓蒙の精神では主観と客観が明確に対比され、主観である人間が客観である自然を科学的な手段で征服することが、歴史の進歩であるとされていた。この対立は精神と物体の対立と考えることができる。人間は主観＝主体として精神をもつ生き物であり、身体をはじめとする客観＝客体である自然は物体の世界であり、人間は精神によってこれを認識し、利用すると考えられていた。

これにたいしてロマン主義では、こうした客観と主観の対立を解消することを目指したのだった。そのためにはどうすればよいだろうか。その道は二つある――客観が主観よりも優位に立つか、主観が客観を支配するかである。客観が主観よりも優位に立つ道は、科学主義と唯物論が採用することになる。これにたいしてロマン主義は主として主観が客観を支配する道を選んだ。

その哲学的な表現がフィヒテの自我の哲学としての知識学である。フィヒテは第一に存在するのは自我であり、自我はただちに自我でないものとして非我（自然）を措定すると考えた。この自我は同時に魂の住み家でもあり、ロマン主義的な心理学は、魂の心理学になったわけである。(11)

精神分析という用語

フロイトの精神分析という概念は、このロマン主義的な魂の心理学の系譜につながるものである。フロイトが「精神分析」という語を初めて使ったのは、「神経症の遺伝と病因」というフランス語の論文で、一八九六年三月に発表されている。そこではプシカナリーズというその後の主流となった言葉ではなく、プシコアナリーズという語が使われている。

この論文でフロイトは、精神分析という方法で神経症を治療することができると主張しながら、その結論部分で、「精神分析《プシコアナリーズ》という新たな方法の使用は、J・ブロイアーが草分けとなって開発した手法に負うものである」(12)と、フランス語ではありながら、この言葉を初めて使ったのである。

ドイツ語でこの言葉が使われたのは、その直後の五月に発表された「防衛－神経精神症再論」という論文だった。この論文では『ヒステリー研究』を紹介しながら、「この論文では、わたしがヒステリーの研究において利用した精神分析《プシュヒョアナリューゼ》という治療法について説明している。この精神分析という方法は、たやすく利用できるものではないが、十分に信頼できるものである(13)」と主張している。

この精神分析という語は、人間の心の疾患を科学的な方法で、とくに薬物や手術などの外科的な方法で身体に働きかけるという方法で、治療しようとする科学的な心理学の方法とは異なり、人間の精神を司る魂を分析することで治療しようとする試みを示すものだった。これは魂（プシュケー）を分析することで、心の病を治療できると考える方法だったわけである。

このプシュケーの概念は、キリスト教の霊魂の概念と、それほど対立するものではない。古代ギリシアのプラトン的な魂の概念は、中世以降のヨーロッパのキリスト教の伝統において、人間の人格的な霊魂の理念として保存され維持されてきたのであり、これが近代のロマン主義的な思想の流れとともに復活してきたのである。精神分析という学問は、科学的な心理分析ではなく、魂（プシュケー）を分析することで、神経症のような身体的な疾患を治療することを目指すものであることを標榜したのである。

メスマーの動物磁気

このように身体ではなく、精神に働きかけることで、身体的な障害を治療する方法は、それまでにも存在していた。とくに一九世紀に登場して注目されたのが、ドイツ人の医師フランツ・アントン・メスマー（一七三四〜一八一五）の動物磁気による治療方法だった。

これはキリスト教的な悪魔祓いの伝統の中から生まれた治療方法である。キリスト教では痙攣などの身体的な病に苦しむ人々は悪魔に憑《つ》かれているのだと考え、専門の悪魔祓いの聖職者たちが、悪魔を取り除いて、こうした疾患を治療しようとしていた。

啓蒙の時代に生まれたメスマーは、実際に教会の悪魔祓いの専門家であるガスナーという聖職者と、実際の治療で対決したことがある。そして自分の身体にそなわる磁気によって、悪魔に憑かれたようにみえる人々を治療することに成功したと主張した。ある事典ではこのメスマーの理論を次のように要約している。「メスメリズムは、全宇宙を満たしているなんらかの流体が人間の神経系統に働き、収縮と膨張を繰返していると考えた。そして、その作用が体内で妨げられることが病気の原因であり、指で患部に触れるなどしてこの流れを正常化すれば治療効果が生じるとした(14)」。

この流体をメスマーは動物磁気と呼んだわけだが、実際の治療はメスマーが患者に催眠をかけて、身体的に接触して、一種の性的な快感を引き出すことで治療するというものだったらしい。パリで治療室を開いて大成功を収めたが、科学的な根拠がないと否定されて、やがて忘れ去られることになる。

メスマーのこの治療方法には、後のフロイトの精神分析につながる三つの重要な特徴がある。第一は催眠をかけることで治療したこと、第二は治療者と患者の身体的な接触が治療効果をもたらしたこと、第三は神経症の症状が性的な快感によって解消されたことである。

シャルコーの催眠術によるヒステリー治療とベルネームの暗示術

一度は否定され、忘れられたこのメスマーの方法はやがて、フランスの医科大学で神経学の講座を初めて開設したジャン＝マルタン・シャルコー（一八二五〜九三）が改めて受け継ぐことになった。シャルコーはサルペトリエール病院で、多数のヒステリー患者を治療したことで有名になった。シャルコーはヒステリーのうちでも「大ヒステリー」と呼ばれる病を、前兆の時期、発作の段階、大袈裟な運動の段階、消退の時期の四つの段階に区別していた。

人々の注目を集めたのは第二と第三の段階だった。第二の発作の段階では「叫び声、顔面蒼白、意識喪失、卒倒につづく筋肉硬直。この時期は、てんかん性あるいは類てんかん性といわれる[15]」症状がみられた。そして第三の運動の段階では「意図的性格の身体の捻転、情念、恐怖、不安、あるいは憎しみなどを身振りであらわす芝居がかった仕草[16]」を特徴とした。

シャルコーは多くの観客を前にして、こうしたヒステリーの患者に催眠術をかけることによってヒステリーのさまざまな症状を実際に作りだした後に、それを治療してみせた。催眠術をかけることでヒステリーを治療しうることを、劇的な形で示したのだった。メスマーが提起し、その後に一度は否定された催眠の治療的な力が、ここでふたたび確認されたわけである。シャルコーはこのようにして、催眠術を重視するサルペトリエール派を創設することになる。

このシャルコーによる治療には、メスマーの動物磁気で確認した三つの特徴がほとんどそのまま残されていることに注目しよう。第一にシャルコーはメスマーと同じように、催眠をかけることで治療できることを示した。第二にシャルコーは催眠をかけた患者の身体に触れることで、ヒステリーの症状を再現してみせた。シャルコーは外傷性の病理がヒステリーによるものであることを明らかにするために「一人のヒステリー患者の肩に簡単なショックを与えると、外傷性単麻痺と同一の腕の麻痺が起こった[17]」ことを示している。第三に、シャルコーの示した実験で患者たちが示した表情は、性的な恍惚に近いものだった。シャルコーは患者との間に、メスマーと同じような性的な関係を構築していたのである。

フロイトはウィーンの大学で生理学の研究をしていたが、パリに留学してシャルコーに学ぶことになる。ただしフロイトが留学した研究室は神経学の研究室で、そこでフロイトは動物の神経について解剖学的な研究をしたのだった。フロイトは、生理学の研究者としてパリに留学したのである。そして小児の脳性麻痺の患者の解剖などを手掛けている。

しかしパリでフロイトが何よりも大きな感銘をうけたのは、シャルコーのヒステリーの治療だった。シャルコーは「今や、器質性の神経疾患の学説はほとんど構築され終わっていると宣言し、自分の関心をほぼすべてヒステリーに向け始めたのである[18]」とフロイトは、シャルコーの追悼文で語っている。

それまでヒステリーは詐病とみなされることが多かったが、この病に苦しむ人には「何らかの心的過程が生じており、その当然の表現が、こうした身体的な現象なのではないかという洞察[19]」をシャルコーはもたらしたのだった。

これにたいしてシャルコーを批判してナンシー派を創設したのが、イポリット・ベルネーム（一八四〇〜一九一九）である。彼はシャルコーの大ヒステリーは、治療者の暗示によって生まれたものであり、そもそも疾患ではなかったと主張した。そしてすべての人にヒステリー的な素質があり、暗示の力でこれを治療することができると考えたのである。そのために、暗示による催眠術が重視されることになった。ヒステリーという身体的な症状は、暗示による心理療法で治療できると考えたのであり、これで治療できない疾患は、器質的な障害によるもので、身体的な治療を加えるべきだとされたのだった。

フロイトはやがてベルネームに同調して、シャルコーを批判するようになった。まずフロイトは、ベルネームが暗示を中核とした催眠術による治療方法を確立し、シャルコーを乗り越えたことを高く評価している。そしてフロイトはこのベルネームの実践に依拠しながら、二つの点でシャルコーを批判したのだった。

第一に、シャルコーはヒステリーが「特異な素因を背景として患者の脳を支配した表象が生んだものである」[20]と主張し、この素因は遺伝的なものだと考えていた。それにたいしてフロイトは「シャルコーは神経症の病因としてあまりに遺伝を過大に評価していたので、神経疾患が新たに獲得されるものであると考える余地はほとんど残っていなかった」[21]と批判している。第二にフロイトは、シャルコーが「病因に関してもその他の点でも、器質的であることがはっきりとしている神経疾患と、神経症を区別しなかった」[22]ことを批判した。

このようにフロイトは、フランスに留学した際に、シャルコーとベルネームに多くのことを学んだのだった。フロイトは、心の病を身体への科学的な処置によってではなく、精神に働きかけることで治療できるというこのフランスの二つの学派に学んで、精神分析を始めることになる。それではフロイトが精神分析を始めるにいたる経緯を振り返ってみよう。

フロイトの学生時代

フロイトは学生時代には法学の研究を志したこともあったが、ゲーテの自然についての文章を読んで、自然についての学である医学を専門に学ぶことに決めたと回想している。一八七三年に一七歳でウィーン大学に入り、そこで生物学、生理学、物理学などを学んでいる。これからしばらくフロイトの医学生時代がつづくことになる。

まず大学三年のときにウナギの生殖腺についての解剖学的な研究を担当し、論文を執筆している。フロイトが二〇歳のときに、当時の著名な生理学者であるエルンスト・ヴィルヘルム・フォン・ブリュッケ（一八一九〜九二）教授に、生理学研究所の助手として迎えられた。そしてヤツメウナギとザリガニの神経細胞の研究に従事している。ブリュッケは、生理学の研究に物理学と化学の手法を導入したヘルムホルツ派の科学者で、このブリュッケの姿勢が、精神分析においても科学者としてふるまいつづけたフロイトの生涯の姿勢に、大きな影響を与えることになった。

フロイトは一八八一年には医学の学位を取得し、医者の免許を取得した。そのまま進めば、助手から助教授になり、やがて教授なることが期待できたはずだった。しかし一八八二年にはブリュッケの勧告に従って、この研究所を退所している。ユダヤ人であるために、将来の研究者としてのキャリアを構築することが困難であり、むしろ医師として生計を立てるべきだと勧められたからだった。さらにブリュッケの研究所にはフロイトよりも先に助手になっていた研究者が二人いて、当然彼らが先にブリュッケを継ぐポストにつく予定だったことも影響した。

そこでフロイトは総合病院に就職し、父親の援助で暮らしながらも、経済的に自立して恋人のマルタ・ベルナイスと結婚できるようになることを目指すようになった。やがてフロイトは一八八三年には著名な神経病理学者であるテーオドーア・マイネルト（一八三三～九二）の精神病理学の臨床教室で「二級医員」として働くようになる。ここでフロイトは脳の解剖学を学んだ。後にフロイトは『失語症の理解のために』という著書で、記憶が脳の一部に局在すると主張するマイネルトの理論を痛烈に批判することになる。そして一八八五年に奨学金を取得して、パリのシャルコーの研究室に半年間留学することになったのである。

このようにしてフロイトは、フランスでの留学で催眠術による神経症の治療というアイデアを得て、ウィーンに戻ってきた。やがて自宅で開業し治療を始めるようになり、マルタと結婚する。患者がフロイトの自宅に訪問してくるという形で開業したのであり、その患者の大部分は神経症の患者だった。この時代のウィーンは、世紀末の退廃した雰囲気で知られるが、女性たちは性的な欲望を抑圧され、多くの女性が神経症の症状を示していた。実際にフロイトの患者たちの多くは、こうした神経症の女性たちだった。

フロイトはフランスでシャルコーやベルネームから催眠術による治療方法を学んだはずだったが、それを使うようになったのはもっと後のことである。伝記によると「一八八六年の夏には彼の生活は、「小児科医のカソヴィッツが開いた病院の神経病科の科長のポストを委ねられていた」カソヴィッツの研究所での週三回の仕事、翻訳と書評の仕事、自宅での開業医としての仕事に限られていた。自宅での仕事は、神経症患者が主であったから、治療上の問題で研究生なら避けうるような切迫した問題が生じた。フロイトは最初、エルプの教科書に書かれているような伝統的な電気療法を試みた。……彼は二〇カ月の間もっぱら電気療法を行ない、それに入浴やマッサージを補助に加えていた。実際、九十年代のはじめになってもなお彼はそういった補助の方法を用いていた[23]」とされている。

しかしやがてフロイトは、フランスで学んだ催眠術による治療を始めることになる。「彼が催眠暗示の方法にむかったのは一八八七年十二月のことで、その後十八カ月の間、その方法をとり続けた。この方法はしばしば満足すべき成功をもたらし、絶望的な気持に代え魔術師として人の嘆賞をうける満足を与えた[24]」のだった。

精神分析への道

それではフロイトはなぜウィーンで開業してすぐに催眠術を使った神経症の治療を開始しなかったのだろうか。そして数年後にはフロイトはその催眠と暗示による治療を放棄してしまうのだが、それはどうしてだろうか。実際にはフロイトがフランスで学んだ催眠術による治療方法を放棄することによって、真の意味での精神分析が誕生するのである。それまでにはまだフロイトには長い道程が残されている。

すでに紹介したように、フロイトが精神分析という言葉を使ったのは、一八九六年になってからのことである。そして一八九五年にはフロイトはブロイアーとの共著という形で『ヒステリー研究』を発表している。精神分析が誕生するのは、この一八九五年から一八九六年のことであり、精神分析の誕生の秘密を明かしているのが、この『ヒステリー研究』という書物である。次の節ではこの書物を手掛かりに、フロイトがどのようにして精神分析を「発明」したかを考察してみよう。

2 『ヒステリー研究』と精神分析の誕生

刊行の背景

この『ヒステリー研究』は、フロイトとヨーゼフ・ブロイアー（一八四二〜一九二五）との共著である。一八四二年生まれのブロイアーは一八五六年生まれのフロイトよりも一四歳ほど年上である。二人は一八七〇年代末に、ブリュッケの生理学研究所で知り合い、友人になった。ブロイアーは当時のウィーンでも高名な医者の一人で、フロイトに金銭的な援助も行っている。

このフロイトとブロイアーの共著のうち、アンナ・O嬢の症例と、ヒステリーの理論を提示した「理論的部分」が、ブロイアーの執筆によるものであるが、序文の「ヒステリー諸現象の心的なメカニズムについて」も二人の共同執筆とされる。残りの四つの症例はフロイトの執筆である。

ブロイアーの担当したアンナ・O嬢の症例が一八八〇年から一八八二年頃のものであるのにたいして、フロイトの担当した症例エミー・フォン・N夫人は一八八九年、症例ミス・ルーシー・Rは一八九二年、症例カタリーナもその頃、最後の症例エリーザベト・フォン・R嬢は一八九二年である。

このようにフロイトの執筆した症例は、どれも一八九〇年代前後のものであり、ブロイアーの執筆したアンナ・O嬢の症例から一〇年近くも後の症例が多い。さらにフロイトが執筆を担当した論文「ヒステリーの心理療法のために」は一八九五年のものであり、ブイロアーのヒステリーの理論を修正する形で、この書物の結論としての役割を果している。この書物は、フロイトがウィーンの自宅で治療を開始した一八八六年からの一〇年間の仕事の大成という意味をもっているのである。

アンナ・O嬢の症例

この書物が執筆されるようになったきっかけは、一八八〇年一二月から一八八二年六月まで、ブロイアーがベルタ・パッペンハイムという名前の女性の治療にあたり、重要な発見をしたことに、フロイトが強い関心を抱いたことにある。当時ブロイアーは友人だったフロイトにこの症例について詳しく説明していた。これがアンナ・O嬢の症例である。フロイトはパリに留学していた頃に、シャルコーにこの症例の説明をしているほど、この症例に強い感銘をうけていた。

この症例がきっかけとなってフロイトは神経症を医学的にではなく、精神の「分析」によって治療する可能性を検討するようになった。すでに述べたように、フロイトはパリから帰国しても神経症の患者に電気療法を使っており、催眠も暗示も行っていなかった。しかしフロイトはアンナの症例に刺激されて、神経症を催眠で治療し始めることになったのだった。アンナの症例は、フロイトが電気療法ではなく、「分析」による治療を始めるために、いくつの重要な動機となり、きっかけとなったのである。それによって初めてパリで学んだ催眠術の意味が、フロイトのうちで自覚されることになる。

アンナ・O嬢の症状の四つの時期

この症例は非常にユニークなものであり、ブロイアーとフロイトはこの症例で多くのことを学んだ。まずアンナが神経症のどのような症状を示していたのか、ブロイアーはどのように治療したのかを、確認しておこう。アンナはフロイトの妻のマルタの友人で、二一歳の魅力的で美しい女性だった。ブロイアーは彼女の疾患を次の四つの期間に分割している。

第一期は「潜伏期」(一八八〇年七月半ばから一〇月一〇日頃まで)である。この時期は、愛する父親の病で始まる。父は一八八〇年七月に胸膜周囲腫瘍に冒されていることが明らかになり、闘病生活の後に、一八八一年四月、わずか一〇カ月ほどで死去している。アンナは必死に看護したが、看病の激務がたたって、彼女も次第に衰弱してきて、やがて神経性の咳をするようになった。

第二期は「羅患期」(一八八〇年一〇月一〇日頃から一八八一年三月頃まで)である。この時期にアンナの神経症が明確になる。腕と脚の麻痺、精神障害、錯話、交叉性の斜視、視覚障害などの症状が現れる。

第三期は「夢遊状態と正常な状態が交互に訪れる時期」（一八八一年の三月頃から一二月まで）であり、この段階がこの症例の考察の中心を占めることになる。

第四期は「治癒段階」（一八八一年の一二月から一八八二年の六月まで）である。ブロイアーの治療が効果を発揮し始めるが、アンナが夢遊状態で一年前の記憶を生きていた時期でもある。その後、「一八八二年の六月に病気が完全に治癒した」(25)とブロイアーは述べている。ただしいずれ確認するように、これは彼女の疾患の治癒ではなく、ブロイアーの治療の放棄にすぎなかった。

第三期と第四期の特徴

このように「羅患期」において神経症が激しくなると、アンナは父親の看護もできず、一八八〇年の一二月からは床につかねばならない状態になる（一八八一年四月に父が死ぬ頃まで）。この女性は想像力の豊かな人物であり、神経症になる前から、自分だけの世界に閉じこもることが多かったという。家族と一緒の場にいても、自分だけは白日夢を追っていて別の世界に遊んでいたのであり、これを彼女は「わたしの劇場」(26)と呼んでいた。ブロイアーはアンナのこの人格の分裂状態を重視する。この人格の分裂は、神経症を発病してからはさらに激しくなる。二重人格が彼女の神経症の重要な症状だった。

アンナの人格は、第一の状態では正常な意識を保っているが、第二の状態では不躾《ぶしつけ》になり、悪口を言ったりする。しかしこの第二状態については、第一状態では記憶がない。そのため誰かが

「部屋の中の配置を変えたり、誰か出入りしたりすると、彼女はその後に、自分には時間がなくなっていると訴えた。意識的な表象の経過の中に、いくつか間隙があると述べたのである」[27]とブロイアーは指摘している。第二状態では眠りこむことが多く、目覚めると何かが自分を苦しめると訴えた。

第三の時期である「夢遊状態と正常な状態が交互に訪れる時期」が始まる一八八一年三月には、英語で話したり、ドイツ語で話したりするようになる。四月に父親が死去すると、心的外傷のために容体が急に悪化し、英語でしか話せなくなり、高度の視野狭窄が起こった。花輪をみても、そのうちの一つの花しか見えず、人の顔をみても、たとえば鼻だけ、髪の毛だけしかみえず、見えたもので類推して、これを誰だと判断するようになった。六月頃に自殺願望が現れ、転居させられるが、やがて少しずつ症状は軽減していった。

談話療法

このような激しい症状が治癒するにいたるには、彼女が発明した奇妙な治療法の効果があったとされている。彼女は日中から眠り込むことがあり、夜には深い眠りに入った。第二状態で日常の意識を失っているときに、さまざまな妄想が生まれるが、ブロイアーが催眠をかけると、その日のさまざまな妄想を語りだすようになる。すべてを語り終わると、すっかり穏やかになるのだった。これは彼女が作りだした治療方法で、彼女はこれを「談話療法」(トーキング・キュア)とか、「煙突掃除」[28]と呼んでいた。

ブロイアーが「治癒段階」と呼んでいる時期が始まる一八八一年の一二月からは、正常な第一状態と幻覚的な第二状態への人格の分裂がさらに激しくなった。第一状態では同時代を生きているが、第二状態ではちょうど一年前の一八八〇年の一二月を生きていたのだった。この二重生活は一八八二年の六月までつづく。彼女が正確に一年前の時間を生きていることは、母親の日記で確認された。

このようなアンナの症状にたいしてブロイアーは、彼女の神経症はヒステリーと同じような過去の記憶に苦しむ疾患であるという診断を下した。そのことは、患者が発明したトーキング・キュアによって明らかになった。この談話療法が神経症の治療に効果的であることは、ある症状の軽減から明らかになったのだった。彼女は喉の渇きが激しいときにも、水を恐れるかのように水が飲めず、メロンで水分をとるだけだった。

その原因が、談話療法によって明らかになったのである。彼女にはあるイギリス人の女性が家庭教師となっていたが、彼女は小犬を飼っていて、この犬にコップから水を飲ませているのを目撃したことがあった。アンナはこの犬を嫌っていて、それを目撃してからは水を飲むのが不潔に感じられて、飲めなくなったのだった。

催眠状態で彼女はこのイギリス人の女性について語り始めた。そして「アンナは自分の中に詰まっていた怒りをさらに強く吐露した後に、水を飲みたいと言いだし、何の制止もなしに大量の水を飲み、グラスを唇にあてたままで催眠から目覚めたのである。このやりかたで、この障害は永久に消滅した[29]」と報告されている。

水を飲むことができないという神経症の症状は、過去においてイギリス人の女性が犬にコップから水を飲ませていることを目撃したときに感じた嫌悪感から生まれたわけである。[30] 過去の出来事がきっかけとなって患者のうちにある観念群が生まれ、それが病を引き起こすということは、シャルコーが外傷性のヒステリーの研究で明らかにしたことである。シャルコーは外傷を負った人物が、後に怪我が癒えた後に、ある期間が経過してから、その部位に麻痺が発生する症状が起きていることに注目し、その麻痺は外傷についての記憶が生みだしたものであることを解明した。

ヒステリー性麻痺とその治療

シャルコーは、こうした患者に催眠術をかけると「心的器官のなかに一つの観念あるいは連合した観念群を目覚めさせることができる。この観念群は抑制と批判力の完全な欠如の中で自律状態を確立し、いわば寄生生物のやり方で生きなければならないし、そのことから莫大な力といわば際限のない実行力を獲得する」[31] と指摘していた。このヒステリーは、過去の記憶をいわば生き直し、自己に暗示を与えることで発生しているのである。「ヒステリー性麻痺は、外傷の自己暗示によって引き起こされる」[32] のである。

ブロイアーが治療にあたってシャルコーのヒステリーの理論に依拠していたことは、アンナの半身麻痺と知覚麻痺の症状は、「シャルコーの外傷性ヒステリーの理論に完全に合致する。この理論では、催眠状態において軽い外傷が生じると考えるのである」[33] と指摘していることからも明らかである。

アンナの症状のうちで、右腕の麻痺と英語しか話せないという症状も、トーキング・キュアでその原因が解明された。彼女は一八八〇年の七月に父親が発病して看病していた際に、うとうとして覚醒夢の状態に入っていた。そこに壁から一匹の蛇がやってきて、父を噛もうとしたのだった。彼女は蛇を追い払おうとしたが、「麻痺したような感じになった(34)」のだった。彼女が自分の右腕をみると、それは小さな蛇になっていて、爪が死んだ頭部のようにみえた。「そこで右腕の感覚消失と麻痺が、蛇の幻覚と結びつくことになったのである(35)」。

蛇が消えた後にも彼女は不安を追い払うことができず、何か言おうとしても、何も言えなかった。ただやっとのことで、子供用の英語の聖書の言葉を思いつき、それからは英語で考えたり、祈ったりすることができたのだった。これが右腕の麻痺の後に英語でしか話せなくなる原因を作ったのだった。

アンナがみずから発明したこの談話療法が示したことは、神経症のこうした症状は、催眠状態で患者が意識にのぼらせて、みずから語ることで消滅するということである。シャルコーの場合には、患者の自己暗示にたいしては、医者が言葉で暗示をかけることで治療することができた。しかしブロイアーの場合には、医者が語る言葉ではなく、患者がみずから語る言葉で、症状が消滅したのである。ただし患者の過去の外傷が「語り尽くされる(36)」ためには、患者に催眠をかけて、患者を催眠状態にする必要があった。そこに医者の役割があった。

催眠をかけるにあたってブロイアーは、シャルコーの催眠の方法をそのまま採用していた。催眠術こそが、患者に談話療法を実行させるための鍵だった。催眠をかけないかぎり、患者が悩んでいる心的な外傷が何であるのか、どのような観念群が患者にとり憑いているのかは、明らかにならなかったのである。ブロイアーはこのように患者に自分の外傷にかかわる観念群を語らせることで、症状を消滅させる方法を「カタルシス[37]」療法と呼ぶようになる。「カタルシス」とは下剤をかけて体内の毒物を排除する治療方法である。

ブロイアーの診断——人格の分裂

ブロイアーはさらに、ヒステリーの症状が生まれる原因を考察して、それを人格の分裂に求めた。第三期のアンナは、第一状態という正常な人格と第二状態という幻覚的な状態に分裂していた。ブロイアーはこの意識の分裂こそが、ヒステリーの原因だと診断した。

ブロイアーはこう結論する。「周知の古典的な症例において、二重意識として注目されるあの意識の分裂が、すべてのヒステリーの根本的な原因となっている。この意識の分裂の傾向と、われわれが〈類催眠状態〉という名のもとに呼ぼうとしている異常な意識状態を出現させる傾向こそが、神経症の根本現象なのである」[38]。

第一状態のアンナは知的で魅力的な女性であり、第二状態のアンナは不躾でわがままな女性である。このようにアンナが正常な状態と病的な状態の二つの状態に分離してしまっていることが、神経症を維持している力だということになる。

このような意識の分裂が発生するには、自然の素因があるとブロイアーは考えた。それぞれの患者によって、体質的なものあるいは精神的な素質として、こうした意識の分裂を起こしやすい素因があるために、神経症にかかると考えたのである。とくにアンナは、日常の生活でも自分だけの「劇場」に閉じこもる傾向があったのである。

アンナにはこうした素因が存在していたために、心的な外傷をきっかけとして病的な観念群につきまとわれた第二状態を作りだしてしまったのだと、ブロイアーは診断した。そして「正常な意識状態と、これらの表象が成立する病的な意識状態のあいだに、十分な連想的な結合が成立しないために、[意識の分裂を防ぐために必要な]連想加工がうまくいかない」[39]ことがヒステリーの原因となっていると考えた。

このようにブロイアーの診断によると、アンナのヒステリーの素因は、日常的に意識の分裂を起こしやすい人格の分裂であり、直接的な病因は、心的な外傷を与える過去の出来事である。こうした出来事のために「病的な観念群」が心の中に第二人格を作りだしていたのである。ブロイアーの考えた神経症のモデルは、このように人格が複数に分裂することで神経症が発病すると考えるものである。ブロイアーは患者に催眠術をかけて、その過去の出来事を語らせることで、心の中で分裂して生まれた第二人格と正常な第一人格の間に「橋を架ける」ことができ、疾患が治癒すると考えたのである。

フロイトの異議——ヒステリーの病因について

これにたいしてフロイトは、ブロイアーの考えた神経症の病因にも、神経症のモデルにも、治療方法にも満足していなかった。フロイトはこの共同執筆の序文では、明確な異論は述べていないが、フロイトの診断した神経症の患者の治療から、フロイトがもっと別なモデルをもっていたことが明らかになる。フロイトはそのことを、この書物の最後に収録された「ヒステリーの心理療法のために」という文章で、それまでの解釈に「少なくとも部分的には[40]」修正を加えることが必要になったが、ブロイアーにその責任を負わせることはできないので、この部分は自分が責任を負うと語っている。

フロイトのブロイアーへの第一の異議は、神経症の病因についてである。フロイトは、過去における心的な外傷が神経症の直接的な原因であることには同意している。序文の「ヒステリー諸現象の心的メカニズムについて」の文章が共著であることは、この点についての異論はなかったことを示している。そしてフロイトの執筆したその他の症例でも、こうした過去の心的な外傷をめぐって治療が行われているのである。

ただしフロイトは二つの点についてブロイアーの病因論に異議を述べている。一つは、ブロイアーのようにヒステリーの素因を、心が複数の人格に分裂していることに求めるべきではないということである。この問題は、フロイトの神経症のモデルについて考察しながら、いずれ詳しく考えてみよう。二番目の異議は、神経症の直接の病因が心的な外傷であることは認めながらも、それがたんに「病的な」ものと考えるのではなく、「性的な」性格のものと考えるべきだということである。フロイトは「神経症の病因は、性的要因のもとに求めるべきである[41]」と考えたのである。

この書物の総括的な文章である「ヒステリーの心理療法のために」の最初のところで強調され

ているように、フロイトがこのような結論に到達したのは、ブロイアーの方法を受け継ぎながらも、カタルシス療法にまつわる二つの大きな問題に悩まされたからだった。この療法の第一の難点は、この療法を施すには催眠術をかける必要があるが、ヒステリー患者が「すべて催眠術にかかるわけではない」[42]ことであり、第二の難点は、この療法では治療できない疾患があることだった。この問題を解決するにはフロイトは「ヒステリーの本質的な特性をなすものは何か、ヒステリーは他の神経症とどのようにして区別されるのか」[43]という疑問を解決せざるをえなかったのである。

この第二の難点に関連して重要なのは、フロイトがヒステリーを他の神経症と区別する本質的な特性を規定しようとしながら、さまざまな神経症をその病因によって分類しようとしていたことである。その過程で、ヒステリーの病因が「性的な」性格のものであることが確認されたのであり、ブロイアーの診断との明確な違いが示されたのである。以下では、フロイトが神経症をどのように分類しているかを調べながら、この論点がどのような意味をもっているかを考えてみよう。

フロイトの精神疾患の分類

フロイトはこの文章で、さまざまな精神疾患を分類するために、二つの基準を提起している。一つは疾患の病因が「心的なメカニズム」によるものか、身体的な要因によるものかという区別である。この基準によって、身体的な要因に基づく神経衰弱や不安神経症と、心的なメカニズムに基づく神経症が区別された。

神経衰弱とは、「〈心的メカニズム〉が何の役割もはたしていないような単調な疾患形態[44]」である。さらに心的なメカニズムをもっていないものの、「心的な生活に必ず影響を及ぼしている[45]」神経症として、不安神経症がある。この神経症では「きまって〈不安に満ちた予期〉、恐怖症、痛みへの感覚過敏などとして表現される[46]」のである。後にフロイトはこの神経衰弱と不安神経症の二つを、現実神経症と分類することになる。

これが「現実」神経症であるのは、その症状が心的なメカニズムによるものではなく、身体的なものが病因となっているからである。神経衰弱は「心的メカニズムが何の役割も果していない[47]」という意味で現実的なものであり、不安神経症は、性的な満足の欠如ないし不足という患者の現在の生活が原因となって生まれる神経症として現実的なものである。どちらも身体が神経症の発生に重要な役割を果しているのである。

これにたいして心的なメカニズムが働いている神経症として、フロイトは強迫神経症と性的な神経症をあげている。強迫神経症は、強迫的な観念に悩まされる神経症であり、これは「複雑な心的メカニズムが存在すること、ヒステリーに似た病因をもつこと、心理療法による治療の可能性が広く認められていること[48]」という特徴のある疾患である。

これにたいして性的な神経症として分類されるのがヒステリーである。フロイトはこの書物で取り上げられたヒステリーがどれも「性的な病因をもつ[49]」ものであることを、分析しながら示している。そしてフロイトは、ブロイアーがこの観点からアンナを分析しなかったことを批判する。

ヒステリーはたんに病的な観念群から生まれるのではなく、性的な欲動が満たされなかったことが病因として生まれると考えるのである。

フロイトの異議——神経症のモデル

このようにフロイトはヒステリー神経症の病因として、性的な要因を重視したのであり、この契機に注目しなかったことで、ブロイアーを批判しているのであるが、その背後には神経症を生み出す患者の心の構造について、フロイトがブロイアーとは明確に異なるモデルを採用していたことがあげられる。

すでに指摘したように、ブロイアーはアンナの症例において、神経症の素因となったのがアンナの分裂的な心的状態であり、実際の症状においては人格が第一状態と第二状態という二つの明確に異なる人格に分裂していたことを指摘していた。ブロイアーはヒステリーのモデルとしてこのように心がいわば垂直な分割線によって、二つの異なるブロックに分裂し、対立している状態を想定していたのである。

これにたいしてフロイトは、神経症の患者の心がこのように、対立した二つの異なる人格に分裂しているとは考えない。むしろ心の内部に、意識的な領域とは別に独立した無意識の領域が形成されると考えた。いわば心の中に腫瘍のような異物が形成されていると考えたのである。フロイトは神経症の患者では、心の中に症状を起こすような病的な表象が存在しており、それをさらに「一連の部分的外傷や病因となる思考の連鎖[50]」が取り囲んでいると考えた。

これらの連鎖は、「病因の核の周りに同心円状に層をなしている」[51]のである。一番外側の層は、すぐに想起され、「つねに明瞭に意識されている回想ないしは回想の一部を内容としている」[52]ものである。その下にある層では、「浮かび上がる回想をそれと見分けることがますます困難となる」[53]のであり、核となる部分では、「その回想が再現しても、患者がそれを否定するような回想につきあたる」[54]のである。

すなわち本人が認めたくない心的な外傷のために、自我の中に腫瘍のように病原的な組織が生まれ、それを囲んでさらに別の部分的な心的な外傷の層が存在することで、それが無意識的なものとなっていると考えたのである。「ヒステリーの心的素材は、少なくとも三重の層をもっている多次元的な構造のものとして現れる」[55]というのがフロイトの診断である。そして自我の意識的な部分に近い中間部分は「病原性組織に属するとまったく同じように正常な自我にも属している」[56]のである。これは前意識的な層と考えられる。

重要なのは、この病原性の組織の層が、時間的な順序を追っているとされたことである。これらの層のもっとも外側の層が時間的には新しいものであり、核にある部分は時間的にもっとも古いものとされている。そして回想の際には外側の層から想起されるために、「その回想は再現する際に時系列が逆転してあらわれるという特性がある」[57]のである。ブロイアーが心がいわば隔壁のようなもので二つの部分に縦に分裂していると考えたとすれば、フロイトは心が横に重層的に構成されていると考えたのである。これは後の局所論につながる考え方だった。

フロイトは症例アンナの場合には、耳が聞こえなくなるという症状について「七つの条件によって分類され、それぞれの見出し項目のもとに、一〇から一〇〇以上にわたる個別の回想が時系列に沿って集められていた。それはあたかも整頓のゆきどいた記録文書庫からとりだすようであった[58]」と指摘している。この層序がほんとうに時間的な順序を追ったものかという点は、後に遮蔽想起の問題を考察する際に重要な問題となろう。

フロイトの異議――カタルシス療法への批判

このようにヒステリー性の神経症の病因を性的なものと考えることによって、フロイトはブロイアーのカタルシス療法に三つの重要な制約をつけることになる。第一は、この療法は、ヒステリーという性的な神経症にしか適用できず、現実神経症には無効であるということである。「カタルシス療法によれば、原則的にどんなヒステリー症状でも除去することができる。ただし容易に認められるように、カタルシス療法は神経衰弱症の現象にたいしてはまったく無力であり、不安神経症についても、その心的帰結に作用を及ぼすことはごくまれであり、また間接的なものにすぎない[59]」のである。それにたいして、カタルシス療法は性生活の領域の問題には「完全で持続的な成果を手に入れることができる[60]」とされている。

第二にカタルシス療法はたしかにヒステリーを治療することができるし、「ヒステリーの症例にあっては、カタルシス療法はまさしく抜群に有用なのである[61]」としても、「ヒステリーの因果的な諸条件には影響を与えず、そのため除去された諸症状のかわりに新たな症状が発生するのを防ぐことはできない[62]」のである。

第三にカタルシス療法はたしかに効果的ではあるが、この療法が効果を発揮するためには、催眠をかける必要がある。問題なのは、催眠にかからない患者がいるということである。これはカタルシス療法の大きな限界となる。

これがフロイトが「ヒステリーの心理療法のために」の最初で提起した重要な疑問だった。性的な神経症であるヒステリーには、カタルシス療法が有効である。それは、心的なモデルの多重な層のうちに潜むもっとも深い層にたどりつくことで、神経症は治療できるとフロイトは考えたのであり、そのための方法の一つとして、カタルシス療法は重要な治療法なのである。しかし患者が催眠術にかからないとしたらどうすればよいだろうか。

ブロイアーの利用した「談話療法」は、催眠術によって初めて可能となる。これはすでに指摘したように、患者に依存した治療方法である。フロイトにとって課題となったのは、催眠術に頼らずに、この心の中の層を遡行していく方法をみいだすことだった。以下ではカタルシス療法の意味を考えながら、フロイトが催眠術によらずにカタルシスを実現するために採用した方法について考えてみよう。

フロイトの治療法

このように神経症の病因が自我の内部に構成された「三重の層」と、その中心に潜んでいて無意識なものとなっている過去の心的な外傷だとすると、治療はこの中心の層に到達し、それと周囲の正常な自我との通路を作りだすことによって実現されるだろう。

フロイトはこの病原的な層を取り除くことは不可能であり、治療者はせいぜいのところ、「抵抗を融解させて、それまで閉ざされていた領域に向かって通路を開くこと」[63]を目指すべきだと指摘している。アンナの「煙突掃除」という呼び名が、その通路を作りだすプロセスを巧みに視覚的に表現している。詰まっている煙突を掃除して、意識の流れを作りだせばよいのである。

これはブロイアーが二つの人格の間に通路を作りだせばよいと考えたのと似た考え方である。しかしブロイアーの「カタルシス療法」とフロイトの精神分析による治療には重要な違いがあった。フロイトでは治療者の役割が大きくなっているのである。

第一に、ブロイアーの場合には、アンナがみずから煙突掃除をする作業を助けるために、催眠をかけるだけでよかった。しかしフロイトは、ふつうの患者はこのような方法で自力で「煙突の詰まり」を取り除くことができると期待することはできなかった。治療者がそこで重要な手助けをしなければならないのである。

第二にフロイトは、この病原的組織が、自我の一部に塊のように包まれているだけであり、人格が二つに分裂したわけではないと考えていた。そのためにこの「通路」を作りだすには、患者の抵抗を克服する必要があると考えた。患者はこの組織を作りだした心的な外傷を想起することを拒むために、この組織につながる道は閉ざされており、この組織がどのようなものであるかは、治療者が推測しなければならないのである。

そしてフロイトは、患者の意識のうちに、こうした組織の断片が散らばっているのであり、治療者は「断片状またはリボン状にちぎれながら意識までたどりつく」必要があること、「その寸断された素材から、推測によって元にある編成をふたたび作りあげることが、精神療法者の課題なのである[64]」ことを指摘している。

治療者は、患者が想起した断片的な記憶のうちから、病原的な組織につながる「一本の論理の糸を手にしていなければならない。その糸の導きによってこそ、医者は内部に入り込むことを望みうる[65]」のである。分析者は患者にたんに語らせるのではなく、「患者が自由に話すことはたいていは表層の素材であり、深部に通じるのがどの箇所であるか、また求めている思考連関がどの点に結びついているか[66]」を、見抜く必要がある。

そして分析者がこの深い層に到達することができたときには、患者は大きな解放感を味わうことができる。そして「新しい解明がえられて、分析の構成の重要な一区切りが終わるごとに、患者もまた病気が軽くなったように感じて、だんだんと解放に近づいているという予感を味わうのである[67]」。

このようにして治療者と患者の間で、分析を重ねることで、病原となっていた心外な外傷が解明され、それが言葉にして表現され、患者がそれに納得することで、患者の症状が消滅することが期待できるのである。これがフロイトの「カタルシス」療法の効果についての解釈である。

フロイトの「手当て」法

フロイトはこのカタルシス療法にまつわる問題から、催眠術に頼らない精神分析の新しい方法を考案するようになった。催眠をかけるのではなく、患者に横にならせて、目をつぶらせ、催眠に近い状態にしてから、患者の額に手を当てて、自由に連想させるという方法をとったのである。

その背景にあったのは、すでに述べたフロイトがヒステリーについて考案した心的なモデルだった。このモデルの表面の層は、すぐに回想することができるものだったが、その内部に入るにつれて、患者は回想を症状と結びつけることを拒むようになり、核の部分の回想と症状を結びつけるのはまったく困難だった。そこにフロイトは、患者の心的な抵抗をみいだしたのである。「患者のうちに、病因となる表象を意識化させること（回想すること）に抵抗する心的な力があるのであり、私は心的な作業によってその心的な力を克服せねばならない」[68]と考えるようになったのである。

こうしてフロイトは、ヒステリーを発生させているのは、ブロイアーの考えたように、意識の分裂ではなく、患者のうちにある「抵抗」する力であり、そして観念を想起することにたいする「防衛」であると考えるようになったわけである。こうした抵抗が発生するのは、そうした観念が「すべて苦痛な性格をおび、羞恥や非難や心的苦痛などの情動や被害感覚をよびさますのにふさわしいもの」[69]であるためだと考えた。すると治療とは、この抵抗を克服することだということになる。

フロイトがそのためにとくに利用したのが、患者の額に手をあてて、自由に連想させることだった。フロイトはその間に思い浮かんだ「像や思いつきがどのようなものであれ、それを私に告げるように義務づけた。……あなたはそれが探し求めているものではないと思ったとか、的はずれなものだと思ったからとか、あるいはそれが口にするのが不愉快だからという理由で、決して隠し立てしてはなりません。情動に駆られて、あるいは過小評価して、そうした像や思いつきに批判を加えたり、口にするのを控えたりしてはなりません[70]」と言い聞かせたのだった。

フロイトは、本人にも隠された観念群は、あるまとまりと特性をそなえたものとして結びついているために、それがあらわになると、別の人格のような様相を示してくると指摘している。ブロイアーの考えた第二状態の意識というものは、人格そのものが分裂して別の人格として存在しているものではなく、そのような人格にみえるだけの「仮象」だということになる。フロイトは「病因となる心的素材は、かならずしも正常な自我の知性に劣らない、ある知性の所有物のようにみえる。第二の人格が装う見せかけの姿は、しばしば、本物と見分けがつかないほどの出来栄えである[71]」と説明している。

抵抗と防衛のメカニズム

フロイトは一八九四年の「防衛－精神神経症」という論文で、この抵抗と防衛のメカニズムについてさらに詳細に考察している。この論文でフロイトはヒステリーが発生するプロセスについて次のように説明する。

まず最初に外傷的な経験がある。こうした経験は患者に強い印象を与えるが、患者はそれを受け入れることができない。病を起こす人々は、「彼らの表象生活のなかに、自分では許容できない出来事が生じた時点までは、心的に健康な状態にあったのである。しかしこうした出来事は、表象や感覚として体験され、それが彼らの自我に肉薄し、あまりにも苦しい情動を呼び起こすために、それを忘却しようと決心した」[72]のである。

これが「防衛」である。フロイトは防衛について、「防衛の能力をもつ自我は、自分では許容できない表象を、あたかも到来しなかった表象であるかのように取り除こうという課題を自分自身に課す。しかしながら自我はこの課題を直接解決することができない。記憶の痕跡もその表象に付着している情動も、いったんそこに存在してしまうと、もはや消し去ることができなくなるからである」[73]と説明している。

それではこの自我はどう行動するだろうか。自我はこれを消し去ることはできないとしても、この「強力な表象を弱い表象にすることができるし、その表象に付着している興奮量全体すなわち情動をそこから奪いとること」[74]はできるのである。そうすれば、この情動が嫌な表象を想起させることはなくなるのである。ところがこの情動は、興奮量として、すなわちあるエネルギーをもつ力として存在している。場所を変えてそれを別のものに結びつけることができたとしても、その量そのものは相変わらず存在しているのである。

そのためにヒステリー患者は、「自分では許容できない表象のその興奮量全体を身体的なものへと移し換えることによって、その表象を無害化する」[75]とフロイトは考える。それが身体的な症例として表現されることになるのであり、これをフロイトは転換と呼ぶ。ヒステリーではこの情動は身体で表現されるが、それが別の表象と結びつけられると、「これらの表象がこういった〈誤った結合〉をつうじて強迫表象となる」[76]ことがある。その場合にはその患者はヒステリーではなく、強迫神経症になるだろう。

フロイトはヒステリーの発生のメカニズムをこのような抵抗と防衛のうちにみいだした。それに対抗するために治療者は、患者が回想することに抵抗するような過去の表象を想起させる必要がある。そしてすべての患者が催眠術にかかるわけではないために、患者が自由に思いつく表象を語らせて、それを分析するという「手当て」と自由連想の方法を採用したわけである。

フロイトがこの方法を採用するようになった事情は、本書に掲載された症例が具体的な形で示している。これらの四つの症例は、フロイトが催眠術を放棄せざるをえなくなった事情を時間的に順を追って物語っているのである。そのことを実際の症例について検討しながら調べてみよう。

症例エミー・フォン・N夫人――催眠術の放棄

第一の症例エミー・フォン・N夫人は、フロイトが催眠術で治療しようとして、半ばは治療できたものの、結局は失敗した症例である。夫人は典型的なヒステリーで、身体の麻痺、「軽いチックや舌打ちや多少の言語障害[77]」、動物恐怖、激しい不安を示していた。

彼女の症状を代表するのは、自分について話し始めると数分ごとに相手に掌を向けて拒否する姿勢を示しながら、不安そうな声で、「動かないで！　何も言わないで！　私に触れないで[78]」と叫ぶことだった。フロイトはこの患者を一八八九年に治療しているが、この時期にはまだ催眠術を使っていた。そして催眠をかけることで、こうした症状の背後にある心的な外傷が明らかになったのだった。

ただし暗示をかけても、なかなか症状が解消せず、フロイトは覚醒状態で、彼女が痛みを訴える脚などをマッサージしたりしている。フロイトはフランスのベルネームのもとにこの女性を同伴して、催眠術をかけてもらい、暗示で治療しようとしたが、効き目はなかった。それが、フロイトが催眠術をやめる一つのきっかけになった。

それでもフロイトは催眠術によって患者に語らせるカタルシス療法と暗示療法で、十分な効果が得られたと判断して治療を終了した。しかしこの患者は後にまた神経症を再発し、さまざまな医者にかかるようになる。ちなみにフロイトは後年、この症例について、「私がカタルシス療法をふんだんに使用した最初の症例だった(79)」と回想している。

フロイトはこの患者では、転換、すなわち「心的な興奮が身体的な持続症候に変わるというヒステリー独特のこの現象(80)」はそれほど重要ではなく、気分の変化(不安やメランコリー性の抑鬱)、恐怖症、無為(意志の抑制)の三つの症状が中心となっていることを指摘している。フロイトはカタルシス療法でこの患者の症状を「一挙に完全に消滅させることに成功しなかった(81)」理由について、「カタルシスが三つの主要な外傷に効果を発揮しただけで、それらと二次的に連想で結びついていた傷にまでは及んでいなかったからである(82)」と回想している。

全体としてフロイトは「治療の効果はかなり大きなものだったが、それでも持続的なものではなかった。なぜならば、新しい外傷が生じると、前と似たような仕方で発病するという患者の特性は、除去することができなかったからである(83)」と説明している。

フロイトはこの治療が失敗に終わったと考えたが、それはフロイトがヒステリーの根本的な原因が性的な外傷にあるという理論を構築していたにもかかわらず、患者が催眠においてもそのことを語らなかったためだった。フロイトは「性的要素こそ、他の要素にもまさって外傷の誘因となるものであるのに、患者が私に打ち明けた内緒の報告の中にはそれがまったく含まれていなかった」[84]と指摘している。催眠術ではなぜか、病因となる外傷のうちの根本的なものが語られなかったのである。

この一八八九年に治療したエミー・フォン・N夫人の症例は、催眠術による治療の限界を明確に示すものだった。すでに述べたようにフロイトは、ナンシー学派のベルネームのところに患者をつれていって催眠術をかけてもらったが、完全な治療はできなかつた。その折にフロイトは催眠術の大家であるリエボーから、次のように指摘されている。「すべての人を夢遊状態にするような手段があるとしたら、催眠療法はあらゆるもののうちで最もすぐれた療法なのですがね」と。[85]

症例ミス・ルーシー・R——ヒステリーが発生するための心的な条件の確認

そして三年後の一八九二年にフロイトがこの女性ミス・ルーシー・Rを治療した際にも、やはり催眠術によって夢遊状態にすることはできなかった。そこでフロイトは、カタルシス療法をやめて別の方法を採用するか、それとも夢遊状態に達していない不完全な催眠状態でカタルシス療法をするという「岐路」[86]に立たされたのである。

フロイトはやがて、患者が催眠術で実際に夢遊状態に到達しているかどうかを確かめるのをやめることになる。ところで催眠術による治療で重要なのは、患者を夢遊状態にして、病原となる抑圧された記憶、すなわち「平常の心理状態では患者の記憶に残っていないか、あるいはせいぜいその概要だけしかそこにみられないもの[87]」を語らせることだった。しかし患者が夢遊状態にならないとすればどうすればよいだろうか。

そこでフロイトが思い出したのは、ベルネームがある患者が夢遊状態から醒めた状態で、患者の額に手を当てて、夢遊状態でのことを思い出させていたことだった。このように促された患者は、「夢遊状態では気づいていなかったし、覚醒状態では何も覚えてないはずのいっさいのことを語った[88]」のだった。フロイトはミス・ルーシーに、催眠術をかけずに、額に手を当てて、思い出すことを語らせるというこの方法を採用したのである。これが自由連想法の端緒になる。

この患者は「ふさぎ込みと疲労感に悩み、主観的な匂いの感覚に苦しんでいた。ヒステリー症状としては、かなりはっきりとした全身的な痛覚喪失を示しながらも、触覚には異常が認められなかった[89]」。この主観的な匂いというのは、焦げたプディングの匂いだった。その匂いをたどると、彼女が家庭教師として働いている家で、実家の母親から家に戻ってくるように求める手紙をもらったときに、子供たちが作っていたプディングを焦がした匂いだった。

それではどうしてこの匂いが彼女を悩ませるようになったのだろうか。実家に戻って母親の世話をしなければならないという気持ちと、子供たちを見捨てたくないという気持ちの葛藤があったのはたしかだろうが、フロイトはそれではヒステリーになる心的な条件が足りないと考えた。ヒステリーになるためには、たんなる心的な葛藤だけでなく、「なんらかの表象が意図的に意識から抑圧されて、連想的な加工をうける余地が失われていなければならない[90]」からである。主体は自我の主観的な観念群とは和解できない観念群を抑圧するが、「抑圧された観念は病因性のものとなることによって復讐する」[91]のである。

そして分析をつづけることによって、この女性が、自分の雇主である子供たちの父親を愛していること、彼がしばらく前に亡くした妻の代わりに、自分を妻にしてくれるのではないかと期待していることが明らかになる。父親が子供の教育について、あたかもこの女性が母親であるかのようなまなざしで語ったことがあったのである。しかしその後は父親はそのことをまったく忘れたようにみえるので、この女性はなかば諦めつつ時を過ごしているうちに、ヒステリーを起こしたわけである。

分析によってこの無意識的な愛情が指摘されると、プディングの匂いはやがて消滅したが、今度は葉巻の匂いに悩まされるようになった。それを分析していくと、その葉巻をくゆらせていたのも、やはり雇主である子供の父親だった。ある訪問者が子供の口にキスをしようとしたときに、それに父親が激しく怒ってそれを制止した時のことだった。

その思い出は、しばらく前に別の女性がやはり子供にキスしようとするのを彼女が放置していたために、雇主から激しく叱られた思い出を誘い出した。この思い出は、雇主が自分を妻にするつもりなどまったくないことを実感させ、彼女はその悲しさで胸を刺されるような痛みを感じたのだった。それが、存在しない葉巻の匂いに悩まされるというヒステリー症状を起こしていたのである。

このキス事件は、プディング事件の二カ月ほど前に起きていた。そして彼女はプディングの匂いからは解放されたものの、その代わりに葉巻の匂いに悩まされるようになっていた。そしてプディングの匂いではなく、葉巻の匂いこそが、彼女が雇主に直接に叱られ、妻になりたいという期待が打ち砕かれた根本的な事件を象徴するものだった。だからこそプディングの匂いが消えても、葉巻の匂いが消えるまでは、彼女のヒステリーは治癒しなかったのである。

フロイトの治療を受けて治癒した後に、彼女はヒステリーから解放され、楽しそうに暮らしているのを目撃されている。この症例における治療の成功は、フロイトに自由連想法の可能性を信じさせるものだった。

症例カタリーナ――原光景の概念

次の症例はごく短期間、滞在した山小屋で分析した一八歳ほどの娘カタリーナのものである。彼女は呼吸困難になることがあって、医者にかかっていたが治癒しなかった。そこで宿帳に「医者」と署名したフロイトに相談したのだった。この症例は、正式な分析ではないが、フロイトが短時間の質問と自由連想だけで、ヒステリーの病因を推測することができたという意味で、自由連想法の可能性を証明するものとなった。さらにこの症例は、フロイトが原光景という概念を構築する上で重要な意味をもつものとなった。

カタリーナは、誰かが自分のあとをつけてきて襲いかかるという妄想に襲われ、自分は殺されるのではないかと不安になって嘔吐を催し、やがて呼吸困難に陥るのだった。そしてその不安のうちで、非常に恐ろしい男性の顔がみえると訴えた。

フロイトはその発作が起きる前に何か見聞きしなかったかと質問すると、彼女は二年ほど前に叔父が従姉妹のフランツィスカと同衾しているのを目撃したと語った。それを目撃して息切れがして、感覚を失ってしまってから、この発作が起きたのだという。これは典型的な処女不安だとフロイトは考えたが、その原因をつきとめようとすると、彼女はある事件を思い出した。

まだ一四歳の頃に、夜にベッドで寝ていると叔父がベッドに入ってきて、からだを押しつけてきたのだった。彼女はまだ何も知らず、ただ眠りを妨げられたのが嫌で、叔父を追い出した。後にも泥酔した叔父に迫られることがあり、さらに叔父がフランツィスカの部屋に入ろうとしているところを目撃したことも思い出した。

こうした記憶はその当時には明確に意識されなかったが、成長してから叔父とフランツィスカの同衾の場面を目撃して、その意味が明らかになり、それが症状になったわけである。やがて彼女は叔母にそのことを語り、二人は離婚することになった。そのために叔父は彼女を恨むようになり、醜い顔をして彼女を睨むようになった。彼女を悩ませていた怖い顔は、その叔父の顔だったわけである。

フロイトは、二人が同衾しているのを目撃したことで、それ以前の経験の意味が理解されるようになったため、彼女はそれに防衛し始めたと考えた。そしてそれが「転換の症状を生みだし、道徳的および心的嫌悪感の代替としての嘔吐が生じた」(92)と分析している。この分析はフロイトに「原光景」という概念を作りだす上で役立ったと考えることができる。「原光景」とは、「子供が実際に観察したり、いくつかの手掛りから推測したり、また想像したりした両親の性関係の光景のこと」(93)である。フロイトは、やがて神経症の患者は、子供の頃にこうした原光景から強い印象を受けたに違いないと考えるようになる。

この症例についてフロイトは「まだ性について知らない時期にうけた諸印象は、その時点では作用しないでいるが、後にその子供が娘あるいは妻となって性生活を理解するにいたったとき、それらの諸印象が回想として心的な外傷としての力を持つようになる」[94]と説明している。子供の頃の経験は、ある時点までは特別な意味をもたないものとして記憶に保持されるが、性的な経験を積んだ後にその意味が自覚されると、それが新たによみがえってきて、心的な外傷となるのである。

このように、かつては重要でなかった経験が、後にその意味が理解されることで重要なものとなり、心的な外傷となるというメカニズムには、二つの重要な要素がある。

一つは時間的な遅れが発生しているということである。最初の体験は、それを体験した時点では重要な意味をもたず、それが重要な意味をもつのは事後的なものであり、「遅れてから」なのである。第二は、このようにそれほど意味のないと思われた体験が後に心的な外傷となって働くことがあるとすれば、患者にある症状が存在する場合には、そのような当時はそれほど重要と思われなかった体験が、そして後に心的な外傷となるような体験が存在しているはずだということになる。

このカタリーナの症例では、叔父とされていた人物は実際には父親だったのであり、フロイトは読者を刺激しないように配慮して、叔父と語ったのだった。子供にとっては父親のそのような行為は、その意味が明らかになるまでは意味のないことにすぎないとしても、その意味が自覚された後には、激しい嘔吐と呼吸困難をもたらすような心的な外傷になる可能性がある。患者を治療するためには、自由連想法で、そうした一見すると意味のない体験を想起させることが重要になる。

症例エリーザベト・フォン・R嬢――記憶の考古学

この症例は、催眠術がまったく効かない患者の額に「手当て」する方法で、「考古学的に」、ヒステリー症状の原因が明らかになった事例である。この「考古学的に」というのはフロイトの用語で、フロイトは「この手続きは、病因となる心的素材を層ごとに順にとりだして除去する方法であって、われわれは好んでそれを古代の埋没都市の発掘技術になぞらえたものである[95]」と説明している。この考古学の発掘の比喩が、ヒステリーの病因となっている「異物」についての「三重の層」の概念に依拠していることは明らかだろう。

この女性は家庭に多数の不幸があり、病人を看病しながら青春を過ごしていたが、ある時期から脚に疼痛を感じるようになり、歩くと激しく痛み、立っていると非常に疲れると訴えた。特徴的なのはフロイトが脚をつねったり、圧迫したりすると、「快感の表情のような[96]」叫び声をあげたことである。

この患者の治療は困難をきわめた。額に手をあてても、何も思い出さないからである。最初のうちはフロイトはそれを信じていたが、やがて患者が思い出したことを語らないだけだと考えるようになり、患者が何も思い出さないと主張しても、繰り返し額に手をあてるようになる。すると三度目に重要な思い出を語ることもあり、その後で、これなら最初のときに思いついていましたと語る。そして「関係ないと思ったのです」と言い訳をするのである。

この女性は二番目の姉の夫に愛情を感じていたのであり、姉の死の後に、ある自覚が訪れる。それは「暗夜を貫くあざやかな稲妻に似ていた。これで義兄は今は自由になったのだ。これで私は義兄の奥さんになれる」[97]というものだった。しかし彼女はこの自覚を自分に許すことができなかった。彼女の道徳心が自分を罰し、それが症状として現れたわけである。

そしてフロイトがこの事実を彼女に語り、妻が死亡した義理の兄の心情なども説明することで、彼女の疼痛は消えた。「われわれが疼痛が生まれた原因を調べて以来、彼女の疼痛はわれわれの間でもはや話題となることもなかった」[98]のである。やがてフロイトは後にダンス・パーティで滑らかな足取りで踊る彼女を目撃することになる。彼女はやがてある外国人と恋をして、結婚したという。

フロイトはこのように、『ヒステリー研究』において、ブロイアーの治療例であるアンナの症例を含めて、五件の症例を紹介しながら、ヒステリーの病因、背景、治療法について、ブロイアーとは異なる概念と方法を提示することに成功したのだった。このように、催眠や暗示に頼るのではなく、前額に「手当て」をすることによって自由連想させ、その回想を分析し、その分析内容を患者に語り、患者にそれを納得させることで症状を解消させるという精神分析の方法が確立されたのである。

アンナの「談話療法」では、まだほんらいの精神分析は誕生していなかった。フロイトはブロイアーのカタルシス療法を採用しながらも、それを催眠術から切り離すことで、精神分析を誕生させたと言うことができるだろう。

フロイトの三つの理論的な地平

これまでのフロイトの精神分析の成果において、後にフロイトが「メタサイコロジー」で展開するフロイトの三つの理論的な地平がすでに輪郭を現していることがわかる。フロイトはたんに精神の疾患を治療する理論だけではなく、「心理学についての心理学」としてのメタサイコロジーという学を構想していた。それは「無意識の心理学[99]」と呼べるものである。

この「メタサイコロジー」はフロイトによると三つの地平で構成される――力動論的な地平、局所論的な地平、経済論的な地平である。フロイトは「もしも心的な出来事をその力動論的、局所論的、および経済論的な関係によって記述することができるならば、それはメタサイコロジー的な叙述と呼ばれてよいものだ[100]」と指摘している。この三つの観点から、これまでのフロイトの考察を検討してみよう。

まずフロイトは、ヒステリーの直接的な原因は、過去の心的な外傷となるような出来事にあり、それが表象や感覚として記憶されて残っていることを指摘した。すでに述べたように、「こうした出来事は、表象や感覚として体験され」たことが、ヒステリーの直接の原因となるのである。これは神経症の原因は過去の心的な外傷にあることを意味している

そしてシャルコーが外傷性ヒステリーの分析で明らかにしたように、こうした出来事の記憶は

消し去ることができない。患者はそれを不愉快なものと感じるために、それを想起することに抵抗し、それから防衛しようとして、その記憶を抑圧するのである。ただし抑圧されたものは消滅することはなく、それが身体的な症状となる。こうした記憶の存在、その想起の抵抗、防衛のための記憶の抑圧という力動論的なプロセスが、神経症の原因を説き明かすのである。

さらに、この抑圧された記憶が消滅せずに、身体的な症状になる理由を考えてみると、そこにはたんなる力動論的なプロセスとしては理解できない要素が存在していることが分かる。この力動的なプロセスにおいて押さえられ、防衛され、抑圧される内容が存在するのである。それはこうした記憶に固着している情動である。こうした情動の運動量が身体的に表現されると、ヒステリーになるのである。

このことは、発生した情動のエネルギーは一定であり、それは放出されないかぎり、残りつづけるということを意味している。神経症をこの情動のエネルギー量の収支として理解するということは、それを経済論的な観点から考察するということである。

さらにこの情動は、患者の意識状態(自我)のうちに保存しておくことはできない。それを意識することが苦痛だからである。そこで患者はそれを抑圧するのだが、抑圧するということはそれを消失させることではない。そのために抑圧された観念群が無意識のうちに蓄積されるのである。この考え方は、心のうちに人格を担う自我の部分と、抑圧された無意識が蓄積される無意識の部分が存在するというモデルを生み出す。これが局所論的な考察である。

すでにヒステリーのモデルとして心の中に「異物」のように、腫瘍のように孕まれる「三重の層」のモデルが提示されていた。その表面の層は、すぐに回想することで到達できるものとされていた。そして核の層は患者本人には到達できない無意識的なものとなっていた。

フロイトがいずれ提起する第一局所論は、意識、前意識、無意識の三つの層の構造をそなえているが、このモデルの核の部分が無意識であり、表面のすぐに想起できる部分が前意識であり、それを取り囲む自我の部分が意識であることは明らかだろう。このモデルはすでに第一局所論に相当する構造をそなえていたのである。

転移

神経症の治療にあたってはこの「カタルシス療法」だけではなく、もう一つ別の重要な要素がある。それが治療者と患者の間の感情的な「転移」である。フロイトは、みずから治療にあたっていなかったアンナの症例については、ブロイアーから学んだのだった。しかしブロイアーのこうした診断とは異なる診断を下すようになる。

ブロイアーは医者として、アンナに談話療法を実行させることで、かつての心的な外傷が生まれた状況を再現させ、患者にその出来事を言葉で語らせることで、症状を解消すること（これは除反応と呼ばれる）ができた時点で、治療は終了したと判断した。しかしこの外傷の状況の再現という方法は、同時にかつての情動を再現させることも意味したのであり、それは転移という別の問題を孕むものだった。

かつて経験した情動は、言葉で語るだけで解消することができるとしても、患者にとってはそれを想起し、再現することは、それをふたたび生き直すことを意味する場合もあるからである。たとえばアンナは亡くなった父親への愛を、今度は医者に投影し、転移させることで、「治癒」することもありえたのである。最後にこの転移の問題を考えてみよう。

「転移」とは、「精神分析において、無意識の欲望が、一定の型の対象関係のうち、とくに分析的関係の枠組みで、ある種の対象にたいして現実化される過程[101]」と定義されているが、これは患者が無意識の欲望を分析者に向けるために、分析者の間で感情的な関係が発生することを意味している。たとえば神経症の患者が幼年期に父親や母親に向けた欲望を、分析の現場で分析者に向けて表現する場合に、それを「転移」という言葉で表現するのである。

フロイトは後の段階で、これを陽性転移と陰性転移に分類する。陽性転移とは、患者が医者にたいしてやさしい親愛の感情を抱くものであり、陰性転移とは、反対に敵対感情を抱くものである。陽性転移には、「友愛的あるいは情愛的で、意識化することのできる感情の転移と、そうした感情が無意識にまで引き継がれた転移[102]」が含まれる。この陽性転移はときに、患者が分析者にたいして恋愛感情を抱くという形で表現される。

さらに転移は、この患者から分析者への感情の転移だけではなく、分析者が患者にたいして感情的な関係を結ぼうとする「逆転移[103]」を引き起こすことがある。分析者は自分のこの感情もコントロールする必要がある。

『ヒステリー研究』においてこの転移が問題になるのは二つの局面においてである。第一は患者が何も思い出せないと主張するようになるときの原因の一つとして、こうした「転移」が発生している可能性があることである。フロイトが患者に自由連想を促しても、何も思い出せないと主張するときには、三つの可能性があると考えている。本当に何も思い出すべき材料がない場合、想起を妨げるような新たな抵抗が発生した場合、そして分析者との間に転移が生じている場合である。

第一の場合は問題がないとして、第二の抵抗が発生した場合には、さらに分析をつづけることで、想起を妨げているものが明らかにされ、分析が進められる。問題なのは第三の場合、すなわち転移が生じているために、患者が医者に怒りの感情を抱き、想起することも、それを語ることも感情的に拒むことがありうるのである。フロイトはこの「転移現象の克服が、精神分析家にとっての最大の困難となる」[104]と指摘している。

フロイトのあげている実例では、あるヒステリーの女性がある男性に恋をして、その男性から「思い切り抱き締められて、キスされたい」という願望を抱いた。そしてその願望を彼女は意識することを望まず、無意識のうちに押し込んだのだった。そしてフロイトとの分析の後に、突然にその願望が再発したのである。彼女はそのことで困惑し、その後の分析が行えなくなったのだった。

フロイトは「医者への感情の転移は、間違った結びつきによって生じる」[105]と指摘しているが、彼女は医者に自分の心に隠された無意識的な欲望を語るうちに、医者と恋した男性とのあいだに「間違った結びつき」を作りだしてしまい、医者にその願望を実現してもらうことを望んだのである。

その事情についてフロイトは「まず最初にその願望の内容が患者の意識にのぼったのだが、この願望に付随していた事情を想起しなかったために、この願望が過去のものであることを認識することができなかったのである。そこでこの願望は、患者の意識を支配している連想強迫によって、彼女の心を探ることが許されているわたしという個人と結びつけられた。そしてこの不適切な結合（間違った結びつき）が生まれると、かつて患者にこの許されぬ願望を捨てるように迫ったのと同じ感情が目覚めたのである[106]」。

フロイトはこうした経験から、患者から求愛された場合には、「またもや転移やこうした間違った結びつきが生じているのだろうと仮定できる[107]」ようになったのである。フロイトはこうした感情の転移は、神経症の治療と同じ方法で解決できると指摘している。「古いモデルによって新たに生まれたこうした症状は、かつての症状と同じ方法で取り扱うことができる[108]」のである。患者にかつての願望を意識させ、それが「間違った結びつき」で分析の場に再現され、それが医者にたいする愛情の表現として示されたことを理解させれば、こうした転移が消滅するはずなのである。

そしてフロイトはこうした愛情表現が示されると、患者にたいしてそれが強迫や錯覚によって発生したものであり、「分析の終了とともに跡形なく消えてしまうものだということ[109]」を納得させるようにしたのである。

このように転移は、前額に手当てをする方法で分析を実行する際に生じる最大の障害として働くものであり、医者がそれを理解していないと、患者の気持ちを誤解することになり、分析を実行するためには破壊的な帰結をもたらすことになるだろう。『ヒステリー研究』において転移がもつ別の重要な意味は、アンナ・O嬢と医者のブロイアーとの間に、こうした転移が発生しており、ブロイアーがそれを理解できなかったために、分析をつづけられなくなったという事情があったことである。

アンナの転移

すでに確認したように、ブロイアーは一八八二年になって、談話療法をつづけることで一年前に生きているアンナと、同時代に生きているアンナの分裂が解消されたことをもって、アンナが治癒したと判断したとされていた。しかしアンナの分析の「終了」については、三つの物語が語られている。ブロイアーの物語、フロイトの物語、現代の研究者の語る物語である。

まずアンナが治癒し、分析が成功して終了したというのが、すでに紹介したブロイアーの語る物語である。これにたいしてフロイトは別の物語を語っている。フロイトは、アンナが治癒したというブロイアーの判断にたいして、異議を唱えているが、それをブロイアーに直接に語ることはなかった。精神分析の仲間たちに明らかにするという方法で、アンナが治癒したわけではないことを指摘したのだった。

フロイトの伝記によると、ブロイアーはアンナの治療を終えたのではなく、アンナから逃げ出したのだった。それによるとアンナは、治療の過程において転移のために、自分が信じられる唯一の人物である医者のブロイアーを愛するようになっていたという。ブロイアーはこの患者の治療に熱中し、妻にもこの患者のことばかり話すので、妻が嫉妬するようになっていたほどだという。

そのことに気づいたブロイアーは、治療をやめる決心をして、アンナにそれを告げた。するとアンナは激しい神経症の発作を起こし、それまでにほぼ治癒していたと思われたものがすべて無効になっただけではなく、ブロイアーの子供を妊娠していると主張し始めた。

伝記によると「これはブロイアーの治療に反応して目に見えぬ内に進展していた偽性妊娠の論理的に必然の結末である。深い衝撃をうけたけれども、彼は催眠術をかけてなんとか彼女を鎮め、それから冷汗をかいて自宅に逃げ戻った。次の日彼と彼の妻は第二の新婚旅行をするためにヴェニスに出発した[110]」というのである。

これは医者と治療者の間の転移という重要なテーマを明らかにするものだった。アンナの無意識の欲望が、治療者であるブロイアーへの愛情として表現されたのであり、ブロイアーはこのような成り行きを予測していなかったために、「冷汗をかいて自宅に逃げ戻」るしかなかったのである。

フロイトは最初の頃はこの転移が精神分析にとって「いちばん悪質な障害」と考えており、転位の発生を避けることが望ましいと考えていた。しかしやがて、この転移こそが精神分析の中心をなすものであり、これによって治癒が可能となることが明らかになるのである。それはこの転移現象を解決することこそが、「患者の心の内部に隠され、忘れられた愛情の動きを現実的なものにし、はっきりと顕在化させるという、計り知れない任務をはたしてくれるのである[111]」と考えられるようになったからである。

フロイトは乗り気でなかったブロイアーを説得してこの著書を刊行するために、これが転移であり、医者と治療者のあいだにつねに発生する現象であり、それはブロイアーの責任ではないことを語って聞かせたという。ブロイアーにはこの転移という重要な現象が認識できなかったわけである。フロイトはこの書物をこの転移の考察で締めくくることで、ブロイアーの素朴さを批判したことになる。

しかしアンナの分析の「終了」については、フロイトの物語とは異なるさらに別の物語が存在する。これはアンナの生涯を追跡した現代の伝記によるものであり、物質的な証拠を挙げているために、これが実際の状況にもっとも近いものだったと考えられる。アンナ・O嬢と呼ばれた患者は、フロイト一家とも親交のあったドイツのユダヤ人のパッペンハイム家の娘ベルタであり、後にフェミニスト運動の指導者となり、ナチズムの嵐が吹き荒れる中で、一九三六年に病死している。

彼女の一生を追った伝記によると、ブロイアーは自分の治療を終わらせて、ベルタをクロイツリンゲンのサナトリウムに送って治療させている。その際にブロイアーはそれまでの一年半にわたる治療の記録を、レポートとして送っている。その際にブロイアーは、ベルタの遺伝的な素質と人格の分裂傾向をとくに強調していた。ヒステリーの重要な素因を、遺伝と性癖に求めたのであり、フロイトとは違って性的な要素をそこにみいだすことはなかった。

このサナトリウムは、ルートヴィヒ・ビンスヴァンガーが設立した病院で、当時のヨーロッパでは有名な施設だった。この施設の記録によると、ベルタは一時は神経痛の症状が改善してモルヒネの投薬を中止することができたが、後に顔面神経痛が激しくなり、ふたたびモルヒネに頼るようになった。この施設には一八八二年七月から一〇月まで三カ月ほど滞在したが、治療は失敗だった。

その後、ベルタはカールスルーエの伯母のもとに滞在し、一八八二年一二月にはウィーンに戻った。その後一八八三年から一八八七年までの期間に、三度にわたってヒステリーが原因でサナトウリムに入院している。

フロイトは婚約者のマルタ宛ての一八八三年八月五日付けの手紙で、ブロイアーがベルタについて「患者は完全に錯乱しており、このあわれなる魂が苦しみから解放されるように死を願っている」[112]と自分に語ったと書いている。ベルタはブロイアーの治療が終了した後も、ヒステリーに苦しめられ、闘病生活を送ったのであり、ブロイアーはその経過をずっと見守りつづけたのである[113]。

その後は、ベルタは看護の技術を学び、ユダヤ人の子供たちを育てる施設を設立して、フェミニズム運動やユダヤ人の保護のための活動に専念するようになった。しかしそれはブロイアーの治療が成功して、終了したことによるものではなかった。その意味ではブロイアーの記録は不正確なものであった。ただしフロイトの語る物語も、噂や推測に基づくものであり、ブロイアーがアンナのもとを逃げ出して、妻と海外旅行に出たというのも、事実に反するようである。

それでもブロイアーの治療において、アンナが当時の症状を解消することができたのは間違いのないところだろう。その際に同時に、アンナがブロイアーに転移を起こし、父親に向けた感情をブロイアーに向けていたというフロイトの診断も正しいのだろう。

この転移という問題は、両刃の剣として、精神分析の現場で非常に重要な問題となりつづけることになる。そして転移の問題にうまく対処できなかったのはブロイアーだけではない。フロイトもまた、症例ドーラではこの転移の問題に適切に対処できずに、治療が失敗に終っているのである。

第二章

忘却と失錯行為

1　精神分析のモデルと三つの無意識の現象

精神分析の発明

このようにフロイトはシャルコーやベルネームの催眠術と暗示の方法にヒントをえて、さらにブロイアーの談話療法を手本としながら、新しい「手当て」という方法を開発することで、精神分析という方法を「発明」したのだった。

この方法を採用することで、催眠術によって夢遊状態にするのではなく、患者に意識を保たせたまま、無意識的な部分に眠っている記憶を呼び出すことができるようになった。それによって、真の意味での精神分析が誕生したと考えることができるだろう。

治療者が患者と向き合って、患者に身体的に接触し、患者のもつ忘却されたと思われていた記憶を探りだし、患者と協力しながら、それがどのようにして外傷となっているかを明らかにするのである。そして多くの場合で、患者がこのように自分の抑圧していた記憶を想起することで、身体的な症状が消えることが確認されたのである。

この方法は、催眠術を利用したブロイアーの「談話療法」と似ているが、フロイトはそれを催眠術なしで行おうとしたわけである。催眠術というのは当時はたしかによく効いたのであり、医者は魔術師のような評判をえたのだった。しかしフロイトは催眠術で魔法使いのようにして、患者を治療できたとしても、それが学としての精神分析になるとは思えなかったのである。

魔法ではなく、学問的に価値のある知としての精神分析を確立することが、フロイトの願いだった。精神分析の方法が科学的なものであるかどうかについては多くの疑問が表明されている。同時代のウィーンで生きていたポパーの批判は有名である。ポパーはフロイトの精神分析は、反証可能性という科学的な基準を満たしていないために、科学とは呼べないと考えた。

しかしフロイトは、患者の精神分析と、それが実際に神経症の症状を消滅させることができるという事実の積み重ねによって、意識から隠された無意識のメカニズムを明らかにすることができると考えていたし、フロイトが構築したモデルがたんなる夢想や虚構ではないことは、その後の精神分析の歴史において、多数の分析と治療の結果が確証してきたと言えるだろう。

フロイトの思想と人間の心的な構造のモデルは、現代でもわたしたちが人間の無意識について考える際に重要な手掛かりとなるのである。これについては「無意識の科学としての精神分析には、ヤツメウナギを扱ったときと同じ綿密で忍耐強い科学的実証性が息づいている。患者の何気ない所作を見逃さず、つぶやかれた一言を聞き逃すことのないフロイトは、確かに、科学者としての目と耳をそなえた人物だった[1]」という評価は正しいだろう。

ここでフロイトが開発した精神分析の方法を、シャルコーの催眠術およびブロイアーのカタルシス療法と比較してみよう。まずフロイトの精神分析のこの方法は、メスマーとシャルコーの方法とかなりの共通性を維持していることを確認しておこう。

第一の共通点は、どちらも催眠状態を利用したことである。フロイトは催眠術を放棄することで精神分析を始めたのであるが、「手当て」の方法では患者は軽い催眠状態に入っていると考えられている。この方法で患者は、日常的な精神状態から離れることができたのである。

第二の共通点は、患者と身体的に接触することである。「手当て」はまさにその意味で重要だったのである。これはメスマーとシャルコーから伝統を受け継ぎながらも、フロイトが独自の工夫を加えたものだった。

第三の共通点は、患者の病の原因を性的なものとみなして、そこに症状を解消する道をみいだしたことである。この点についてもフロイトはそれまでの伝統をしっかりと受け継いだということになるだろう。

シャルコーのモデル──医者の能動性と患者の受動性のモデル

しかしこれらの共通点とは別に、フロイトのモデルとシャルコーやブロイアーのモデルには明確な違いもある。ここでシャルコーのモデル、ブロイアーのモデル、フロイトのモデルの違いを確認しておこう。これらのモデルの違いについては、理論的な側面と実践的な側面の両面から考察することができる。理論的な側面としては、疾患の原因についての知を誰が所有しているかが重要である。実践的な側面については、病に悩む患者、治療する医者、医者が利用する治療方法という三つの観点が重要である。

シャルコーのモデルについて理論的な側面を検討してみると、患者は自分の疾患の原因を知らず、無知な存在である。医者は患者の疾患の原因を認識しており、その知を手掛かりにして患者に働きかけ、治療する。医者が能動的な知の主体であり、患者はその知に基づいて働きかけをうける受動的な客体である。

さらに医者と患者の実践的な関係は、治療する能動的な主体である医者が、治療される受動的な客体である患者に催眠術をかけて、医者の力によって患者を治療するものだった。患者は受動的な存在であり、医者に治療される客体である。医者は能動的な存在であり、患者を治療する主体である。治療方法は、医者だけがその手段を所有していて、患者はその手段の対象となる。

このモデルは、近代の自然科学的な医学における医者と患者のモデルと同じものである。現代でも病に苦しんで病院を訪れる患者は、自分の疾患についての知をもたず、それを治癒する手段をもたない。医者が能動的な主体として、受動的な患者を診断し、治療する。患者は医者の処方にしたがうことを期待されるだけであり、疾患の病因についての知をもつことは期待されない。重篤な疾患のときには、疾患の名前が本人には故意に秘されることもあるのである。

ブロイアーのモデル——医者の受動性と患者の能動性のモデル

ブロイアーの治療方法はこのシャルコーの方法と比較すると明確な違いがあった。患者は治療される客体であるが、同時にみずからを治療する主体でもあった。医者は患者を治療する主体であるはずであるが、催眠術をかけて、患者の言葉に耳を傾ける存在であり、患者がみずからを治療する補助的な役割に甘んじている。

患者は自己の疾患の根本的な原因を認識していないものの、自分の病を生きる者として、みずからが治癒するために必要なものを無意識のうちに知っていて、それをみずから実行することができることを明らかにしたのである。シャルコーのモデルと比較すると、患者の能動的な役割が特徴的である。

この治療方法の問題は、医者の受動性にある。医者は患者を診断することはできても、能動的に患者を治療することができない。患者が語るに任せるだけであって、患者がみずからを治療することを望まなければ、医者はただ手をこまねいているしかないのである。

フロイトのモデル——医者と患者の能動性のモデル

フロイトはこのブロイアーの治療方法から学んで、新しいモデルを作りだした。このモデルでは、患者は治療される客体であると同時に、みずから治療する主体である。そして医者もまた、治療に参加し、治療を主導することができる。ブロイアーのモデルでは医者は催眠術をかけ、患者が語り掛ける相手としての役目をつとめるだけだった。しかしこのフロイトのモデルでは、医者は催眠をかけて患者が語りだすのを待つだけではなく、患者に自由に連想させて、その連想から患者の心の中の防衛機構を探りだし、患者がもっとも語りたくないことを患者に語らせるのである。

ブロイアーの談話療法では、患者はみずからの心的な外傷を意識にのぼらせて、それを語ることで治癒したが、フロイトの精神分析では患者にそのプロセスを委ねるのではなく、医者がその心的な外傷と防衛機構を探りだし、患者に自己の無意識的な防衛の働きを認識させることで、症状をなくすことを目指したのである。

このようにフロイトのモデルでは、実践的にも理論的にも、患者と医者は同じように主体的にふるまうことを求められるのである。まず実践的にみると、治療する方法において、心的な防衛の働きを想起するのはたしかに患者であり、患者は自己の治療に主体的にかかわるが、医者もまたこの患者の想起の働きを促し、方向づけ、指し示す。医者もまた能動的に働きかけるのである。

また理論的にみると、患者は自己の病の原因には無知なままであるが、医者はその症状を起こしている外傷をみつけだし、その症状を解消させることができるという意味で能動的である。治療のための知は医者の側にあるが、患者もまた主体的にそれを語り出し、認めることが求められている。

無意識を探る三つの道

フロイトのこのモデルでは、医者は患者に働きかけて、症状を起こしている心的な外傷を発見し、その防衛のメカニズムを解明し、患者にそれを認識させることで、神経症の症状を解消することができる。これが精神分析の基本的な方法となる。この方法において何よりも重要なのは、抑圧されている過去の心的な外傷の記憶を想起するということである。医者がうまくこの記憶を患者に想起させることができるかどうか、そこに精神分析の成功と失敗がかかっているわけである。

この記憶は、患者にとっては不愉快なものである。不愉快なものであるから抑圧され、それが意識されることを防ぐための防衛機構が発達し、それが身体的な症状を生じさせているわけである。医者は患者に、その不愉快な記憶を想起しなければ、病が治療できないと宣言して、それを想起させる。患者も医者に治療を求めているのであり、みずからの病を治療することを望んでいるはずであり、そのために不愉快な記憶を想起するように、みずからも努力するわけである。

しかし患者がどうしてもそうした過去の心的な外傷の記憶を想起できないことがある。そのときはどうすればよいだろうか。そこに、無意識の存在を前提し、その働きを調べようとする精神分析の重要な仕事がある。フロイトが明らかにしたように、人間はもはや自分の「主人」ではないのである。わたしたちの意識は、心のごく一部にすぎず、心の大部分はわたしたちが意識できないものである。わたしたちは理性的な存在だと自認しているが、この理性が統御しているのは心のごく一部にすぎないのである。

わたしたちの理性が制御することのできない心のこの無意識的な働きを明らかにするものとして、フロイトは三つの重要な現象を指摘している。第一が神経症という病である。この病が何よりも、理性がわたしたちの心や身体を支配するものではないことを明らかにしたのである。この現象は、わたしたちの無意識の存在と、その働きをわたしたちに意識させるという重要な役割を果している。

第二が夢である。夢は、わたしたちが意識していない多くのことを、心の中に秘めていることを明らかにしている。わたしたちは自分では考えられないようなことを夢の中でみるし、考えられないような行動を夢の中でとる。自分を育ててくれた大切な父親を殺し、交わることが許されない母親と交わるなど、不道徳のきわみと言えるような行動を、夢の中で平気ですることがある。この現象も、わたしたちが理性で認識しておらず、理性で制御していない欲望の存在とその働きを明らかにしてくれるのである。

第三が、言い間違いや度忘れなどの失錯行為である。わたしたちはうっかりとひとの名前を忘れたり、大事なところで恥ずかしい言い間違いをしたりすることがある。そしてその忘却や言い間違いを調べてみると、その背後にわたしたちの忘れたい欲望や、言い間違いが明らかにした欲望の働きが暴かれるのである。

第一の神経症という道は、症状としての身体的な通路から、わたしたちに無意識の存在を明らかにしてくれるし、第二の夢の道はわたしたちに、自分でも意識していない欲望の存在を明らかにしてくれる。第一の道は、身体の痛みや障害という否定的で消極的な道から、無意識の存在を明らかにし、第二の道は自分でも考えたことのない行動を自分が望んでいることを示す肯定的で、積極的な道から、無意識の存在を明らかにしてくれる。

これにたいして第三の失錯行為の道は、第一の道と第二の道の特徴を兼ね備えている。言い間違いはある種の症状として否定的な道から、わたしたちの無意識は意識されないものであることを語る一方で、わたしたちの無意識の欲望がどのようなものであるかを明らかにしてくれるという肯定的な意味をそなえているのである。言い間違う人は、あたかも目覚めたままで夢をみているかのように振る舞うことによって、無意識がもたらす症状を露呈しているのである。

また度忘れというのも、忘却するという否定的な道によって、わたしたちの無意識のありかを示しながら、その忘却の理由を調べることで、わたしたちの無意識の欲望を明かすことができるのである。その意味で言い間違いと同じような性格をそなえているのである。

2 忘却と遮蔽想起

忘却という現象のもつ意味

第一の神経症の道は『ヒステリー研究』で考察されてきたものであり、第二の夢の道は、次の章で考察する『夢解釈』で検討されることになる。『夢解釈』は一九〇〇年に刊行されており、第三の道の言い間違いや度忘れを検討した『日常生活の精神病理学』は一九〇一年に刊行されている。これらの三つの現象を検討する順序としては、神経症、夢、言い間違いと度忘れの順に考察するのが適切に思える。

しかしここでは夢について考察する前に、言い間違いと度忘れという失錯行為をまず検討しておこう。それはこの現象が、記憶と想起と忘却という、すでに考察してきた神経症の病因や症状にかかわる現象と、深い関連があるためである。

神経症を治療するには、すでに確認したように、患者が自分の過去の心的な外傷を思い出すことが何よりも必要となる。この想起が症状の解消の手段なのである。過去の外傷を想起して語ることは、たんに症状を解消するための手段であるだけではなく、すでに症状の解消そのものなのである。そのためそれを想起できないと場合には、精神分析で神経症を治療できないことになる。ところがこの忘却もまた、重要な症状なのである。神経症の症状は、身体的な痛みや障害として現れるが、忘却という症状としても現れるのである。

この忘却という症状は、精神分析にとっては非常に重要なものである。心的な外傷についての記憶の想起には、想起することが症状の解消の手段であり、解消の営みそのものであるという二重の性格があったが、忘却にも反対の意味で同じような二重性がある。患者にとって重要な心的な外傷を忘却するということは、症状を作りだすための手段であるとともに、症状の営みそのものであるのである。

忘却がまず症状を作りだす手段であるのは、忘却することで、患者は不愉快な記憶から自己を防衛することができ、それが神経症と同じ役割を果しているということである。また忘却が神経症の症状の営みそのものであるのは、大切な記憶を忘れていて、それを想起することができないことが、神経症のもたらした帰結であるということである。そこには想起を妨げる抑圧が働いているのである。忘却は神経症の原因であり、帰結でもある。

神経症と失錯行為のメカニズム

こうしてフロイトは、精神分析を始めるとすぐに、この忘却と言い間違いという現象に注目するようになった。フロイトがまだ催眠術を使って治療しながら、神経症のメカニズムについて考察していた一八九八年に、「度忘れの心的メカニズムについて」という文章を発表している。翌

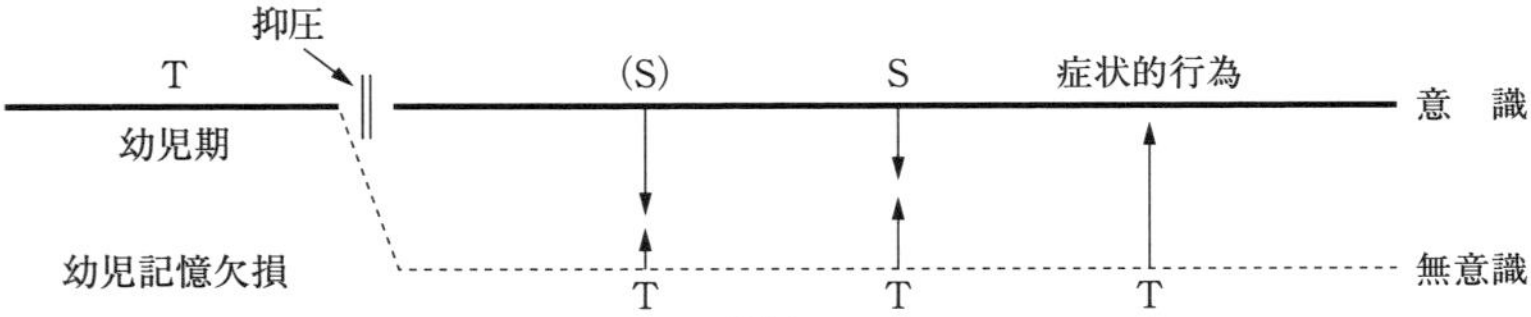

図1

年の一八九九年には「遮蔽想起について」という文章を発表している。このどちらの文章も、『日常生活の精神病理』に、その内容がほとんどそのまま採用されている。

　フロイトは無意識の第一の現象である神経症を考察した後に、第二の現象である夢の分析を始める前に、こうした記憶と忘却の現象に注目していたのである。というのも、この記憶と忘却が、神経症の患者の治療そのものにかかわるためであり、治療の成功と失敗は、この記憶と忘却にかかっているからである。そしてフロイトは、こうした言い間違いや忘却は、神経症と同じメカニズムで発生していることを発見したのである。それではそのメカニズムはどのようなものだろうか。

神経症と失錯行為の図

　ここで一つの図をみてみよう。図1は神経症の発生のメカニズムを示すものだ。これはアンリ・エレンベルガーの『無意識の発見』から採用した図である。[2] 図の左側は幼児期を示し、ここで心的な外傷（トラウマ）が発生する（図ではTの記号で示されている）。これは抑圧され、図の右側の部分で三つの状態のいずれかとして、表現される。この右側の部分の上の線は症状を示し、下の点線は無意識のうちに抑圧された心的な外傷（トラウマ）の記憶を示す。二つの点線の間の、上から下に向かう矢印の大きさが抑圧の大きさを示す。

この二つの線の関係として三つの状態が考えられる。第一は抑圧する意識の力が大きくて、トラウマTがまったく覆い隠されている状態である。図の(S)は隠された症状を示している。第二はトラウマは大きいものの、それを抑圧する意識の力がそれほど大きくなく、トラウマTが症状Sとして現れている状態である。第三はトラウマが非常に大きく、抑圧する意識の力が小さいために、トラウマTがそのまま現れる状態である。

この第三の状態では、患者はトラウマを症状的な行為として表現するのである。トラウマにかかわるものを見たとたんに失神してしまう人は、トラウマをそのままに行為として表現したわけである。

これにたいしてトラウマを抑圧する力が働くと、それが神経症の症状となって現れる。この第二の状態で現れる症状は、トラウマを象徴的に表現する暗号のような働きをするのであり、医者はそれを解釈することで治療しようとするのである。

第一の状態では抑圧する意識の力が強すぎて、まったく表現されない。あたかもトラウマがまったく存在しないのと同じようにみえるのである。しかし過去の記憶がトラウマとなっている場合には、それを抑圧しつづけることは、自我に非常に大きな負担をかけることになる。抑圧は無償ではなく、その代価を支払わねばならないのである。

この神経症のメカニズムの図は、そのまま忘却と言い間違いのメカニズムの図として読み換えることができる。この場合は実線は主体の失錯行為で、度忘れ、言い間違いなどとして現れる行為である。点線は、不愉快な心的な外傷の記憶を示す。その間を意識の抑圧の力が働く。

第一は抑圧する力が大きくて、不愉快な印象は完全に隠蔽される。主体は重要な事柄を忘却しているが、その忘却していることすら意識にのぼらない状態である。第二は抑圧する力と不愉快な印象の力の大きさがバランスしている状態であり、ここでは症状のような失錯行為が発生する。それが言い間違いや度忘れである。第三は抑圧する力が弱く、不愉快な印象がそのままで表現される。主体はうっかり言い間違えて本心を語ってしまうが、どうして自分がそんなことを語ったのかを理解できないのである。それは症状的な行為となる。

この図から、失錯行為と神経症の症状を同じモデルで考察できることが分かる。失錯行為についての精神分析にとって重要なのは、第二の状態である――完全な忘却でも、症状的な行為でもなく、主体が自分の忘却と言い間違いを意識できる状態である。

主体は重要なことを忘れるのだが、それはたんなる度忘れであり、他人に指摘されるとすぐに思い出すことができる。あるいは主体は何かを言い間違うのだが、自分がほんとうはどう言うべきであったかは、顧みれば認識できるのである。そのため、それが言い間違いであることが主体にも意識されるのである。そこから第一の完全な忘却では明らかにされなかった不愉快な印象とそれを抑圧する意識の働きを、解明することができるだろう。

度忘れの実例とそのメカニズム

それでは主体はどのようにして失錯行為を犯すのか、それを具体的に考察してみよう。フロイトが一八九八年に発表した「度忘れの心的メカニズムについて」という論文で説明したのは、ある画家の名前をどうしても思い出せなかった自分の実例だった。その画家の名前はシニョレッリだったが、それを思い出せず、その代わりにボッティチェリとボルトラッフィオという名前が頭に浮かんだのだった。フロイトは図2にみられるように[3]、この忘却のメカニズムを詳細に説明している。

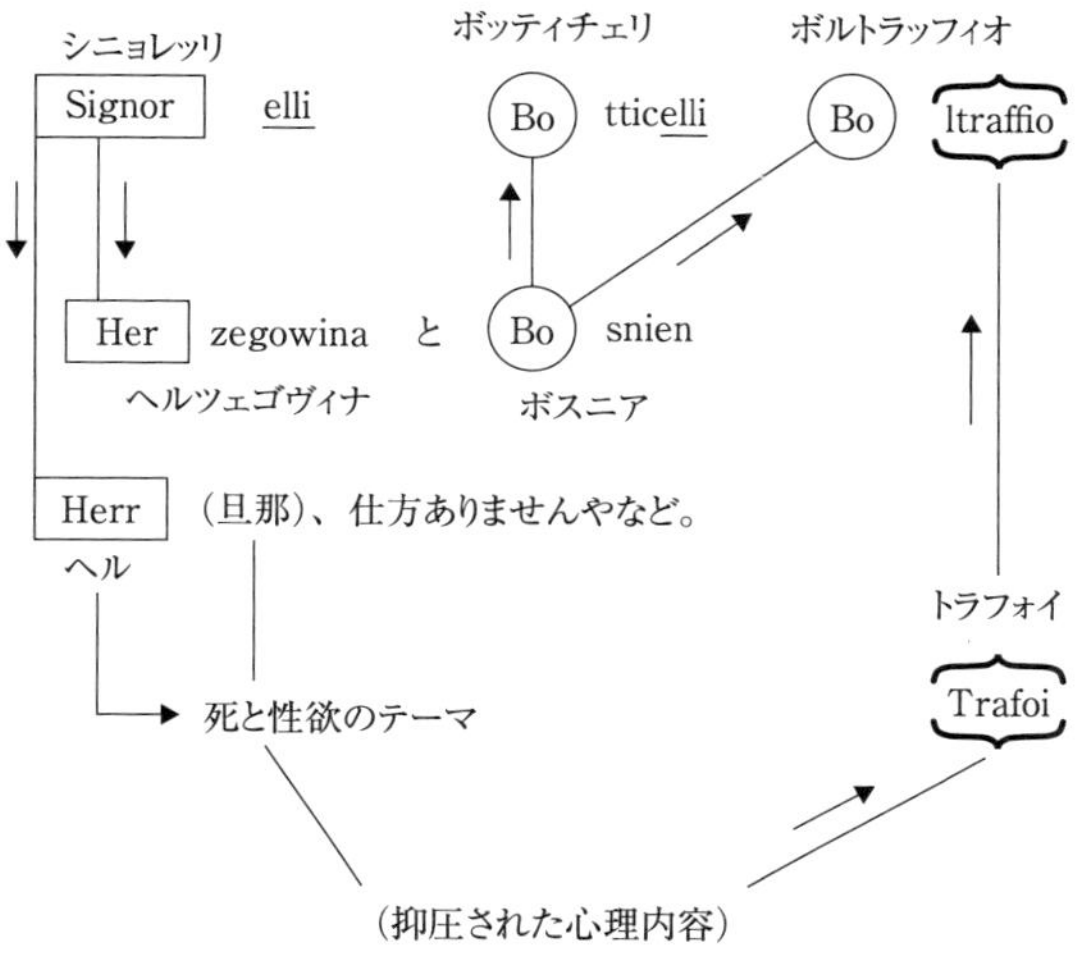

図2

まずこの二つの名前は、正しい名前の記憶を妨害する役割を果していることに留意しよう。これは正しい記憶を遮蔽する想起なので、遮蔽想起と呼ばれる。フロイトはこの二つの名前がまず類似によって、思い出すべき名前を遮蔽したことを指摘する。まずボッティチェリの名前が思い浮かんだのは、どちらも画家の名前であり、語尾のレッリとチェリが類似していることから説明できる。それではボルトラッフィオというごくマイナーなイタリア人の画家の名前はどうして思い浮かばれたのだろうか。

まず最初の「ボ」の音は、ボッティチェリの名前から引きずられたのだと考えることができる。それだけではなく、最初のボの音のつながりによって、思い出されるべき「シニョ」という語がボの音で遮蔽されていたのである。そこには、この語にまつわる抑圧のメカニズムが働いている。フロイトの分析によると、まず「シニョ」という語が「ヘル」という語に代替されたという。イタリア語で男性に呼び掛ける「シニョール」という言葉は、ドイツ語でも同じく男性に呼び掛ける「ヘル」という言葉に該当する。「フロイトさん」と呼び掛けるとき、イタリア語では「シニョール・フロイト」と呼ぶし、ドイツ語では「ヘル・フロイト」と呼ぶのである。

フロイトの無意識のうちで、思い出すべき名前のシニョレッリにごく近い「シニョール」という語が「ヘル」に代わり、この言葉がヘルツェゴヴィナという語を引き出し、この語がボスニアとヘルツェゴヴィナという地名を引き出し、そのボスニアという語がボの音を引き出したというわけである。

問題なのはフロイトが「シニョール」という語に該当する「ヘル」というドイツ語をどうして抑圧したのかという理由である。それは「ヘル」という語は医者にたいする呼び掛けとして「先生」という意味をもっていて、それがある会話を想起させたからだという。

フロイトによると、ボスニアとヘルツェゴヴィナに住むトルコ人たちは、医者をとても信頼していて、たとえ彼らの家長の死が告げられたとしても、「先生《ヘル》、それなら仕方ないです。助かるものなら、先生が助けてくれたでしょうから(4)」と語るものだという話を想起したのである。先生《ヘル》という呼び掛けは、死の運命の甘受という連想を含んでいたのである。

そして同じ関連で別の記憶が呼びだされる。「先生《ヘル》、あれがだめなら生きている甲斐がないでしょう」(5)という言葉である。あれとは性的な交わりのことだ。ここで死と性的な快楽の概念が結びつく。フロイトはこの性の快楽と死の二つの概念と、その結びつきを抑圧したのである。

さらにこの二つの概念を結びつけるある出来事があった。フロイトが診察していたある患者はトラフォイという場所に住んでいたが、この患者が治療できない性的な障害のために自殺したという知らせをうけたばかりで、そのことがフロイトの心に強い印象を与えていたのである。このトラフォイで起きた死と性的な快楽を結ぶ患者の死の印象が、その音の類似のために、二番目の画家の名前ボルトラッフィオを引き出したのだという。

フロイトはこの論文では、この自分の度忘れの事例を紹介しているだけであり、その抑圧のメカニズムについては詳しくは考察していない。『日常生活の精神病理学』では、それがさらに詳細に検討されることになる。この論文で重要なのは、わたしたちが日常生活で経験しているたわいのない度忘れという行為が、神経症の症状と同じ意味をもっていることを示したことであり、さらにわたしたちが何かを抑圧するのはごく自然なことであり、それは自分のこうした些細な経験を分析することでも明らかになるということである。

意識は、自分が無意識のうちに記憶していることをすべて呼び出すことはできない。それは無意識のうちに不愉快な観念を抑圧する働きが生じているためである。神経症の症状はそれが病として表現されたものだが、わたしたちもそうした症状をごく軽い失錯行為として、つねに経験していることになる。

二つの幼年期の遮蔽想起

同じ時期に発表された「遮蔽想起について」という論文は、この忘却と記憶という問題をさらに別の観点から掘り下げている。この論文ではフロイトは、自分の記憶をあたかも他者の記憶であるかのように語らせている。この論文の焦点は、成人してからも想起される幼児の記憶が、どのような由来で今もなお記憶されているのかということだ。

誰もがさまざまな幼児期の記憶をもっているだろう。それがごくありふれた、とくに意味のないように思える光景の記憶だとしても、その背後にはその光景を記憶させるにいたった重要な出来事が隠されていることが多い。それでなければ、その光景が記憶に残るはずがないのであり、その光景が繰り返し想起されて、記憶に残っているはずもないのである。

困難なのは、その背後にある出来事を想起することだ。それに成功しないと、その記憶はたんなる断片として残るだけだろう。重要な出来事が隠されているほど、ごくありきたりの光景の記憶だけが残ることが多いのであり、そのために分析が困難になるのである。

フロイトがこの論文であげているのも、幼年期のとりとめのない記憶である。

フロイトに、緑の野原が眼に浮かぶ。そばに農家があって、頭巾をかぶった農婦と子守の女の二人がおしゃべりをしている。野原にはたくさんのタンポポが咲いていて、その黄色が鮮やかに記憶に残っている。その場に三人の子供が遊んでいた。二歳か三歳の自分と、同年輩の少女、そして少女の一歳年上の兄で、この二人はフロイトにとって、いとこにあたる。

三人とも黄色い花を摘んで花束にして手にもっている。少女の花束がもっとも鮮かな黄色をしている。しかし自分と少女の兄は、彼女に襲いかかってその花束を奪ってしまう。彼女は泣きながら農家に戻り、そこで農婦からパンをもらう。二人の少年も農家に戻って、パンをもらう。このパンはとても美味しいことが記憶にまざまざと残っている。

ごくありふれた幼年期の思い出のようである。しかしフロイトが分析してみると、さまざまな複雑な背景が明らかになる。まず異様なまでに強い力のある記憶が二つあることが明らかになる。タンポポの黄色の異様な鮮やかさと、幻覚のようなパンの異様なまでのおいしさである。この二つが、この記憶の要となっていると考えられる。まず黄色について考えてみよう。

フロイトがこの黄色で思い出せるのは、一七歳のときに、フロイトの一家がウィーンに引っ越して来る前に住んでいた故郷に戻ったときのことである。この帰郷のおりに、ある一家と知り合いになった。そしてその家の一五歳の娘に、フロイトは初恋をしたのだった。その娘が着ていたドレスがあざやかな黄色だったのである。

そしてフロイトは二〇歳のときに、この夢に登場する二人のいとこの父親である叔父の家を訪問したことがある。この家族もフロイトの一家と同じ頃に故郷を離れていたが、その後で富裕になっていた。フロイトの家は貧しくて、彼はそれをうらやましく思ったのだった。そしてフロイトの父と叔父は、夢に出てきた従姉妹の娘とフロイトと結婚させようと計画していたらしいが、フロイトは学問に熱中して、この娘と親しくなることはなかったのだった。

このタンポポの黄色は、フロイトの初恋の娘のドレスの色である。黄色はフロイトには初恋の色、異性との絆となる色なのである。フロイトは夢の中で、結婚するかもしれなかった幼い従姉妹の手に、この黄色いタンポポの花で作った花束をもたせたのだが、その色の記憶は、一七歳のときに初恋に落ちた娘のドレスの黄色を受け継いでいたのである。

このタンポポの黄色の記憶は、一七歳のときの初恋という重要な出来事の記憶が、三歳の幼年期の花摘みの記憶として再生しているのである。タンポポの黄色は、一七歳の思春期の記憶から作りだされたものなのである。そしてもちろん幼い従姉妹から花を奪うことは、性的な意味をもっている。

もうひとつのパンの異様なおいしさも、結婚と結びついている。フロイトが従姉妹と結婚していたら、豊かな叔父の家族の一員となって、おいしいパンが食べられたはずだという思いが、このパンの美味しさになっているのである。

こうしてみると、幼年期のこの記憶は、フロイトの思春期の初恋の思いと生活の苦労の思いが詰まっていて、それが溯って、あたかも幼年期の記憶であるかのように作り上げられたということになる。たしかに野原にタンポポは咲いていたのかもしれない。パンをもらって食べたら、おいしかったのかもしれない。しかしそれだけではこうした異様なまでに強い記憶は残らないはずである。むしろこの光景は、思春期の心的な出来事を覆い隠しているのである。このように抑圧された性的な経験や幻想を覆い隠している想起を、フロイトは遮蔽想起と呼ぶ。

遮蔽想起の役割と形成プロセス

この遮蔽想起は二つの重要な役割を果している。一つは、遮蔽想起が「遮蔽する」役割である。別の出来事や幻想を「覆い隠す」役割を果しているのである。もう一つは、遮蔽想起が「想起する」役割である。その背後に何らかの重要な記憶が存在していなければ、想起することもないのである。タンポポは思春期における隠されたある記憶を想起させるために登場しているのである。

この遮蔽想起はどのようにして形成されるのだろうか。フロイトは遮蔽想起の形成プロセスを時間的なずれによって二つに分類している。逆行性の遮蔽想起と先行性の遮蔽想起である。いずれにしても遮蔽想起の形成の秘密は、そしてそれが隠蔽する働きは、幼年期の情景と同じ時期の心の動きではないということである。フロイトのタンポポの夢のように、思春期の出来事が発生した後に、それが幼年期の出来事として遡って記憶されているのならば、それは逆行性の遮蔽想起と呼ばれる。

反対に、すでに述べた原光景の出来事のように、幼年期にある重要な出来事が発生して、それが思春期の記憶として残っていることがある。これが先行性の遮蔽想起と呼ばれる。幼年期に起きた出来事が、その意味が明らかでないままに強い印象を残していたものが、思春期にいたってその意味が理解されるとともに、幼年期の出来事の記憶がまざまざと想起されるのである。『ヒステリー研究』で分析されたカタリーナの幼年期の記憶が、こうした先行性の遮蔽想起の好例である。

フロイトのタンポポの記憶は逆行性の記憶である。幼年期のタンポポはそれほど強い意味をもつものではなく、思春期の記憶が作りだしたものなのである。フロイトは「遮蔽想起は、人生のもっと後の時期の記憶の残滓からも形成される」[6]と語っている。さらに先行性の遮蔽想起については、「後に体験された内容を含む遮蔽想起のうちの一部が意味をもつのは、抑圧されたままであった青春の早期の体験との関連によるためである」[7]と説明している。

想起の遮蔽のプロセスと新たなプロセス図

このようにごく素朴な記憶の想起であっても、その人の人生の経験のうちで、そうした記憶に手が加えられているのである。多くの想起は偽造されたものであるとフロイトは考える。「偽造する」といっても、「捏造する」のではなく、別の場所に移したり、「複数の人物が一緒になって融合するか、たがいに入れ替わっていたり、あるいはその場面が本来は二つの別々の体験の複合として認識されている」[8]という意味で偽造されているのである。

この偽造のプロセスは、夢の解釈でさらに詳細に考察され、夢の作業における圧縮と置き換えの仕事として研究されるが、この遮蔽想起でも、まったく同じような作業が行われているわけである。

フロイトはさらに夢と同じように遮蔽想起の役割は、「不快な、あるいは好ましくない印象を抑圧したり、置き換えたりする目的に奉仕している」[9]と指摘している。これは言い間違いや忘却と同じプロセスである。これに基づいて、遮蔽想起についても神経症のモデル図（図1）を使って考えることができる。

八二ページの図1の右側で示した第一の状態では、抑圧が強く、外傷の記憶はまったく喪失している。患者は他人が指摘する重要な出来事を記憶していないのである。ただし全面的な記憶喪失ではなく、ある出来事の記憶の喪失である。第二の状態では抑圧は強いものの、外傷の力も強いので、患者は想起せざるをえない。しかしそのままで想起することができないので、遮蔽想起が現れることになる。第三の状態では抑圧がないために、患者は外傷をそのままで記憶し、想起してしまう。

後に研究される戦争神経症や事故神経症は第三の場合の症状である。苦痛だった戦争の記憶や痛かった事故の記憶がすべて蘇ってきて、患者を苦しめる。精神的な後遺症である心的外傷後ストレス障害（ＰＴＳＤ）はこうして生まれると考えることができる。記憶が症状になってしまうのである。

この心的外傷後ストレス障害の問題は後に、第一次世界大戦の兵士の精神障害として、精神分析の歴史においても重要な意味をもっているが、今ここで重要なのは第二の状態である遮蔽想起である。フロイトの分類によって、この想起は時間的な「ずれ」をそなえているものであることが明らかにされた。度忘れのシニョレッリの事例で、遮蔽想起として想起されたのはボッティチェリという名前だった。その背後には、過去の記憶の抑圧が存在している。それが「先生《ヘル》」で始まる会話の記憶である。これが性と死の結びつきを想起させるために抑圧され、そこでシニョレッリという画家の名前が忘れられて、別の名前が浮かんだのである。

この抑圧のプロセスの背後に、この図の左側に示された幼年期の記憶とその忘却を想定することができる。フロイトが死と性について、医者としてはごく当然な記憶を抑圧したのは、たんにそれが不愉快な記憶だったというだけではない心的なメカニズムが存在したからである。それはフロイトが幼年期において初めて死について認識した体験にまでさかのぼることができるだろう。成人してからの心的外傷の背後には、ほとんどつねに幼年期の心的外傷とその抑圧が存在していると考えることができる。

このようにして遮蔽想起の考察から、抑圧における時間的なずれが明らかにされた。このずれを明確に形で明らかにしたものが、原光景と誘惑理論という概念である。これについてさらに考察してみよう。

3 誘惑理論

原光景の理論

フロイトは『ヒステリー研究』において、成人の神経症の原因となるのが、過去の心的な外傷(トラウマ)であることを指摘した。多くの事例で、そうしたトラウマは不愉快なものとして、抑圧されていたことが明らかになった。そしてそれを想起して、言葉で表現することで症状は解消したのだった。

この書物で分析された事例の多くでは、こうしたトラウマを引き起こしたのは、ごく最近であるか、思春期の体験であることが確認されている。しかしフロイトはすでにこの書物を刊行した一八九五年の時点で、この直接の原因となったトラウマの背後に、小児期のトラウマが存在していると考えていた。フロイトはこう語っている。「幼年期の体験が、何年もの間、程度の差はあれ、重篤な病気の現象を作りだすということは、非常に頻繁にあることである(10)」。

しかしこの時期にはまだ、そのことを詳細に解明することはできていなかった。ブロイアーのカタルシス療法によって、患者が言葉にすることで症状を解消することができたのは、こうした小児期に由来するトラウマではなく、ごく最近のトラウマだったからである。そして神経症の患者は自分では、最近のトラウマと小児期のトラウマを結びつけて考えることができないのである。それは患者にはそのことを意識することができないほど、小児期のトラウマが抑圧され、隠されているからであり、後に考察する小児健忘のためでもある。そこにフロイトの精神分析の役割がある。

フロイトは一八九六年の「ヒステリーの病因論のために」という文章では、すでにこの小児期のトラウマと取り組むために新たな理論を提起することができていた。フロイトは、『ヒステリー研究』の時点ですでに、「ヒステリーの発作はほとんどきまって心的葛藤に起因しており、許容できない表象が自我の防衛を喚起して抑圧を促すことによる(11)」ことを明確にしていたものの、「いかなる事情のもとで、この防衛の努力が、自我にとって苦痛な想起を実際に無意識の領域へと追いやって、その想起の場所にヒステリー症状を作りだすという病的効果を生みだすのか、わたしはその当時には述べることができなかった(12)」と回顧している。

しかしフロイトはこの論文の時点になると、次のように断言するようになっていた。「防衛とは、そのときまで健康であった人物において、幼児期の性体験が無意識的な想起として存在し、かつ抑圧されるべき表象がそのような幼児期の体験と論理的ないし連想的に関連をもちうる場合には、防衛は不愉快な表象を意識から追い出すという意図を達成するのである」[13]。防衛が行われる根本的な要因は、「幼児期の性体験の無意識的な想起」にあるというのである。この「幼児期の性体験」は「原光景」と呼ばれるようになる。

それではこうした「幼児期の性体験」はどのような理由で、防衛を喚起するのだろうか。それは成人の性的な発達が、幼年期の性的な出来事によって影響をうけているからである。フロイトは「幼児期にもわずかな性的な興奮が存在しているのであり、むしろ後年の性の発達は、幼児期の諸体験によって決定的な影響をうけるのではないか[14]」と指摘する。

そして「思春期のヒステリー患者が、性的印象にたいして異常反応を示してわれわれを驚かせることがあるが、この異常反応の根底には一般に、幼児期の性的体験が横たわっていて、それが同型の重要な性質を必然的にもつにいたった[15]」からであると指摘する。

誘惑理論

フロイトはこの時期に、神経症の症状は幼年期の性的な場面の記憶が残っていることによって作り出されると考えるようになったのである。フロイトはさらにすべてのヒステリーの症例の根底に、「早すぎる時期に性について知ってしまう一つないし複数の体験があり、それらの体験は、幼年期の最初期に属するものである[16]」とも語っている。

そして重要なのは、こうした原光景は成人の性的な行為の目撃だけではなく、成人からの誘惑の場面であることも多いということである。『ヒステリー研究』で紹介されたカタリーナの症例がその重要な手掛かりとなるだろう。カタリーナは幼い頃に父親に性的な行為を迫られるという体験をした。いわば父親に「誘惑」されたのである。

しかし幼い頃にはそうした行為の意味が理解できなかった。それが理解されたのは、カタリーナが思春期を迎え、父親が別の少女と性の交わりをしている場面を目撃してからのことである。そのときから、父親の誘惑が意識され、かつての記憶が新たな心的な外傷となり、彼女は神経症の発作に襲われたのである。

フロイトは、神経症の患者の多くがこのような原光景を目撃し、誘惑されたことが、神経症の病因となっていると考えるようになった。そしてこうした誘惑は多くの場合、成人によるものとされている。フロイトはこうした性的な誘惑の体験を三つのグループに分類している。

第一のグループは、多くの場合、成人の男性が幼い少女に加える暴行であり、幼児には恐怖の記憶が残ることになる。第二のグループは、幼児を世話する成人が幼児を誘惑するものである。子守女、乳母、住込みの女家庭教師、先生、親戚の人々などが「子供たちを性的な交渉へと導き、外見的にも、また精神的な面でも、成熟したものとなるような恋愛関係を、しばしば数年にもわたってつづける[17]」場合である。第三のグループは、性の異なる兄弟姉妹の間で性的な関係が生まれるものである。フロイトは治療した症例の多くで、これらの複数のグループの体験が組み合わさっていることを確認したと語っている。

フロイトはとくに第二と第三のグループに注目し、神経症の症状の背後に、他者による誘惑が存在すると信じた。これが誘惑理論と呼ばれる考え方である。この考え方は、遮蔽想起の理論でみると、先行型の遮蔽想起が神経症の患者に存在しているということである。

幼年期のトラウマが思春期に別のトラウマを生みだし、その記憶が抑圧されて、それが症状として現れることになる。フロイトは一八九六年に発表した「防衛－神経精神症再論」という論文でも、同じように「神経衰弱や不安神経症が、実際の性的な外傷によってではなく幼少期の外傷体験が繰り返し思い出されることによってのみ存続しつづける(18)」と語っている。ところがこの論文が一九二四年に英訳の著作集が出版された際に、フロイトは次のような注をつけて、この誘惑理論を否定したのである。

誘惑理論の放棄とその意味

フロイトは、トラウマとその想起という神経症の発生プロセスそのものを否定したのではなく、最初の小児の性的な経験という原体験が現実に存在することを否定したのである。フロイトはこう述べている。「本節は一つの誤りのもとに書かれており、私はこれまでそれを繰り返し公言し訂正してきた。当時私は、被分析者が自分の幼少期について抱いた空想《ファンタジー》と、現実についての想起を区別するということを考えつかなかった。そのため誘惑という病因的契機に、直接関係のない意義や一般妥当性を与えてしまったのである(19)」。

フロイトはこの時期に、「誘惑理論を放棄した」のである(20)。最初は幼年期の出来事が病因であると考えたのだが、それが患者の空想にすぎないことを認識して、こうした出来事を神経症の病因として考えるのをやめたということになる。フロイトはこの認識が、自分の精神分析の仕事にとって大きな打撃であったことを告白している。

後の一九一四年の回顧の文章では、次のように語っているのである。フロイトの「分析は、正しい道をとおって、そうした子供の性的外傷にまでたどりついたものの、これが真実ではなかったのである。つまり、現実の基盤を失ってしまったのであった。そのときわたしは……すべての仕事を投げ出してしまいたかった[21]」。

この言葉が明らかにしているように、この認識はフロイトに大きな打撃を与えた。それ以来、フロイトは誘惑理論を放棄するのであり、そこからフロイトの精神分析の思想的な格闘の歴史が始まる。この誘惑理論が想定するのは、西洋の社会で神経症が生まれるのは、幼年期にうけたトラウマにまつわる記憶や幻想を抑圧したからであり、それをカタルシス療法で治療すれば、患者の症状が解消するという考え方である。

この考え方に依拠するかぎり、精神分析では現実に起きた事件についての患者の記憶とトラウマを分析し、それを治療することを目的とすることになる。その場合には、問題なのは現実の事件であり、そうした「現実の基盤」と思われたものを、幻想のうちで作りだすこともある患者の心の奥に潜む欲望のメカニズムを分析することは、課題とはならないだろう。

ここで遮蔽想起との関連で重要なのは、この幼児の性的な外傷の記憶は、最初は遮蔽想起の先行型のものとして認識されていたが、それが今度は逆行型のものとして認識され直したということである。先行型の遮蔽想起は、小児の経験がトラウマになり、それが後に隠蔽する記憶を作りだすものであり、この記憶の役割は、こうしたトラウマとなった経験を隠蔽することにある。そしてフロイトはこれまでは精神分析によって、その最初の小児期のトラウマを暴いてきたと考えていたのである。

ところがフロイトが新たに自覚したのは、この遮蔽想起は反対に、逆行型のものだったということである。思春期の性的なトラウマがもとになって、小児期におけるそうした外傷的な経験が「作りだされた」のだということである。

フロイトはこの誘惑理論を放棄することによって、こうした人々の「原光景」を作りだすような欲望の幻想的な働きの異様さを解明することを課題とするようになる。後年のフロイトの思想的な営みの多くは、こうした欲動のメカニズムの解明に向けられることになるのである。

やがて第三章で詳しく検討するように、フロイトは自己分析によって自分にそのように性的なトラウマが存在するかどうかを自分の両親と乳母について調べてみた。そしてそれを事実としては否定すべきであることを確信するようになったのである。

ただし、子供が自分は性的な外傷をうけたと信じていることは事実である。この確信は、思春期以降の性的な経験をきっかけとして、幼年期にさかのぼって作られた記憶なのである。フロイトは自分の経験をもとにして、そして患者たちの肉親たちの調査に基づいて、そこから両親にたいする愛情と憎悪というエディプス・コンプレックスの存在を発見することになる。そしてこのエディプス・コンプレックスの発見とともに、精神分析の本道が定められるのである。

4　失錯行為と機知

抑圧を生むメカニズム

さて、誘惑理論はこのようにして放棄されるにいたったのであり、人々がこのような「誘惑」という幻想を作りだすにいたったプロセスを説明するためにエディプス・コンプレックスの理論が構築されることになる。この問題を検討する前に、これまで考察してきた遮蔽想起の理論と、それにかかわる度忘れについてさらに具体的に検討しておこう。この問題に関連してフロイトは『日常生活の精神病理学』と『機知』という二冊の書物を刊行しているのである。

フロイトは、遮蔽想起が生まれるメカニズムとして、心的な外傷と、その抑圧のプロセスを考えていたのだった。この抑圧は、不愉快な記憶から生まれる。フロイトは友人への書簡で、これをある対象の放つ悪臭への嫌悪感になぞらえて、こう語っている。「記憶は現在対象が悪臭を放つように、現実に悪臭を放ち、われわれが吐き気を感じたときに感覚器官（頭と鼻）をそらすように、前意識と意識の感覚は、記憶に背を向けるのです。これが抑圧です[22]」。

ここで問題なのは、その記憶がどうして不愉快なものとなるのかということである。不愉快な匂いを放つものはたしかに存在する。人間にとって生理的に反発するものがあるように思えるのもたしかである。しかしこれは生物学的なものではない。そこには心理的な条件づけが存在していると考えられる。

排泄物にはたしかに吐き気を催す。しかしわたしたちは子供時代から、自分の排泄物にはそれほど嫌悪を感じないことが多い。他人のものであるから、吐き気を催すのである。あるいは反対に、こうした他人の排泄物を特に好むという風変わりな嗜好をもつ人もいる。性的なものについても同じことが言える。ということは、そこに抑圧が働いているということである。わたしたちが何かを好ましくないものとして抑圧しているからこそ、ある記憶が嫌悪されるのである。それではその抑圧はどうして働いているのだろうか。

フロイトはこの『日常生活の精神病理学』では、度忘れを手掛かりにして、こうした抑圧を生む四つの重要なコンプレックスを提起する。こうしたコンプレックスが存在しているときに、抑圧が発生し、それが記憶を消してしまい、度忘れを引き起こすというのである。

第一のコンプレックスはすでに語られたように、死と性をめぐるコンプレックスである。フロイトがシニョレッリという画家の名前を思い出せず、遮蔽想起であるボッティチェリが頭に思い浮かんだのは、この死と性をめぐるコンプレックスのためだった。ただしこのコンプレックスがどうして不愉快であるかについては、フロイトは考察していない。

第二のコンプレックスは、自己にまつわるものである。フロイトは、自分にかかわりのある事柄で、思い出したくないことの多くが、度忘れの対象となることを指摘している。「多くの度忘れの例を何の選択もせずに取り上げ、その動機を追究してみると、自分の妻にたいする不満、敵意に変わってしまった友情、誤診、つきあいを求めた相手からうけた拒絶、剽窃などのように、辛く不愉快な主題に踏み込まざるをえなくなる」[23]という。フロイトはこれを「個人的なコンプレックス」と呼ぶ。

第三のコンプレックスは職業にかかわるものである。すでに述べた「誤診」というのは、医者の職業にかかわるものなので、この分類に含められる。

第四のものは家族コンプレックスである。フロイトはあるときローゼンハイムという地名を度忘れしてどうしても思い出せなかったことを語っている。[24]フロイトはその場所を訪れる必要があったのに、その地名を思い出せなくて、用をたせなかったのだった。その理由はその一時間ほど前に、近くにある妹の家を訪問したばかりだったからである。妹の名前はローザだったので、妹の家（ハイム）はローゼンハイムということになる。これが抑圧されたのである。

これらのコンプレックスは、誰にでもあるものであり、こうしたコンプレックスが存在するために、人々は日常生活でさまざまな錯誤を犯すのである。フロイトはこの書物で、言い間違い、度忘れ、記憶違い、やり忘れ、やり間違い、うっかりとした失敗などの多数の例を挙げている。言い間違える例としては、開会を宣言するときに、うっかりして閉会を宣言してしまった例が有名である。これは議長が心の中で、その会議は無駄であり、開会するよりも閉会したほうがましだと考えていたという無意識の働きを示している。[25]

あるいはシェイクスピアの『ヴェニスの商人』でポーシャが、箱を選ぼうとするバサーニオウに「わたしの半分はあなたのもの、残りの半分はわたしのもの」というつもりで、つい「わたしの半分はあなたのもの、残りの半分はあなたのもの」と言い間違えた例も挙げられている。これはポーシャが相手を愛していることを、意識せずに暴露した例である[26]。

やり間違いの例としては、フロイトを師とあおいでいたルー・ザロメの失錯行為の例があげられている。ザロメは高価だった牛乳を暖めながらふきこぼしてしまうことが多かったのだったが、愛犬が死んでからは、そうしたうっかり行為はなくなったという。そしてもうこぼれた牛乳を嘗める犬がいないためにそうしたうっかり行為をしなくなったのだと気づいたのである[27]。

さらに自傷行為も、こうした失錯行為に含められる。それは「たえず機会をうかがっている自己懲罰の傾向が、ふつうは自責の念として現れたり、あるいは症状形成に与ったりするのであるが、この場合には、偶然に与えられた外的な状況をうまく利用して、あるいはむしろ唆して、自分を傷つけるという目的を達する[28]」のだとフロイトは分析している。

フロイトは、家族の誰かが舌を嚙んだとか、指をはさんだと訴えると、その人に同情や慰めの言葉をかけるのではなく、「なんのためにそんなことをしたのかね[29]」と問うことにしていたと回想している。それを無意識的な自傷行為の現れとみなしたわけである。

夢と錯誤行為

なお、こうした錯誤、とくに言い間違いなどが発生するメカニズムは、無意識の働きを示すものであるために、ほかの無意識の症状、すなわち神経症の症状や夢の仕事と類似したものとなるのは当然のことである。度忘れが神経症の症状と同じメカニズムによって発生すること、そこに防衛と抑圧のメカニズムが働いていることは、すでに確認したとおりである。

夢との共通性は、たとえば言い間違いがどのようなメカニズムで発生するかを調べてみると、明らかになる。防衛と抑圧が働いているのは明らかだが、それがどのように言い間違えられるかを考えてみると、夢の仕事の二つの基本的な手法、すなわち圧縮と置き換えの手法が採用されていることが分かるのである。

夢の仕事には二つの手法があることは、『夢解釈』で詳細に検討されている。一つは圧縮であり、夢の顕在的な内容には、潜在的な内容が多重的に重ねられ、圧縮されている。さらに一つは置き換えであり、検閲で排除されないように、安全な内容で危険な内容が置き換えられている。言い間違えでも、この二つの手続きはさかんに活用される。

言い間違いにおける圧縮のプロセスについてフロイトは、「無意識の素材の二つの要素の間に、事物や諸表象に関して何らかの類似があると、それが機縁となって第三のもの、つまり混合表象あるいは妥協表象が生じる[30]」ことを指摘している。この第三の要素に、二つの要素が重層的に重ねられているのである。

置き換えについては、「意識下に隠れてはいるが、作用を及ぼすほどに意識に近い位置にある」ような要素は、「話そうとしている語やその複合体が似ているとそれに引き寄せられ、脱線を引き起こしたり、言葉の連なりの道行きと交差して、それを妨げたりする[31]」と指摘している。「開会します」と言うべきときに「閉会します」と言ってしまった議長の失錯行為は、この置き換えの作用だと考えることができる。大部分の言い間違いはこうした置き換えと圧縮によって生まれているのである。

『機知』の目的

『機知』という書物は、『日常生活の病理学』とは異なり、失錯行為のように、無意識の現象を分析する書物ではない。むしろとくに活発な意識の働きが必要とされる意図的な行為についての考察である。それでいてフロイトは、意図して他人を笑わせようとする機知の行為にこそ、言い間違いと同じような無意識の働きが作用していることを明らかにしていく。

機知の言葉によって人々は笑いだすのだが、この笑いという現象には、無意識の働きが不可欠なのである。わたしたちは自分がなぜ笑うか、他人がなぜ笑うのか、理解できないことが多い。笑うという行為は、わたしたちの無意識のありかたを裏から照らしだすものであり、機知はこうした無意識に働きかけることで、人々を笑わせようとする営みである。

機知という概念には、さまざまなものが含まれる。ジョークがあり、ウィットがあり、ユーモアがあり、アイロニーがあり、ナンセンスがある。それぞれに固有のおもしろみがあるが、フロイトがこの書物で考察しているのは、『日常生活の精神病理学』で考察した失錯行為ときわめて類似した技術を使う言葉遊びの機知の実例である。

ジョーク

まず、機知の営みのうちで、何よりも言葉としてのおもしろさを利用するジョークについて考えてみよう。たんに言葉の表面的な類似に頼った駄洒落は、人々の顰蹙をかうことが多いが、ほんとうに気の利いたピリッとしたジョークは、人々を笑わせ愛されるものである。『日常生活の精神病理学』で考察された言い間違いの例は、ジョークとしても使えるものである。そしてジョークの技法はすでに述べた夢の二つの技法、圧縮と置き換えを活用するものが多い。

まず圧縮の実例としては、有名なハイネのジョーク、「ファミリオネーア」という聞き慣れない言葉を考えてみよう。これはハイネの書いた小説の中で、貧乏な登場人物が、百万長者のロスチャイルド男爵の隣の席に座ったときに、男爵から「ファミリオネーアとして扱ってくれた[32]」と語ったという逸話である。この言葉は辞書には載っていないが、すぐに理解できるだろう。ロスチャイルドが彼を「うちとけて」（ファミリエール）扱ってくれたという意味と、百万長者（ミリオネーア）のように扱ってくれたという二重の意味を圧縮している。ここには、言い間違いとほとんど同じメカニズムが働いているのである。

一方で、置き換えの実例として挙げられているのは、「私は彼とテート・ア・ベートでつきあった[33]」という言葉である。このテート・ア・ベートという語は、もともとはフランス語でテート・ア・テート（差し向かいで）という言葉である。テートは頭という意味なので、「たがいに頭をつき合わせて」というほどのことを意味する。ところが二番目のテートがベートと言い換えられている。ベートは「獣」という意味である。自分は頭でつきあったのだが、相手の頭はベートの頭だったというわけで、相手が愚かな動物なみの人間であったことを語っているわけである。

この圧縮と置換の二つの技法は流動的に使われるので、それほど明確に区別できないこともあって、フロイトはこれをまとめて、「代償形成を伴う圧縮[34]」と呼んでいる。

ウィット

次に挙げられるのは、ウィットである。これは当意即妙な言葉遣いと考えることができるだろう。たとえば次のような会話を読んでみよう。「さる皇帝が自分の国内を旅していて、大勢の人々の中に自分ととてもよく似た一人の男を眼にとめる。手招きしてその男を呼び寄せ、そして尋ねる。『そちの母親はかつてわが居城に働いておったものであろう?』。『いいえ、陛下』と、その男が答える。『しかし、わたしの父が働いておりました』」[35]。

皇帝は、顔貌が自分にそっくりな男をみつけたので、こう推論したのだ。「この若者は自分とそっくりだ。きっとわしの血が混じっているに違いない。するとわしが若者の母親と交わったのだろう。わしはふだん城から離れないから、彼の母親が城で働いていたに違いない」。皇帝は、自分とそっくりなこの若者は、自分の私生児だろうと推論したわけである。

ところがその若者はその推論をまったく逆転させて、皇帝の問いに答える。皇帝が自分にそっくりであるのは、自分が皇帝の私生児であるからではなく、皇帝が自分の兄弟だからであると考えるのである。

この若者の推論はこうなる。「皇帝はわたしとそっくりだ。きっと母親が同じなのだろう。王妃はふつう城から離れない。だから自分の父親が城で働いていたときに、王妃と交わり、その結果として皇帝が生まれたのだ」。若者は、自分にそっくりなこの皇帝は、自分の兄弟であると推論したのである。

フロイトはこのウィットの背後に働いている技法を、言い間違いの圧縮の技術と関連づけながら、「一体化」と呼んでいる。「表象相互間の関係、相互的な定義、ないしは共通の第三のものへの関係による定義[36]」のプロセスがここで働いているのであり、「わたしはこのプロセスを一体化と名づけることにした。それは明らかに同一単語へと押し込むことによる圧縮と類似している[37]」。

しかしこれはたんなる一体化よりも、同一の思考プロセスの逆転によって生まれた機知だと考えるべきだろう。フロイトはこの機知が生まれるプロセスの全体を考察してそれを一体化と呼ぶのだが、それがウィットとなるのは、この逆転にあるからである。

アイロニー

フロイトはアイロニーを「反対物による表示[38]」と定義している。その実例としては、シェイクスピアの『ジュリアス・シーザー』のある台詞をあげている[39]。この劇では、ブルータスがシーザーを暗殺した後、市民の間でブルータスの評判が高くなり、ブルータスを第二のシーザーにしようという声があがる。

そこにマルクス・アントニウスが登場して、ブルータスを「公明正大な人物」と称えた後で、シーザーの死に様を語りながら、聴衆たちに強い印象を与える。そして遺言状を読もうとしながら、躊躇する姿勢を示してみせる。それを読むと、ブルータスの名誉を損ねるおそれがあるからだというのである。

そして「あの人格高潔の国士諸君を、あるいは誣《し》いることになるのではありますまいか、それを恐れるのです」と言いながら、ブルータスの「人格の高さ」をアイロニーのうちに称えると、市民たちはその背後にある言葉を自ら口にする。「ふん、人格高潔の国士か、奴らこそ謀反人だ！」。[40] この「人格高潔の」という言葉は、アイロニーとして「裏切りもの」という言葉を呼び起こすのである。

本書ではこれと結びついた機知の技法として、「あてこすり」と「ほのめかし」の技法が挙げられる。「あてこすり」の実例をフロイトは、あるアメリカの小説から引用している。成り上がりの商人が二人、自分たちの成功を人々に印象づけるために、ある有名な画家に高い費用を払って肖像画を描いてもらったのだった。そして有名な批評家を招いて、その絵を批評してもらおうとしたのである。するとその批評家は、二人の肖像の間の空間を指差して、「それで、救世主はどこにいるのですか」[41]と尋ねたのだった。

もちろんこれはイエスのゴルゴダの丘での処刑の光景を暗示している。イエスは盗人二人にはさまれて十字架にかけられたのだった。二人の商人は、この二人の盗人のようなものだと、「あてこすり」を言われたわけである。

「ほのめかし」の一例としてはユダヤ人のジョークが挙げられている。風呂屋の前で二人のユダヤ人が出会った。一人が溜め息まじりにこう言う。「やれやれ、また一年たってしまったのか」。[42] 二人とも、年に一回しか風呂に入らないことを、自虐的にほのめかしているのである。この機知をフロイトは、その自虐のために、「シニシズム的な機知」[43]とも呼んでいる。

ナンセンス

ナンセンスの例としては、有名な鍋の話がある。ある人が銅の鍋を別の人から借りた。それを返却した後で、鍋を貸した人から訴えられた。鍋には使いものにならないほどの大きな穴があいていたのである。鍋を借りた人は次のように弁明した。「第一に、わたしはその相手から鍋を借りたこともない。第二にわたしがその人から鍋を借りたときには、すでに穴があいていた。第三に、わたしは鍋をもとのままの状態で返却した」。「これらの抗弁は、それだけみれば立派である。しかし全部まとめてみると、たがいに他を排斥しあう[44]」のである。

　第一の答えだけなら、返答としては筋が通っている。しかし次に第二の答えをしたときに、すでに第一の答えが否定されているのであり、同時に第一の答えが第二の答えを否定してしまう。第三の答えは、第一と第二の答えの両方を否定し、第一の答えと第二の答えは同時に、第三の答えを否定する。これらの三つの答えはそれが同じ人の口から語られると、ナンセンスとしか言いようがないのである。

機知のメカニズム

　ここで機知がどのようにして生まれ、どのようにして享受されるのかというメカニズムについて、これまで利用してきた八二ページの図の右半分を使って考えてみよう。上の線は、表現された言葉である。下の点線は、それを語った人がほんとうに心の中で考えている思想内容である。

そこにある抑圧がかかっているために、そのままでは表現できないのである。
この場合の抑圧は、心的なものであるが、その原因はさまざまなものが考えられる。語る相手の権威にたいする遠慮であることも（皇帝にたいする機知の例である）、機知に頼るほうが効果が大きいという計算であることも（アントニウスの機知の例である）、自虐的なあきらめである場合も（ユダヤ人の風呂の例である）。本人が克服できない困惑であることもあるだろう（鍋の機知である）。

これらのさまざまな力が働くことで、機知の言葉が語られることになる。第一の場合には、抑圧が強くて、語る本人は何も表現することができない。そこは沈黙が支配することになる。第二の場合に、本来の意味での機知が発生する。本人の思想内容が、語られた表現とバランスをとっているので、それを聞いた人々は笑いだすのである。第三の場合には、抑圧がきかないので、本人は自分の考えていることをそのままに語ってしまう。商人の肖像画の場合であれば、批評家はこの絵で、二人の商人が自分の成り上がりぶりを露呈していることを、率直に告げればよいのである。批評家は、遠慮して、それを迂回路を通じて機知の言葉で語ったのである。

機知のメカニズムについて、皇帝の機知を実例として、このモデルから考えてみよう。まず皇帝が最初に自分に似た男性に、機知の言葉を語っている。皇帝が語りたい思想内容は、「お前はわしとそっくりだ。母親が同じに違いない。お前の母親がわしの城で働いていて、わしと寝たに違いない」というものだった。

皇帝は心の中で、若者の母親を侮辱し、さらにその母親の息子である若者を侮辱していたのである。しかし皇帝は第三の場合のように、この侮辱を表現するために、自分の考えをそのまま語ってしまうのではなく、機知の言葉で語ったのだった。皇帝に機知を語らせた抑圧の力は、自尊心のようなものだっただろう。臣下を侮辱する言葉を相手に直接に語ることを控えさせるだけの皇帝としての誇りがあったのである。

これにたいして若者が語りたい思想内容は、「皇帝はわたしとそっくりだ。母親が同じに違いない。わたしの母親が夫を裏切ることなどありえないから、皇帝の母親が当時の皇帝を裏切ったに違いない。すなわちわたしの父親が城で働いている間に、皇帝の母親と寝たに違いない。だから皇帝の父親はわたしの父親であり、皇帝は私生児である」というものだった。若者に機知を語らせた抑圧の力は、皇帝の権力である。この思想内容を直接に語ったならば、皇帝は怒って、若者を処刑したに違いないからである。機知の言葉によってでしか、皇帝の機知に含まれる侮辱に抵抗することはできないのである。

機知による笑いのメカニズム

機知がこのような発生メカニズムで語られるとしても、それは機知が生まれるためのメカニズムが示されただけであり、それを享受するメカニズムは解明されていないとフロイトは考えた。機知にはある利得があるのである。フロイトは神経症を含めた疾患にはすべて、何らかの利得があると考えている。抑圧が強くなると、心的な緊張が高まり、患者はそれに耐えられなくなる。そのために患者は身体的な障害として、それを神経症の症状として表現するのである。神経症の症状は、その患者が直面したくない事実から逃避するために役立つことが多いのである。

言い間違いにも同じような利得があることをフロイトは指摘する。言い間違いはときには自分を罰するように、隠しておくべき心の内容を語ってしまうのだが、それは自分に小さな怪我を与えることで、何らかの目的を達成しようとするのである。

機知もまた、別の利得をそなえている。若者は、皇帝に機知で答えることで、皇帝の侮辱にたいして別のもっと鋭い侮辱で応じることができた。この侮辱に含まれる思想内容はそのままで表現されると大きな危険をもたらすものだが、機知の形式で語られることで、若者は身の安全を保つことができたのである。皇帝が、この機知で語られた思想内容を知って、若者を罰しないのはどうしてだろうか。その理由をフロイトは、機知はそれを聞いた人を笑わせることで、ある心的な快楽を与えるからだと考えた。

機知における第三者の役割

言い間違いや度忘れなどの失錯行為は、基本的に一人の人物が犯すものである。しかしフロイトは、機知の言葉にはある意味で攻撃という要素が含まれていると考えている。この機知の言葉による攻撃が成立するには、三つの構成要素が必要である。まず機知を語る人物が主体である第一の当事者であり、機知の言葉が攻撃の対象とする人物が客体となる第二の当事者である。

しかし機知の言葉が成立するためには、この主体と客体の二人の当事者のほかに、それを聞いている第三者が存在している必要がある。第一の当事者は機知を第二の当事者に向けて語るのだが、機知を語る第一の当事者も、機知が攻撃した第二の当事者も、それを聞いている第三者の存在を想定しなければならないのである。

皇帝を攻撃した機知の言葉を聞いた皇帝が若者を処刑できないのは、第三者の眼と耳を想定せざるをえないからである。皇帝は、機知の言葉で自分を侮辱した若者を処刑してもよいはずだが、処刑を命じた場合には、その機知を聞いている第三者に、機知を理解しない心の狭い人物であるとみなされることになる。その第三者の軽蔑のまなざしを想定して、皇帝は機知に反応しなければならないのである。

この第三者の存在が、無意識の現れである症状、失錯行為、夢などとの大きな違いである。この攻撃の場面で第三者は、いくつかの役割を果すことができる。まず第一に当事者にたいしては、その機知の使い方を制御させる役割を果すことができる。攻撃を加える場合にも、ある適切さが求められるのであり、たんなる人身攻撃をしてはならないのである。

さらに第三者は、第一当事者の攻撃に加わって、第二の当事者に新たな攻撃を加えることもできる。あるいは第三者は第一当事者の攻撃を理不尽なもの、あるいは不適切なものと判断して、第一当事者の攻撃を和らげ、それに反撃するような役割を果すこともできる。

一般にある人が他者に攻撃を加える場合には、攻撃する当事者が、攻撃をうける当事者の精神や身体などに、どの程度の害を加えるかを考えねばならない。その際に、直接の当事者だけではなく、第三者がその攻撃をどこまで是認するかという評価が、重要な意味をもつことになるのである。

これらの三つの役割は、攻撃的な振る舞いに立ち会った第三者としての当然の役割であり、いかなる攻撃にあっても第一の当事者と第二の当事者はこれを想定して行動する。しかし機知の場合には第三者はこれと別の特別な役割を演じることができる。それは第三者が機知を楽しんで笑うことができるからである。機知が相手を攻撃する場合にも、その機知は第三者にとって笑えるもの、楽しめるものであることが必要なのである。そして第一当事者は、第三当事者が機知を楽しんで笑うときに、自分の攻撃がさらに有効になることを期待できるのである。

機知の享受のメカニズム

それでは第三者は機知をどのように楽しむのだろうか。フロイトは、機知の言葉を耳にすると快感がえられることを指摘しながら、「そのような快感の獲得には心的消費の節約が対応する」[45]と主張している。この「節約」とは何だろうか。このフロイトの主張の背後には、心的なエネルギーの経済論的な考察が控えている（この問題については、第五章の快感原則についての考察を参照されたい）。フロイトは機知のすべての技法とそれによる快感は、「すでにある心的消費の軽減と、これから投入されるべき心的消費の節約というこの二つの原理」[46]に還元されると指摘している。

すでに指摘された第一の場合には、当事者の間に緊張が発生し、その攻撃の場に立ち会っている第三者の心のうちでも、心的なエネルギーの緊張が高まっていると想定されている。機知の言葉でその緊張が解かれ、それを聞いている第三者の心的なエネルギーの準位が低下し、それによって第三者が快感を感じるのである。

たとえば皇帝が若者に機知の言葉で問い掛けをしたとき、商人が自分たちの肖像画の批評を要請したとき、第三者の心のうちで、問われた若者や批評家がどのように答えるかと、緊張を覚えるのである。それにたいして若者や批評家が巧みな機知の言葉を語ったので、その言葉を聞いている人々の心の緊張が解きほぐれ、快感を覚えたのだというわけである。

あるいは駄洒落やナンセンスの言葉によって、そこで本来は高められたはずの緊張が、実際には高められずに解放されることで、心的なエネルギーが節約される場合も考えられる。鍋の弁明のようなナンセンスや、つまらないギャグは、真面目であるべき会話の場の緊張を破壊することで、第三者は心的な緊張を感じることをそもそも免除され、それによって快感を覚えるというのである。

笑い

この説明の背景には、笑いについてのフロイトの理論がある。笑いが生まれるのは、これらの二つのいずれかの方法で緊張が緩和されるときであるとフロイトは考えている。具体的にはフロイトは「それまである心的な通路への備給によって使われている心的エネルギーの量が使用不可能になり、それによってこれが自由に排出できるようになるときに、笑いが生じる[47]」と説明している。

ここで重要なのは、ジョークを語る本人は笑うことができないのに、それを聞く人が笑うという事実である。「自分が思いついた機知、自分が語った機知について、私自身は、その機知に明らかに満足感を味わっているにもかかわらず、笑うことはできない[48]」のである。それはどうしてだろうか。それはこの機知の「聞き手にあっては備給の消費が廃棄され、発散されるのに、機知を形成する側では、その負担の廃棄可能性あるいは排出可能性のいずれかに妨害が生じる[49]」ためだという。

機知を語る人は、機知の言葉を考え出すためにエネルギーを消費するので、満足は感じても、開放感を味わうことはできない。それにたいして機知を聞く人は、それを作るエネルギーを自分で投じる必要はなく、機知の言葉がもたらす開放感だけを味わうことができる。この笑いは、聞き手が笑うことで心的なエネルギーを消費するやり方でもある。こうした心的なエネルギーが消費されたときに、それが身体的には笑いとして現れるとフロイトは考えるのである。

わたしたちがジョークを聞いて笑うときのメカニズムについてのフロイトの説明は、十分に納得できるものではないが、笑いという解釈の困難な課題にたいするフロイトの力動論的な考察は、一つの挑戦として注目される。この理論と比較すると、ベルクソンの『笑い』における考察はあまりに平坦に思えてくるのである。笑いについての考察は、わたしたちの無意識を裏から動かしている不気味なものと不安についての考察につながるのであり、「わたしたちは、笑いを真剣にうけとる必要がある[50]」だろう。

機知のメカニズム

このようにこの『機知』という書物では、機知のさまざまな現象において、無意識が表現されるプロセスと同じような心的プロセスが利用されていることが分析されている。機知を語る際には、人々は明確な意識をそなえている。知性が鈍るのではなく、鋭くなるのが特長なのであり、無意識とはまったく対照的な状態のように思える。しかし機知には、無意識の三つの現象と類似した三つの点がある。

　第一に、機知を語る瞬間には、自分でも何を語るのかが分かっていないことが多いのである。機知を語る本人は、機知を語るのではなく、機知を語らされるような気持ちがすることが多い。そして舌が頭よりも先にするっと滑る。機知は、「意識的思考がもはや知ろうとすることのない手段をも、技法として用いる」[51]ことが多いのである。機知にあっては、「無意識的な思考方法を自由に放任する」[52]ことで快感が生まれるのである。フロイトは「機知とは、いわば無意識の領域が滑稽に寄与する行為である」[53]と結論している。

　機知は、神経症の症状と同じように、意識の検閲をすり抜けて語る。機知は夢と同じような技法を使って、無意識の言葉を語るのである。機知を語るときには、眼が覚めた状態であっても、眠っているときのように、抑圧されていたものがするりと語られるのである。機知とはいわば言い間違いを自覚的に実行することだとも言えるだろう。

　第二に機知を語る営みは、これまで神経症の症状や失錯行為や夢について考察してきたのと同じような図式で表現できる。これはこうした無意識の三つの現象と同じメカニズムで生まれているのである。これらの無意識の現象と違うところは、このメカニズムが意識的な状態で、しかも失錯行為とは反対に、意図的に働くことにある。ただし意図的ではありながら、その源泉は、無意識的なもののうちにある。そこでは無意識の思考が働いているのである。

第三に、この機知は無意識にかかわるフロイトの経済論的なエネルギー収支の図式で考えることができる。この無意識のうちに蓄積されたエネルギーが放出されるか、緊張が生まれてエネルギーが高まろうとする際に、その緊張をときほぐして、エネルギーの支出を節約することで機知が笑いを生みだすのである。笑いという現象もまた無意識的な営みと考えることができるが、機知の生みだす笑いもまた無意識の働きとして、エネルギー的に考察することができるとフロイトは判断しているのである。

このエネルギーの大きさは、八二ページの図1の二本の直線の間の距離で計ることができるだろう。第二の状態において笑いが生まれるが、笑いが生まれるプロセスはフロイトの示した定式に基づいて、二種類が考えられる。第一は、エネルギーがすでに高まっていて、その位置エネルギーが解放されて、通常の状態に戻るときの笑いである。これは上の直線から下の点線の状態に戻るときに相当する。ウィットやジョークがこれに含まれる。第二は、これから緊張が生まれて、エネルギーが蓄積されることが予測されている状態で、そのエネルギーの蓄積が防がれる状態である。これは下の点線から上の直線に到達しようとして、その位置エネルギーの蓄積が防がれた状態である。これにはナンセンスなどが該当する。

このように『機知』での考察は、フロイトの無意識のエネルギー論的な考察に役立つものなのである。この書物は『日常生活の精神病理学』を補うものであるだけではなく、次の章で考察する夢という現象を考えるためにも役立つのである。フロイトはこの書物を『夢解釈』と同時に執筆していたことが知られている。フロイトは二冊の原稿を同時並行的に執筆していたと回想しているのである。それでは無意識の第三の現象である『夢解釈』では、これらの技法はどのように解明されるのだろうか。次の章ではこの夢という現象を考察することにしたい。

第三章

夢とヒステリー

1 エディプス・コンプレックスの発見

夢という現象の意味

これまで、無意識の存在を示す二つの現象として、神経症の症状と失錯行為について検討してきたが、次に第三の現象である夢について考えてみよう。

神経症は想起することが不愉快な心的な外傷の記憶と、それを抑圧しようとする意識との葛藤が、身体的に症状として表現されたものだった。失錯行為は、無意識のうちに抑圧された欲望が作りだすコンプレックスと、それを抑圧しようとする意識との葛藤が、日常生活のうちに作りだす現象だった。そして夢は、わたしたちが無意識のうちに感じている欲望と、それを抑圧しようとする意識との間で、一つの妥協として作りだされるものである。

ただし夢はこうした葛藤の表現であり、妥協の産物であると同時に、わたしたちが自分が無意識のうちに望んでいるものを教えてくれる指針のような役割も果している。わたしたちが人生の岐路に立たされたとき、何を選択し、どのように行動するかを決めかねているときなどに、夢はわたしたちが無意識のうちに望んでいることを教えてくれるのである。

夢は、はかないもの、眼が覚めてしばらくすれば忘れてしまうものだ。夢の忘れやすさは、わたしたちが無意識的な欲望を抑圧する強さに比例すると言えるだろう。それだけにわたしたちは自分のうちにもう一人の自分と語り合いたいときには、夢を記録する必要がある。

長い夢も、ハラハラして目覚めたような夢も、言語化してみると意外に短かったりするものである。目覚めた後にできるだけ手早く書き留めた夢は、数日して自分で分析してみる必要がある。その場面に登場した人物は現実の世界のうちで、いったい誰に相当するのか、その場面はどのような現実の経験を反映しているか、その夢は何をわたしたちに教えようとしているのかを改めて考察してみるのである。

そのためには、その夢に登場した人物や場面などについて、できるかぎり自由に連想してみて、その夢で何を思いつくかを考えてみるのである。すると自分なりに、その夢に登場した人物や場面の意味が次第に分かってくるものだ。そうした分析をするためには、夢の「仕事」について理解しておく必要があるが、フロイトの『夢解釈』は、フロイトが自分の夢を解釈した記録でもあり、そのための指針を提供してくれる。

フロイトの自己分析

フロイトは精神分析を始めるにあたって、まず神経症の治療に専念した。これがフロイトの生業であり、本職だった。ウィーンで開業医としてスタートすることで、フロイトは自分の生活を立てることを計画したのだった。そのため神経症の治療は、フロイトにとっては何よりも重要な課題だった。

その際に大きな問題となったのが、患者が自分の大切な記憶を忘却してしまったり、それを歪めてしまうということだった。失錯行為の分析は、この記憶の問題を軸として展開されたわけである。この記憶の問題のうちで、神経症との関係でフロイトがとくに重視したのが、誘惑理論だった。

フロイトが精神分析を行ってみると、神経症の患者たちの多くが、幼児の頃に近親の人々から性的な誘惑をうけた記憶を語るのであり、それが神経症の病因になっていると考えられたのである。実際に『ヒステリー研究』の三番目に登場するカタリーナの症例は、父親に襲われた少女カタリーナが、激しい呼吸困難に苦しんでいることを訴えるものだった。この疾患は、彼女が父親から性的に誘惑された記憶に苦しめられていたために生まれたものだった。

すでに確認したようにフロイトは一八九六年から一八九七年にかけて、この誘惑理論を主張していた。そして神経症の多くは基本的に父親からの誘惑や、性的な濫用によるものだと考えていた。しかしフロイトはやがて、この理論を放棄することになる。というのも、当時のウィーンにはいたるところに神経症に苦しむ女性がいたのだが、そのすべての人々の肉親が、とくに父親がそのような倒錯者であると考えるのは、妥当ではないと感じられてきたからである。

さらにもっと重要な理由があった。フロイト自身、みずから神経症を病んでいることを自覚していたが、自分の父親がそのような倒錯者であり、自分を誘惑したのだとは信じられなかったからである。

フロイトは一八九七年秋に、友人のフリース宛ての書簡で、こう書いている。「すべての症例で、ぼく自身の父親を含めて、患者の父親が倒錯の罪を負わされるというのは、きわめて驚くべきことです。それにヒステリーは意外に頻繁に起きていて、その病因としてはつねに同じ条件を想定する必要があるのですが、子供にたいする倒錯がそのように広がっているとは、どうも考えにくいのです[1]」。

そこでフロイトが取り組んだのが、自分を分析することだった。この自己分析というのは、精神分析においては困難な問題を提起する。自分で自分を分析して、抑圧の原因を意識することができるのであれば、誰も神経症になる必要はないからである。無意識のうちに抑圧されているものは、自分が意識したくないために抑圧されているのであって、それを自分で意識のうちにのぼらせるのは困難なことである。精神分析は原則として、分析者と被分析者との対話のうちで初めて成立する営みである。

フロイトはそこで、自己に精神分析を実行して自分の無意識を直接に分析することを諦めて、無意識の表現である夢を分析することにしたのである。夢を分析することで、自分の神経症の原因となっているものをつきとめ、父親による誘惑という自分の理論が正しいのかどうかを考察することを試みたのである。その当時、自己分析を行ったことについてフロイトは、「ぼくを煩わせている主要な患者は、ぼく自身です[2]」と語っている。

このフリース宛ての書簡に、フロイトの自己分析の記録が残されている。フロイトのこの自己分析は、一八九七年の夏頃に始まった。一八九七年五月頃には、フロイトはまだ「原光景」の実際の存在と、それを支える誘惑理論を信じていた。五月二日の書簡では、「ヒステリーにおいて抑圧をこうむる心的構造は、厳密に言うと記憶ではありません。というのは、誰も何らかの理由なしで、思い出すことに没頭することはないからです。それは原光景に由来する衝動です[3]」と書いている。

フロイトがこの誘惑理論を否定するようになったことについては、第二章の第三節で考察してきた。フロイトは神経症の患者たちが語るこうした記憶は、偽造されたものであると考えるようになったのである。そして患者たちの「性的空想は、いつでも両親をテーマとするものと考えざるをえなくなりました[4]」と書いている。

患者たちは子供の頃に、両親から性的に誘惑されたのではなく、反対に子供が両親に性的な欲望を抱いたことが、こうした偽りの記憶を作りだす原因となっていると考えるようになったのである。そしてこうした偽造された記憶は、子供と両親との関係につきもののエディプス・コンプレックスが作りだしたものだと結論したのである。

数カ月後の書簡でフロイトは、エディプス・コンプレックスについて次のように語っている。「わたしは自分のうちに、母親への惚れ込みと父親への嫉妬をみつけだしました。今ではわたしはこうした感情が、幼年期の早い時期に一般にみられるものだと考えています。ヒステリー患者は、幼年期のごく早い時期に、こうした感情を抱くことが多いというだけのことです[5]」。

そしてソフォクレスの『オイディプス』に描かれたこの「ギリシアの伝説が語る強い感情は、誰もが自分のうちに感じたことがあり、誰もが承認するものなのです[6]」と書いている。息子たちは母親に愛情を抱き、父親に嫉妬を感じ、そのことに罪の意識を感じて、こうした感情を抑圧したのだが、思春期になってそれがふたたび意識に戻ってきて、それが幼年期に両親から性的に誘惑された経験として、幻想のうちで生きられたのである。

フロイトの三つの夢

フロイトはこの洞察にいたるまでに、自分の三つの夢を分析している。以下ではこれらの三つの夢を考察しながら、フロイトが自分の夢を分析することで、それまでの「原光景」と誘惑の理論をどのようにして否定し、克服していったかを考察してみよう。

フロイトが書簡の中で挙げている第一の夢は、フロイトが『夢解釈』のうちで類型夢の一つとして挙げている裸体夢である。この夢についてフロイトは「衣類をわずかしか身に着けずに、階段を登っていました。その夢がはっきり強調していたのは、きわめて敏捷にことが運ぶということでした（心臓、安心！）。ところが突然、ぼくは一人の女があとからくるのに気づきました。そしてそのとき、夢の中ではとても頻繁に起こることですが、その場に釘付けになって、麻痺状態に陥ったのです。そのときに生じていた感情は、不安ではなく、性愛的な興奮でした[7]」と語っている。

階段を登りながらフロイトは心臓が激しく脈打つのを感じたのだろう。フロイトは後に、階段を登る夢は類型夢であり、性的な営みを象徴するものであると説明している。「階段および登るという行為は性的な行為の象徴である[8]」というわけである。さらに階段を登るフロイトは、「衣類をわずかしか身につけず」にいた。これは、他人の前で裸でいることの恥ずかしさと、性的な快さをめぐる裸体夢である。彼は夢の中で裸で、性的な快感を味わって興奮していたのである。

この夢については、フロイトは『夢解釈』で解釈を加えている。『夢解釈』での夢では、フロイトはとてもだらしない格好で階段を登っていくが、それでも心臓がしっかりと機能していることに安心している（書簡で「心臓、安心！」と書かれているのはこのことである）。ところが老年の女中が階段を降りてきたのに出会う。「恥ずかしく思って、急ごうとしたが、そのとき、あの制止感覚が起こってきて、わたしは階段に釘づけになり、その場から動くことができない(9)」という。

そしてこの裸体夢について語った後に、この老年の女中が、子供の頃に世話をしてもらった老いた乳母であることが語られている。「こうした夢の根底には一人の乳母への記憶がある。その乳母は、赤ん坊の頃から二歳半までのあいだ、私の面倒をみてくれたひとである(10)」という。そしてこの乳母は「幼児のわたしを手荒く扱ったが、それでも彼女を愛していたということは、大いに考えられる(11)」とフロイトは語っている。

この乳母の思い出はフロイトに、幼い頃の自分の性的な欲望を自覚させたのだった。この乳母に関連してフロイトは別の夢をみている。この第二の夢がどのようなものだったのか、その具体的な内容は明らかにされていない。友人に語るのがはばかられる内容の夢だったのだろう。しかしフロイトがそれについて語っていることから、その内容はほぼ想像することができる。フロイトはこの同じ書簡で、乳母について説明した後に、すぐに母親の裸体について語っているからである。

「後に、おそらく二歳と二歳半の間に、マトレム［母］にたいするわたしのリビドーが、それも母と一緒のライプチヒからウィーンへの旅をきっかけに目覚めました。この旅の途中でぼくは母と一緒に泊まったはずであり、ヌーダム［裸体］の母をみる機会があったに違いありません(12)」。

この夢でフロイトは母親にたいして抱いていた自分の性的な欲望を自覚したのである。この性的な欲望は、子供の母親への愛着の強さとしてごく自然なものではあるが、フロイトはこの欲望に、ある特別な意味をみいだした。それは息子が自分の母親に抱く感情は、たんに子供の母親への愛着という一般的な感情ではなく、もっと強いもの、父親を排除してでも、母親との間で強い結びつきを実現しようとする少年の強い欲動であるということである。

この乳母に関連してフロイトはさらに、その翌日に第三の夢をみている。それは、乳母が幼児のフロイトに性的な手解《てほど》きをした夢のようである。

「今日の夢はきわめて奇妙な変装の下に、次のことを明らかにしました。彼女は性的な事柄におけるぼくの教師でした。そして彼女は、ぼくが不器用で何もできなかったので、悪態をついたのでした。神経症的なインポテンツはいつもこのようにして起こるものです。学校での何でもないことへの不安はこのようにしてその性的な基礎をえるのです。ぼくはそのとき、一つの小さな動物の頭蓋骨の夢をみました(13)」。

この夢はさらに新たな謎を提起する。この動物の頭蓋骨は何を意味しているのだろうか。この夢の小さな象徴を解釈するために、フロイトは多数の記憶と夢を動員する必要があった。フロイト自身の解釈によると、友人のフリースはかつて大学で老齢の教授の排斥運動をしたことがあった。フロイトも自分が働いている病院で、精神が鈍いとしか思えない老人が病院長という重要なポストについていたことに悩まされていた。フロイトはその老人は「化石のように[14]」なっていると形容している。

この記憶は、ゲーテにつながる。ゲーテはヴェネチアの砂州で羊の頭蓋骨を発見し、そこから「すべての頭蓋骨は変化した脊髄から生じるという[15]」理論を再確認したのだった。しかしフロイトにとっては、頭蓋骨はこうした理論的な確認をもたらすものというよりも、理論的な無効性を象徴するものとなっていた。そして当時、大学ではこの病院長を嘲笑するために「ゲーテが書いたわけじゃない、シラーが作った詩でもなし[16]」と歌っていたという。砂の中にうずまっていた頭蓋骨は、ある種の化石のようなものであり、それは老年の無能を象徴するものとなっていたのである。

ということはこの頭蓋骨は、フロイトが自分の無能を嘲笑するために夢みたことになる。フロイトはこの頭蓋骨の夢について、「この夢全体は、ぼくの現在の治療者としての無能力にたいするきわめて侮辱的なあてこすりに満ちていました[17]」と語っている。フロイトはこの頭蓋骨で、自分が治療者として無能であることだけではなく、治療の根底に置いていた自分の誘惑理論が間違いであったことについても語っているのであろう。神経症の患者たちの偽造された原光景の記憶と同じように、神経症の患者の父親はつねに倒錯しているという理論もまた、子供の隠された欲望が捏造したものだったのである。

母と乳母の記憶

この乳母と母親に関連して、二週間ほど後の書簡では、さらに別の記憶が想起されている。これは夢ではないようである。フロイトには、二五年も前から記憶に残っていて、その意味が理解できない場面があった。

それは「母がみつからず、ぼくは絶望して泣き叫んでいました。兄のフィリップ（ぼくより二〇歳年上）がぼくのために洋服ダンスを開けてくれます。そこにも母はいませんでした。そしてぼくは、彼女がすらりとした美しい姿でドアから入ってくるまで、もっと激しく泣いていました(18)」という記憶である。これは何を意味しているのだろうか。

まず兄のフィリップとフロイトの関係を確認しておこう。ジークムント・フロイトの父親と母親は、かなり年が開いている。父親ヤーコプは一八一五年生まれで、再婚していて、ジークムントの母親は三度目の妻である。最初の結婚は一七歳のときで、この最初の妻との間に二人の息子がいた。それが一八三二年頃に生まれたエマーヌエルと一八三六年に生まれたフィリップである。父は四〇歳のときにジークムントの母親となるアマーリア・ナータンゾーンと再婚した。一八三五年生まれの彼女はその時、フィリップより一歳年下であり、夫よりも二〇歳年下である。

すでに紹介したフロイトの世話を委ねられた乳母はもう高齢だった。そこでジークムントにとっては、二組の夫婦がいるように思えたのである。高齢の父親と自分を育ててくれる乳母の夫婦が一組、そして若くはつらつとしているアマーリアとフィリップの夫婦が一組である。ところが現実には父親とアマーリアが夫婦なのである。この困惑すべき状況について、伝記作者のジョーンズは「フィリップではなく、ヤーコプがアマーリアと同じ寝床に寝るというやっかいな事実があった。これはまったくもって途方に暮れることであった[19]」と指摘している。

幼いフロイトにとって、母親がアマーリアであるのは間違いなく、乳母は祖母のように思われた。ところが彼の父親は、母親の夫と思われたフィリップではなく、祖父のように思われたヤーコプだったのである。フロイトにとってはフィリップは父の地位にある人物であり、母であるアマーリアを独占する夫にふさわしい人間なのである。そして幼いフロイトは、アマーリアを独占できるフィリップに嫉妬を感じていたのだった。

この夢でフロイトは、母親が不在であるために泣いている。すると父親のようなフィリップが登場し、フロイトにタンスの扉を開いてみせる。幼いフロイトは母親がタンスの中に隠れているか、閉じ込められていると信じていたので、フィリップに頼んだのだろう。フロイトはどうして母親がタンスの中に隠れていると考えたのだろうか。

その背後には乳母にまつわる逸話がある。乳母はフロイトに性的な快楽の手解きをしたのだが、ほかにもいろいろと問題があった。前の頭蓋骨の夢の続きで、乳母は「先に自分のからだを洗った赤味を帯びた水でぼくを洗ってくれました[20]」とフロイトは語っている。乳母は、まず自分が入浴し、その汚れた水でフロイトのからだを洗ったわけである。次に乳母は、「ぼくを唆《そそのか》して、ツェーナー貨幣を彼女にやるために盗ませました[21]」と語っている。乳母は自分の小遣いにするために、フロイトに両親から金を盗ませたということになる。

フロイトはこの二つを「ひどい処置」と呼んでいる。そしてこの非難の言葉を乳母ではなく、自分に向けて、「ぼくは今、ぼくの患者たちに行っているひどい処置にたいして、金を手に入れているのです」[22]と分析しているのである。

ところが現実はもっと別のものだった。この乳母はフロイトに盗ませるのではなく、自分で実際にフロイトの金を盗んでいたのである。伝記によると「彼女は彼の金や玩具を盗んで、捕らえられたのであった。フィリップは彼女を逮捕するように主張していた。彼女は一〇カ月入獄した」[23]のだった。

そして乳母がいないことに気づいたフロイトが心配してフィリップに尋ねたところ、乳母は「豚箱に入れられている」と答えたらしい。この「箱」ということから、フロイトは不在の母親もまた乳母と同じように、「箱」に入れられているのではないかと心配になって、フィリップに箱のようにみえるタンスを開けてくれと頼んだのである。フロイトは「ぼくが他ならぬ彼に頼んだということは、乳母がいなくなったことに彼が関与していたことを、ぼくがよく知っていたことを示しています」[24]と語っている。

もちろん母親は箱の中に入っていたのではなく、フロイトの妹のアンナを妊娠していたために、子供の前に姿をみせなかっただけなのである。やがて出産した母親はほっそりとした姿でふたたび現れて、フロイトを安心させることになる。

エディプス・コンプレックスの発見

これらの三つの夢はどれも乳母とかかわっていることに注目しよう。乳母はフロイトに性的な営みを教えたが、フロイトはその快楽のうちで自分が母親に性的な欲望を抱いていたことを自覚したのである。この時期の夢と記憶についての自己分析によって、フロイトは幼年期の自分が、母親への愛情と父親への嫉妬と憎しみを感じていたことを自覚する。

フロイトは、自分が主張していた誘惑理論に疑問を感じ、夢と記憶を手掛りにして自己分析をすることによって、「母親への惚れ込みと父親への嫉妬をぼくの場合にも見つけました[25]」と語ったのだった。そして多くの神経症の患者たちが語る父親の誘惑の記憶と考えあわせて、このことは「早期幼児期の一般的な出来事[26]」であること、子供たちに一般的にみられる幻想であることを認識するのである。

こうしてフロイトは、ギリシア神話のオイディプス王の物語、すなわち実の父親を殺し、母親と寝た王の物語は、この一般的な出来事を物語っているのだと考えるようになったのである。「このギリシアの伝説は、誰もが自分のなかに感じたことがあり、誰もが承認するような一つの逃れようのない強い力について語ったものです。聴衆の誰もが、かつては萌芽的には、そして空想のなかでは、そのようなオイディプスだったのです。そしてここで現実のなかに引き入れられた夢の充足を前にして、誰もが、彼らの幼児期の状態を今日の状態から隔てているあらゆる力をもってそれを抑圧しながらも、その夢に恐れおののくのです[27]」。

これがエディプス・コンプレックスの発見を正式に告げる文章である。このコンプレックスは、フロイトが自分の夢の中で感じている父親への敵意と母親への愛情を分析することで明らかにされた。意識のうちではフロイトは、自分がこのような感情を抱いていることを自覚しておらず、承認もしていないが、夢を分析することによって、そうした無意識的な欲望が自分のうちにあることを認めざるをえなくなったのである。

実際には、半年前のフリース宛の書簡で、この理論はすでに神経症の分析の途上で語られていた。フロイトは「両親にたいする敵対的な衝動、すなわち両親が死ねばよいという願望も、同様に神経症の不可欠な要素です。それは強迫観念として意識に明るみにでるのです[28]」と指摘していたのである。そして「この［両親の］死の願望は、息子たちの場合には父親に向けられ、娘たちの場合には母親に向けられます[29]」ともつけ加えている。これは理論的に確認されたエディプス・コンプレックスであるが、フロイトはまだ自己分析の前であるために、それが自分のことであるのを自覚していなかったのである。

この両親の死の願望の夢は、『夢解釈』において「近親者が死ぬ夢」という類型夢として考察されている。そしてフロイトは「親が死んだ夢を見る場合、それは夢を見た人と同性の親の死である場合が圧倒的に多い。男の子なら父親が、女の子なら母親が死ぬ夢をみる[30]」ことを指摘しながら、エディプス・コンプレックスの理論を明確に提示することなく、「この現象は、一般的な意義をもった何らかの要因によって解明される必要があると思う[31]」と、ごく一般的に説明しているだけである。

いずれ詳しく検討するが、このエディプス・コンプレックスの理論は、それがどのようにして生まれ、どのようにして克服されていくかという考察を通じて、中期までのフロイトの重要な理論的なテーマとなる。このコンプレックスは、フロイトが自分の夢を分析することで確立したという意味で、フロイトにとっても個人的に重要な意味をもつものだったのである。

2 「夢の仕事」

『夢解釈』の構成

『夢解釈』という書物は、段階的に構成された複雑な構造をもつ書物である。最初は、「夢の問題の学問的文献」という章において、夢の分析の歴史をたどりながら、夢の分析と解釈の可能性を探るというおとなしい、いわば学問的なスタートを切る。その出発点を手掛かりにして、フロイトはまず「夢は欲望の充足である」という持論を展開し、その仮説を裏づけるためにさまざまな実例を提起する。

この仮説は、夢が欲望の充足ではない多数の実例が存在することによって否定されるようにみえるが、フロイトはそうした反証となる実例を反駁して、みずからの仮説を固持するために、さまざまな新たな仮説と理論を提起する。こうしてフロイトは自分の最初の仮説を擁護するという形で、夢解釈のさまざまな方法を提起していくことになる。

それによって夢が欲望の充足であること、そして欲望は多くの場合、その主体にとって秘められたもの、秘すべきものであるために、それが無意識的なものとなっていることを明らかにするのである。こうして夢が、神経症や度忘れと類似した形式の重要な現象であることが説き明かされるのである。

これで、『夢解釈』という夢の解釈学の書物の役割は満たされたように思える。しかしフロイトはさらに一つの別の仕掛けをこの書物に用意している。こうした夢の解釈学が本書の第一部だとすると、第二部として、夢をみる人間の心理学が考察される。そして夢のうちで充足されるべき欲望が、一つの究極の欲望を軸としているという新たな理論が提起される。この究極の欲望というのは、エディプス・コンプレックスである。この欲望は、フロイトが示した類型夢のうちで、それと名指されずに提起された後に、第七章で本格的に主張されることになる。

この章はエディプス・コンプレックスがいかに夢の根底的な原動力となっているかを主張するとともに、人間の心的な構造そのものから、「夢の心理学」を構築するものとなっている。これは夢の解釈学とは異なる性格のものであり、このような理論的な構想はメタサイコロジーと呼ばれることは、すでに考察してきた。第一部は夢の解釈学であったのにたいして、第二部は夢のメタサイコロジーを提示するものになっているのである。

導入としての理論的な考察

第一章でフロイトは、古代の夢理論と現代の夢理論を対比させている。古代では夢は「人間の行為を導く神の贈物である[32]」と信じられていた。そしてこれは現代の原始的な社会の人々の考えとも一致するものだとされている。それにたいして現代では生物学的な研究によって、人間の夢が科学的に研究されるようになった。

フロイトは、この書物の内容を要約した一九〇一年の論文「夢について」では、現代の夢理論について、三つの流れを指摘している。

第一は古代のこうした夢理論を受け継いだもので、現代の哲学者たちが信奉している理論である。この理論によると「夢の生の根底にあると考えられているのは、心の活動の特別な状態であって、彼らはこの状態を、より高次の段階への上昇として賛えてさえいる[33]」のである。これは夢の哲学的な理論である。

第二の流れは医者たちが信奉している医学的な理論で、「夢を引き起こす原因は、眠っている人に外部から与えられる刺激であるか、眠っているうちにその人の内的な器官が動き始めたために与えられる感覚的な刺激や身体的な刺激である[34]」と考える。これは夢の医学的で生理学的な理論である。

第三の流れは、一般大衆の考えで、夢は未来を予言するものであり、そこに意味があると考える。これは古代のギリシア以来、「夢判断」として重要な流れを形成してきた。そして夢を解釈するためには、夢がその人に何を語ろうとしているかを明らかにする目的で謎解きをするか、夢の象徴を分析する必要があると考えるのである。これは夢の解釈学の理論である。

フロイトは、治療の目的で精神分析において無意識の現れとしての夢を解釈するには、この一般大衆の考え方が適切であると考えている。ただしこの『夢解釈』という書物は、伝統的な夢占いや夢判断ではなく、夢を無意識が告げる一つの謎として解釈していく手法と実例を示すことを目的としている。

その際にフロイトは、この夢の現象は、夢を見た主体の無意識の現れであり、あたかも神経症の症状であるかのように分析する必要があると指摘する。そして自由な連想によって、「夢の中に現れた観念に注意を集中し、そのときに心の中に浮かび上がってくるすべてのことを、どんな例外も設けずにしっかりと把握し」[35]、それを分析者に伝える必要があることを強調している。

　フロイトは要するに、神経症の患者に実行させた自由連想と同じ方法を夢にも適用して、「夢そのものを一つの病の症状のように取り扱い、症状のために編み出された解釈の方法を、夢にも適用してみる」[36]ことを試みたわけである。

夢の理論

　フロイトはこの方法を適用するにあたって、すでに述べたように「夢は欲望の充足である」[37]という仮説を提起した。夢は、神経症の症状のように無意識が現れたものであるとするならば、夢が表現するのは、過去の重要な心的な外傷（トラウマ）であるか、自己のうちに秘められた欲望であると考えることができる。抑圧されていたトラウマが身体的に表現されるのが神経症の症状であり、秘められた欲望が精神的に表現されるのが、度忘れや遮蔽想起だった。そしてフロイトは夢については、夢見る主体の秘められた欲望の充足であるという理論を仮説として提起したのである。

　これは、フロイトが自己分析を始めたときからの信念だった。『夢解釈』が出版される一九〇〇年の五年前の一八九五年の時点で、フロイトは夢解釈の文献を調べて、自分の仮説に誰も気づいていないことを知って喜んでいる。そしてフロイトは友人のフリースに「夢が無意味なものではなく、欲望の充足であることに、誰もまったく気づいていない[38]」と語り、このことを発見して、「あたかもケルトの魔法使いの小人であるかのように、『ああ、誰もそれを知らないとは、何と嬉しいことか[39]』」と喜んだと、書き送っているのである。

しかし多くの夢は、欲望の充足とは言えないものであることが多いことは、フロイトも認めざるをえなかった。それはどうしてなのか、そこからフロイトの夢解釈の理論が始まるのである。フロイトは夢が欲望の充足であるのに、そのように思えない夢が多いのは、夢は歪曲されていて、自分の欲望がそのままで表現されることが少ないからだと考えたのである。

ただしまだトラウマをそれほど抱えていない子供たちの夢は、まっすぐに自分の欲望を表現することが多い。たとえばフロイトが幼い長女のマティルデをつれて湖で短時間の舟遊びをした日の夜に、マティルデは舟に乗って長時間遊んだ夢をみたという。その日の昼間の舟遊びの時間が短かすぎたので、満足できずに夢の中でその欲望を満たしたのである。ところが大人はさまざまな手段を使って、もっと間接的に自分の欲望を夢の中で実現する。そのためにどのような手段が使われるだろうか。

イルマの夢

大人たちはこのように遠回しに、いわば迂回して、しかも歪曲しながら自分の欲望を夢の中で充足する。そのことをフロイトは、その頃に見た患者のイルマについての自分の夢を実例として、詳しく説明している。フロイトは当時、イルマという女性の精神分析をしていた。この女性はフロイトの分析に納得せず、精神分析を中断して田舎に戻っていた。

あるときに、親しい友人でもある医者のオットーが、この女性イルマのいる田舎の家を訪問して、診察してきた。そして「前よりはよくなっているが、すっかり治癒したというわけではない」[40]と、フロイトに語ったのである。フロイトはオットーによって非難されたと感じたのだった。そしてその夜、フロイトはイルマの夢をみた。

その夢では、自宅で開いたパーティにイルマが来て、まだ痛みがあるとフロイトに訴えた。フロイトは、イルマの痛みは、彼女が自分の分析方法をうけ入れなかったせいだと考える。そして「まだ痛むと言ったって、それは実のところあなたのせいではないか」[41]と指摘する。するとイルマは首も胃も腹部も、とても痛いと訴える。

フロイトがイルマをよく観察してみると、青白く、むくんでいるようである。これは内臓器官の病を見逃したかなと心配になり、窓際につれてゆき、口を開かせて、喉を診察する。イルマは嫌がる。フロイトは多くの女性が口の中をみせるのを嫌がるが、そんなに嫌がる必要はないのにと考える。ところが喉に大きな腫れがみつかる。フロイトは急いでM医師を呼んできて、イルマをみてもらう。M医師も、腫れについてのフロイトの所見に同意する。

イルマを診察して、フロイトを非難したオットーも近くに立っている。別の友人レーオポルトがイルマを打診して、左下に濁音があると言い、左肩の皮膚の浸潤部を指摘する。フロイトはこれに同意し、衣服の上からもわかると考える。M医師はこれは伝染病であり、赤痢になるが、毒物は排泄されるだろうと語る。そしてフロイトはこの伝染病が伝染した原因を知っていると考える。それはオットーが「イルマが病気になってからしばらくして、プロピール製剤の注射をしたのだ。プロピレン……プロピオン錠……トリメチルアミン（この化学式はゴシック体で印刷されて私の前に見えた）……。この種の注射はそう簡単には打たないものなのだが……おそらく注射器の消毒も不完全だっただろう[42]」。

細部は省略したが、フロイトの夢の分析の代表作である「イルマの夢」はこうした内容のものであり、この夢をフロイトは詳細に分析してゆく。そして自由な連想と記憶に基づいて、口を開かせること、喉に腫れがあること、赤痢、薬品名などについてさまざまな細部を明らかにしてゆくのである。

たとえば化学式がありありと目に浮かんだトリメチルアミンについては、友人のフリースが「トリメチルアミンは性的な新陳代謝の産物の一つだと思う[43]」と語っていたことが想起される。イルマの病気には性的な要素がそなわっていることになり、未亡人であるイルマが性的な欲望を満たせずにいることが病気の原因の一つだと、フロイトはこの夢の中で無意識のうちに考えているのである。

医師のM、オットー、レーオポルトの三人組は、コメディによく登場する三人組のように描かれている。医師Mはフロイトにとっては意見を求めるべき人物として父親のような立場にある。オットーは気軽な友人であり、フロイトの患者にも気を配ってくれるが、イルマの身体的な疾患を見逃すような軽率なところがある。レーオポルトは、オットーの軽率さを、打診などで明らかにして、咎める役割を任されている[44]。オットーは身体的な疾患を見落とし、レーオポルトがそれを咎める役割を演じ、父親役の医師Mは、それが赤痢であるとか、排泄されるなどといった愚かしいことを語る役割である。

フロイトはイルマの夢を分析しながら、この夢は、友人の医者のオットーから治療の不十分さを咎められたと感じたことにたいして、イルマの不調の原因を別にいろいろと提起することで、自分の責任を逃れたいという欲望を充足した夢であると結論する。フロイトはこの夢で、イルマが治癒していないのは、自分のせいではないと、次のような理由をあげながら、自己を弁護しているのである。

第一に、イルマが治癒しなかったのは夢の中でフロイトが考えたように、イルマがフロイトの分析方法をうけいれなかったからである。第二に、イルマの痛みの原因は、フロイトの精神分析の治療とは別の身体的な病のためであり、フロイトのせいではないのである。第三に、この別の病気の原因はオットーが注射器をきちんと消毒しなかったことにある。

この三つの理由はイルマの痛みについて、それが彼女自身が治療を拒否したためである、彼女の身体的な疾患によるものである、オットーの不手際のせいであると主張して、フロイトの責任を否定するものであるが、すでに『機知』という書物でナンセンスの実例として挙げられた鍋を壊した男の言い訳と同じように、一貫性に欠けたナンセンスなものである。

鍋を壊した男は、矛盾したことを主張しているようにみえるが、言いたいのは一つだけ、鍋の破損は自分のせいではないということである。それと同じようにフロイトのこの夢は、イルマの痛みは自分のせいではないということだけを主張したいのであり、その根拠はたがいにちぐはぐでも構わないのである。

そのついでに、フロイトは現実の知人たちを重層的に代表するこれらの登場人物を嘲笑することで、知人たちに復讐をしているのである。医師Mは父親のように権威のある医者としてふるまっているが、イルマの痛みの原因を、赤痢などという突飛もない伝染病にあると主張し、しかも赤痢は排泄されてしまうから問題はないと主張する愚かさを示す。フロイトはこの医者の尊大さをつねづね無意識のうちに批判していたのだろう。

さらにレーオポルトは、フロイトの主張を裏づける人物であるが、やはり関連のない肩の浸潤を指摘する道化の役を割り当てられている。フロイトを咎めたオットーには、イルマの痛みの真の原因が彼の注射器の消毒不足という医療過誤にあると指摘することで、復讐するのである。

このようにフロイトは夢の中で、イルマの痛みは自分の責任ではないと主張することで、自分の欲望を満たすと同時に、自分の分析の不十分さを指摘したオットーに、医療過誤の責任をなすりつけて、復讐の欲望を実現するのである。「夢の内容は一つの欲望の充足であり、夢の動機は欲望である」[45]というのがこの夢の分析の結論となる。

顕在夢とその潜在的な内容

このようにフロイトは自分の夢を分析することで、夢が欲望の充足であることを証明したわけだが、夢はそのことを直接に語るわけではない。それでは夢はどのようにして欲望を間接的に語るのだろうか。そのために夢には、さまざまな技法がそなわっている。

まずフロイトが指摘するのは、夢はごく短いものであるが、それぞれのイメージには多重的に記憶と連想が連なっているということである。一つのイメージに複数の観念が折り畳まれている。夢のすべての要素には、意味が重層的に重なっているのである。そのため夢は短くてもよいわけである。

夢の本当の意味は潜在的な内容として隠されていて、夢の中に実際に現れた内容とは異なるものであることが多いのである。フロイトはまず「夢の顕在内容と潜在内容との対立を構想する」[46]必要があることを指摘する。顕在的な内容をそのままうけ取るのではなく、それを手掛かりにして、その潜在的な内容を明らかにしていくのが、夢解釈の重要な課題である。そのためには分析において、「顕在夢を潜在的内容と混同しないよう、細心の注意を払う」[47]ことが必要となる。

二つの検問所の役割

ここで問題になるのは、子供の夢では潜在的な内容である欲望が、そのまま直接的に顕在的な内容として表現されるが、大人の夢ではなぜ欲望がそのまま表現されないかということである。そこにはある種の検閲のような働きが存在していると考えざるをえないのである。

ジャーナリストだった若きマルクスがプロイセンで苦闘したように、一九世紀のヨーロッパのジャーナリズムの歴史は、当局による検閲との戦いの歴史でもあった。多くの国家で、権力を握っている政府は、自分にとって好ましくない言論は検閲して、発表することを許さなかった。

夢もまた独裁的な国家のようなものであり、夢をみる人の意識が、あたかも権力者のように、自分にとって不愉快なものを排除しようとするのである。そして夢をみる人の無意識は、夢の中でみずからの欲望を表現するためには、意識にとって不愉快に思われる要素を偽装させなければならないのである。「欲望は歪曲されて夢の中に表現される」[48]のである。

このようにして夢の形成には、欲望と検閲という二つの力が働いていると考えることができる。一つは「夢によって表現される欲望を作りだし、もう一つはこの夢の欲望に検閲を加える。そして検閲によってその表現を歪曲させる」[49]のである。

フロイトは人間の心は三つの領域あるいは審級で構成されていると考えた。まず欲望がありのままの姿で働いているのが無意識の審級である。その審級の出口のところに、検閲する場所が存在する。これが第一の検問所である。この検問所は、自分の願望を充足するものだけを通過させる。この無意識の審級から夢の潜在的な内容が、前意識の審級に入り込むことになる。

その審級が「前意識」と呼ばれているのは、ある条件をみたせば、「その系における興奮の諸過程は、さらに引きとどめられることなしに、意識に到達することができる」[50]ためである。この無意識と前意識の間にある第一の検問所は、無意識に含まれる欲望の充足の力の働きを示しているのである。

次にこのようにして前意識の審級に入り込んだ夢の潜在的な内容は、前意識と意識の間にある第二の検問所を通過して、意識の審級に入り込むことになる。ただし主体が自分の欲望の真の性格を意識した場合には、これをふたたび抑圧して無意識の領域に押し戻してしまうので、この真の欲望を示す夢は、加工しなければならないのである。

そのための役割をはたすのが、この前意識と意識の領域の間に存在する第二の検問所である。この検問所には二つの役割がある。この検問所はまず、欲望を偽装させて、主体の意識にとってうけ入れられるものだけを通過させるというチェックの役割をはたす。この「第二の検問所の検閲特権は、意識への入場を許可する」[51]ことにある。

ただしこの検問所はたんに、秘められた欲望を意識に入れるかどうかを決めるだけではなく、これを歪める働きもする。「第二の検問所は、自己の特権を行使してからでなければ、すなわち〈意識に入りたがっているもの〉に自分に都合のよい変更を加えてでなければ、何も通過させることを許さない」[52]のである。

ときには人は苦痛な経験を夢見ることもある。これは夢が欲望の充足であるというフロイトの根本的な仮説を否定するようにみえる。フロイトはこのように、ほんらいであれば、欲望を充足するものではない苦痛の夢が、それでも逆説的に欲望を充足するものであることを、この二つの検問所の関係に基づいて次のように説明している。

「苦痛な夢は実際に、第二検問所にとっては苦痛であるが、同時に第一検問所の欲望を満たしているのである。そもそもすべての夢が第一検問所を通過するものであり、第二検問所は夢そのものにたいして防衛的にだけ働いて、決して創造的には働かないことを考えると、苦痛の夢もまたすべてが欲望を充足する夢なのである」[53]。

この説明は実は、後に考察される戦争の経験を反復する外傷神経症のように、たんに意識にとって苦痛なだけでなく、純粋に苦痛な経験を繰り返し反復する夢についてはうまく考察できていない。その苦痛が無意識の欲望を充足するものであると想定しているだけだからである。この苦痛な経験についての夢の分析が、やがて第一局所論の構想を作り直して第二局所論を構築するきっかけとなるのである。

このようにして第二検問所において、潜在的な夢の内容に手が加えられて、意識にとっても許容できるものとみえるように偽装されることで、初めて夢のうちに顕在的な内容として登場することになるのである。

この二つの検問所と三つの審級の関係をまとめると、次のようになるだろう。人間の心は意識、前意識、無意識の三つの審級で構成されている。無意識と前意識の間に、第一の検問所が存在する。この検問所は、無意識のうちに潜む欲望を意識にのぼらせることを望んでいる。ここを通過した願望は、前意識の領域に入る。前意識と意識の間にある第二の検問所は、この願望を検閲して、それが意識の領域に受け入れられるように、手直し、歪曲するのである。ここで夢の仕事が行われることになる。

この第二の検問所は、無意識の秘められた願望に「批判を加える」[54]検問所であり、第一の検問所は、「批判を加えられる」検問所である。批判を加える検問所は、無意識と「意識との間に屏風のように立っている」[55]のである。

ただし覚醒している間は、第一の検問所は閉じていて、秘められた願望が意識にまで到達することはない。そして第二の検問所は、「われわれの覚醒時の生活を指導し、われわれの意図的で意識的な行動に決定を下す」[56]役割をはたすのである。そして睡眠中には、開いた第一の検問所から送られてきた願望に修正を加えて、意識がうけ取ることができるようなものにするのである。

夢においては無意識が願望の倉庫であるという意味で「夢形成の出発点」[57]であるが、夢の内容を作りだすのは前意識の領域と意識の領域の間にそびえる屏風のような第二の検問所なのである。

フロイトはこのようにして人間の心には、意識、前意識、無意識という三つの審級があると考えるようになった（これは第一局所論と呼ばれる）。この三つの審級についてはすでに、神経症の病因についての考察で検討されてきたが、夢の分析において検閲の問題を考察することで、無意識、前意識、意識という三つの審級の働きが明確に規定されたのである。フロイトの最初の局所論は、夢の分析によって確立されると考えることができる。

夢の技法

このように潜在的な夢の内容を偽装し、歪曲した後に、意識のうちに顕在的な夢として認められるようにするのが、第二検問所の役割であるが、それにはどのような材料が使われ、どのような技術が使われるのだろうか。夢の潜在的な内容を作りだす素材と源泉を考察したのが、『夢解釈』の第五章「夢の材料と源泉」であり、夢を加工し、偽装する作業を考察したのが、第六章「夢の仕事」である。

第五章では、たんにどのような記憶から夢が作られるかという問題だけではなく、夢の素材が象徴としてもつ意味について詳細に考察されている。この象徴の考察がときに夢解釈の本道のように考えられることが多い。たとえば部屋は母胎を象徴するとか、ステッキがペニスを象徴するなどの解釈である。

この象徴論は第六章の夢の仕事の第三のテーマ、表現可能性のところで活用されることになるが、この象徴論が肥大化すると、夢解釈が表面的なものとなる傾向があるので注意が必要だろう。夢の象徴論よりも、夢の内容や登場人物や情景が、その夢をみた人物にどのような意味をもっているかという分析のほうが重要なのである。

さらに第五章では、多くの人がみる一般的な夢である類型夢が考察されていて、ここでエディプス・コンプレックスが明確に語られる。ただしこれについては本書では次の第四章で考察することにして、ここでは第六章の夢の仕事について、簡単にまとめておこう。

夢の潜在的な内容に加工する「夢の仕事」は、その人の欲望を示す夢の素材に働きかけて、それが夢の主体の意識にとって許容できるものとなるように歪め、偽装することを目的としている。自分にとって不快な願望や記憶を、意識しても不快でないものに変えるのがこの「夢の仕事」の役目であり、ときには正反対のものに作り換えることもあるほどである。

フロイトはこの夢の仕事として、圧縮、置き換え、表現可能性、第二次加工という四つのテーマを挙げている。ただし本来の意味での技法は圧縮と置き換えである。後の二つは技法というよりも、夢が夢として成立するための条件を作りだすものである。次にこれらについて順に考えてみよう。

圧縮

すでに夢の内容、すなわち顕在的な夢内容は、夢の潜在的な内容に検閲をかけて、それを偽装したものであることは確認してきた。夢がみずからを偽装するための第一の技法は、それを圧縮することである。

この圧縮には大きく分けて二つの道がある。第一は、夢の内容そのものを圧縮することである。夢のすべての顕在的な内容は、それよりもはるかに豊富な内容をもつ潜在的な夢を圧縮したものである。そのことは、わたしたちが自分のみた夢の内容を記録して、それについてどんなことを思いつくか、自分で分析してみれば明らかになる。これをフロイトは夢の顕在的な内容は、「広範で中身の豊富な夢思想と比較すると、切り詰められていて、質素で、簡潔である[58]」と表現している。ここで働いている技法は、「省略という方法[59]」と要約できるだろう。

第二の道は、一つの表象に複数の意味を重ねる方法である。夢のすべての表象は重層的に決定されているのであって、夢を分析する際にも、その重層的な意味のどれをたどるかで、分析の内容そのものが変わってくるほどである。フロイトは「夢内容のあらゆる要素は、重層決定されている、すなわち夢思想の中で幾重にも代理されている[60]」と要約している。ここで働いている技法は「重層化」と呼べるだろう。

フロイトは圧縮の仕事におけるこうした「省略」と「重層化」という二つの道について、「分析が進むにつれて、夢内容のどの要素もすべてそのおのおのから二つあるいはそれ以上の方向に連想が分岐していくこと、そしてすべての情景にもそれぞれ二つあるいはそれ以上の印象や体験がつぎ合わされていることが分かってくる[61]」と説明している。

置き換え

夢の第二の技法は、夢の内容と意味をほかのものに置き換えて表現することにある。フロイトの「イルマの夢」はきわめて例外的な夢であって、問題となるテーマがかなり直接に表現されていた。ふつうの夢はもっと強い歪曲をかけられて姿を現すものである。ここでこの置き換えの手法を調べるために、ある女性がみた「黄金虫《コガネムシ》の夢」を考察してみよう。フロイトが分析していた既婚の女性のみた短い夢で、一見するとごく無害なものである。

この夢は、「箱に黄金虫を二匹入れておいたことを思い出した。外に出してやらないと窒息するだろうと思った。箱の蓋を開けた。虫はげんなり弱っていた。一匹は開いている窓から外へ飛んでいった。もう一匹は観音開きの窓の扉で押しつぶされた（気持ちが悪かった）。彼女は誰かに窓を閉めろと言われて窓を閉めたからである」というものである(62)。

この夢をみた女性の夫は旅行中だった。彼女には一四歳になる娘がいて、同じ寝室で寝ていた。この夢に黄金虫が登場するのは、この女性の娘が以前、昆虫採集を趣味にしていたことと密接な結びつきがある。この女性は娘が標本を作るために、毒薬で昆虫たちを殺すのが残酷に思えて、これを嫌っていたのだった。夢の中で彼女が黄金虫を箱の中にいれておいたのは、黄金虫を娘と毒薬から守ろうとしたからだろう。だからこそ、外に逃がしてやろうとしているのである。

ところが虫はもうぐったりしていて、一匹はうまく外に逃げられたものの、もう一匹は彼女が観音開きの扉を閉めたために、扉に押しつぶされて死んでしまった。彼女はいつも窓を開いて寝るのが好きだったが、夫に窓の扉を閉めて寝るように、うるさいほどに注意されていたのだった。このとき夫は旅行中で、娘は隣で寝ている。それでは窓を閉めるように命じたのは、そして黄金虫を殺させてしまったのは誰だろうか。それは彼女の心の中の夫に違いないだろう。

この夢はとりとめのないものに思われるが、分析していくと大きな抑圧が発見されたのである。この夢を分析する際に、自由連想をすることを求められた彼女は、娘の昆虫採集から、美女と野獣というテーマを思い出した。このテーマは、おとなしい少女が、思いも掛けぬ残酷なことをするものだという印象と結びついていた。それは「うわべと中身は違うものだ[63]」という思想を含んでいる。

そしてフロイトはこの思想のうちに、「彼女が官能的な欲望に苦しめられていることを、誰がうわべからみてとることができるだろうか[64]」という夢思想が含まれていることを明らかにする。この「美女」の「うわべ」とは、しとやかな妻としての自分の「うわべ」であり、「中身」とは貞淑で、肉体的な欲望とは無縁なはずの自分のうちにある激しい性的な渇望である。

次に黄金虫がぐったりしているというイメージが問題にされる。そして「ぐったりして」いるのは黄金虫であるだけではなく、最近の夫の精力減退のことであるのが分かる。「げんなり弱っている」のは、彼女がこのところ不満に感じていた夫の主要症状である[65]」のである。黄金虫は夫の萎えたペニスの象徴なのだ。そして彼女はいつも不満に思っていた窓を閉めろという夫の命令にしたがって、弱っていたほうの黄金虫を殺してしまう。窓を閉めるように命じた夫の命令によって、潰れると分かっていた黄金虫を、すなわち夫のペニスを潰してしまったのである。残酷なのは娘であるよりも母親の彼女のほうであるかもしれない。

この夢の解釈から、黄金虫が重層的に決定されているのは明らかだろう。それは第一に、つかまって殺されないように彼女が守っていた虫であり、彼女の見掛けだけの優しさを示すはずのものである。第二にこの黄金虫には、昆虫をつかまえて殺していた娘の記憶が重なっている。この虫は、「美女と野獣」のイメージのもとで、見掛けだけは優しい女性の裏に潜む残酷さの犠牲となるものを象徴している。第三に、黄金虫は弱っていることで、夫の性的な能力を象徴するものである。第四に、彼女はこの虫を殺してしまうが、それは夫の命令でしたことであり、その真の責任は夫にあることを訴えている。このように潰れた黄金虫は、彼女の見掛けの優しさ、その優しさの背後に潜む残酷さ、夫の性的な能力の衰え、彼女の残酷さの真の責任の所在などを象徴しながら、重層的に示すものとなっているのである。

このように「圧縮」という技法によって多重的に決定されたこの黄金虫のイメージを通じて、彼女は自分の肉体的な欲望の激しさ、夫への不満、そして夫へのひそかな殺意を、夢として表現することができたのである。それを可能にしたのが、「置き換え」という技法である。

彼女は黄金虫を夫のペニスに置き換え、それを残酷にも潰してしまうことで、暗黙のうちで自分の欲求不満と、夫への殺意を表現したのである。意識の上では彼女はそのような自分の欲望や殺意や残酷さを認めることはなかっただろう。そうしたものが夢の中で黄金虫に置き換えられることで、彼女は自分の無意識的な欲望を表現することができたのである。

フロイトはこれについて、「この夢は、性的なものと残酷さとの関係が主題になっていて、片方の残酷さという要素だけは、夢内容にたしかに顔をだしてはいるが、それでも別のものと結びつけられている。性的なものとのつながりはまったく見えない。言い換えれば残酷さはその文脈から切り離されて、何かよそよそしいことに形を変えられている[66]」と説明している。

この夢では、残酷さという要素は、娘の昆虫採集だけに関連するものとして登場しているのであって、彼女の性欲が満たされないために生まれる残酷さとは無縁なものとして描かれている。「夢思想における本質的なものはすべて、どうでもいい副次的なものに置き換えられている[67]」のであり、それによって初めて夢の中に登場することができたのである。

表現可能性

第三の夢の仕事としてあげられたのが、「表現可能性」である。夢の重要な特長として、その内容が主に視覚的な像として表現されることがあげられる。ところが夢思想は、もともとは、言語的な性格をそなえた観念的な「文」という構造をそなえているのであり、それを像に転換しなければならないのである

ただしこの文は、ふつうの思考の伝達の手段としての散文であるよりも、「イメージ豊かな詩人の言葉のように、直喩や隠喩を使って象徴的に言い表している[68]」文である。夢見る人は、こうした直喩や隠喩のちりばめられた文を、像によって描かれる夢内容に表現しなければならない。

たとえば子供が舟遊びをし足りないと思っているとしよう。その子供には、「もっと舟遊びをしたいのに」という思想が生まれる。文の形で示されているこの思想を夢の中で像として表現す

るためには、自分が実際に舟遊びをしている情景を描きだすことになる。アイスクリームを少ししか食べられなかった夜には、「もっとアイスクリームを食べたい」という思想が生まれ、それが夢の中では実際に自分がたくさんのアイスクリームを食べている情景が描かれるという具合である。

このように、文の形で示された「夢思想」を、イメージとしての「夢内容」に翻案するために、夢はその「仕事」として、いくつかの「表現可能性」を使うのである。ただし「文」で示された思想を「像」で描くのは、予想以上に困難な作業なのである。まず、「AはBである」という論理的な関係があるとしよう。こうした論理的な関係を、夢はそのままで表現することができない。そこで夢は「近接関係」を使って、これを表現しようとする。

たとえば夢見る子供にとって、いつもアイスクリームを買ってくれるのがおばあさんだとすると、「アイスクリームを買ってくれるのはおばあさんである」という論理的な関係は、夢の中でまずアイスクリームが描かれ、次におばあさんが買ってくれたアイスクリームを食べることで示されるだろう。夢は「論理的な結びつきを、時間的あるいは空間的な近接として表現する」[69]のである。

あるいは夢思想のうちに因果関係があるとしよう。「AだからBである」という原因と結果の関係は、文であればすぐに表現することができる。しかし夢の像には、このような因果関係の思想そのものを表現する力はない。そのため夢では因果関係を、時間的な前後で表現することになる。

窓の鎧戸を閉めたため、黄金虫が潰れたのだという因果関係を示すには、まず窓の鎧戸を閉めるという動作の情景があり、それに黄金虫が潰れた像をつづけることで表現される。「二つの夢思想のあいだの因果関係は、夢の中ではまったく表現されないままになるか、それとも長さを異にする二つの夢部分の前後関係に置き換えられる」[70]のである。

第三に、夢思想で複数の選択肢があるとしよう。たとえばイルマの夢で、イルマの病が悪化した原因は、イルマがフロイトの分析方法をうけいれなかったからか、器質的な原因によるか、伝染病に罹ったかなど、複数の原因が考えられている。夢内容ではその選択肢を同時に示すことができないことが多いので、「夢は選択される各項を、同じ資格のものとして一つの関連のうちに示すのがつねである」[71]。夢では複数の選択肢が、イルマの診察の結果、M医師の診断、化学式など、関連したイメージがつづいて登場して、複数の可能な選択肢を示すのである。

第四に、夢思想に否定の意味があったとしよう。夢はこの否定という観念を表現するのはとても苦手である。また、あるものが存在しないという「無」の思想も、情景としては表現しにくいものである。そのために夢内容では否定を変化によって示すことが多くなる。フロイトが分析したある娘は夢の中で、自分が階段から降りてくるときに、花がたくさんついた枝を抱えている情景を見た。この花は椿のように真っ赤な花で、降りてくる途中で次々と落花するのだった。

精神分析で娘に自由連想をさせると、この花ざかりの枝の情景は、聖母マリアの受胎告知の絵から借りたものであることが明らかになった。西洋の多くのマリアの受胎告知の絵では、マリアの受胎を告知する天使は、白い花がいくつも咲いている大きな百合の枝を手にしている。

この白い百合は、受胎したマリアが処女であり、肉欲をもたず、性の交わりで汚れていないことを象徴している。ところが夢見たこの娘のもっている花の枝は、白い百合ではなく、血のように赤い花をつけている。しかもこの赤い花は、彼女が階段を降りる途中で次々と落花するのである。

フロイトはこの情景で、赤い花はまずそれ自体が、マリアの無垢を象徴する白い花を否定し、それによって自分の汚れのなさを否定していると指摘する。次に赤い花が次々と落ちる情景で、摘み取られた自分の処女を象徴させ、自分の性的な純潔を否定していると考える。この落花は「自分の性的純潔に反するようなさまざまな罪[72]」を示しているとフロイトは指摘している。このように、この赤い花の枝は二重の否定の役割をはたしていることになるのである。

第五に、類似性や共通性の思想を示すためには、夢では同一化の手法が用いられることが多い。夢では「類似性、合致、共通性は、夢材料にすでに存在している統一性によって表現するか、新たに作り上げられる統一性のうちに集めることによって表現する[73]」のである。

最初の統一性は「同一化」と呼ばれ、第二の統一性は「混合化」と呼ばれる。たとえば類似した特長をもつ二人の人物は、一人の人物に「同一化」され、代表させられることが多い。また夢に登場するすべての人物は、「混合化」のプロセスを経ており、その人物が想起させる知人を代表するだけではなく、夢みる主体そのものがそこに紛れ込んでいることも多いのである。

最後に、矛盾、軽蔑、嘲笑などの観念は、夢の中では荒唐無稽な出来事や像として表現されることが多い。先に述べたフロイトのみた夢で、動物の頭蓋骨が登場したが、フロイトはこれを、自分の無能力と、自分の治療の空しさを嘲笑したものと分析していた。夢の中で脈絡もなしに動物の頭蓋骨が登場したことは、荒唐無稽なことであり、これは主体の軽蔑的な観念を示すものと解釈しうるのである。

二次加工

これまでの夢の仕事は、主として第二の検問所を通過するために必要な作業だった。夢の潜在的な内容は、このように手を加えられることで、夢の主体にとって許容できる顕在的な内容に変貌するのである。

ただし夢の顕在的な内容に加えられる処理には、こうした偽造や歪曲という内容にかかわるものだけではなく、それを夢みる主体の欲望に合わせた形で処理する二次加工がふくめられることもある。この二次加工は、夢の顕在的な内容の形成そのものにかかわるのではなく、すでに形成された夢内容にあとから働きかけるという特徴がある。

たとえば、わたしたちは夢の中で何か重要なものをなくしたり、恐ろしい犯罪を犯した後で、「これは夢にすぎない」と考えることがある。この夢にたいする判断は、夢の中で、その夢について語っている夢解釈である。このような夢の解釈が夢の中で生じるのはどうしてだろうか。

それはこうした喪失や犯罪はたんに夢の中だけのものであり、そのまま眠りつづけてもよいのだと、夢の主体に思わせるためである。夢の欲望充足には、眠りつづけたいという欲望にかかわるものも多いのである。つらい夢でも夢にすぎないと思うことで、「がまんしてそのまま眠りつづけるほうが、目を覚ますよりも楽なのである[74]」からである。

こうした二次加工の手続きの代表的な例として、フロイトは身体に外的な刺激が加えられたときにみる夢を挙げている。たとえば目覚ましの鳴る音が聞こえたとしよう。もう眼を覚まして、夢をみるのをやめる時間なのである。ところが夢をみている人は、まだ眠りつづけたい、まだ夢をみたいと願っている。そこで日曜日の教会のミサの夢をみて、人々が集まってきて、教会の鐘が鳴りつづけている情景を夢みるのである。そうすれば、目覚ましが鳴ったからといって、目を覚ますという行為をしなくてもすむからである。

この夢の面白さは、それからミサにまつわるどれほど長い夢をみたとしても、それは実際には目覚ましの音を聞いた後に作りだされた夢だということである。一瞬のうちに、古い記憶が加工されて、これは教会の鐘だよと自分に言い聞かせて、まだ眠りをむさぼろうとするのである。

フロイトはまた別の例として、ある人が見たギロチンの夢を挙げている。これは『睡眠』という書物を著したモーリという著者の見たフランス革命の夢である。彼は眠りながら、革命当時のテロルのむごたらしい夢を見た。ロベスピエールを始めとする多数の革命家が残酷に処刑されてゆく。やがて彼自身が逮捕され、裁判をうけ、ギロチンの台に引き出される。そしてギロチンの刃が彼の首を落とす。その瞬間に恐ろしさのあまり、眼を覚ましたのだった。それは「ベッドの板が落ちて、ちょうどギロチンの刃そのままに彼の首のところにあたっていた[75]」のだった。

このフランス革命の歴史を彩る長い物語の夢は、実は落ちてきたベッドの板が彼の首にあたった瞬間から見始めたものなのである。「モーリは、小さな板片で首を打たれ、大革命時代の話の全体にあたるほどの長い夢をみて、眼を覚ました」[76]のだった。この夢は、二次加工の作業によって、彼の首に板があたった瞬間から、夢として表現されたものなのである。

このように夢は、さまざまな作業によって、わたしたちの無意識の領域のうちにある秘められた欲望を意識にのぼらせようとする。夢の解釈と分析は、ヒステリーなどの症状を治療する上でも、すべての人が自分の無意識的な欲望を認識する上でも、きわめて重要な意味をもっているのである。

3　第一局所論

光学器械としての心

このように夢とヒステリーのような神経症は、無意識的な欲望とその抑圧という同じメカニズムによって発生していることがわかる。このメカニズムは、すでに検討してきた人間の意識の構造について考察することで、さらに詳細に分析することができる。すでに人間の心は意識、前意識、無意識の三つの場所＝審級で構成され、それぞれの間に二つの検問所が存在していることが指摘されてきた。

これが第一局所論と呼ばれるものであるが、この局所論は人間の心、知覚、記憶についてのさらに基本的なモデルに依拠したものである。ここで心についての基本的なモデルを検討し、それがどのようにして第一局所論に発展していくかを考えてみよう。

　フロイトが考えた心の基本的なモデルでは、人間の心をさまざまな場所に分解して考えようとする。人間の心は、さまざまな部品で構成された装置のようなものであると考えるのである。フロイトは「心の仕事に従事している道具を、たとえば組み立て式の顕微鏡やカメラのようなものとみなす[77]」ことができると考えた。「心という道具の組み立てをこうした分解によって推測する試みは、わたしの知る限りでは、これまで企てられていなかったようである[78]」と、フロイトは自分の試みの新しさを強調している。フロイトは心をカメラや顕微鏡のような光学機械をモデルとして考察しようとするのである。

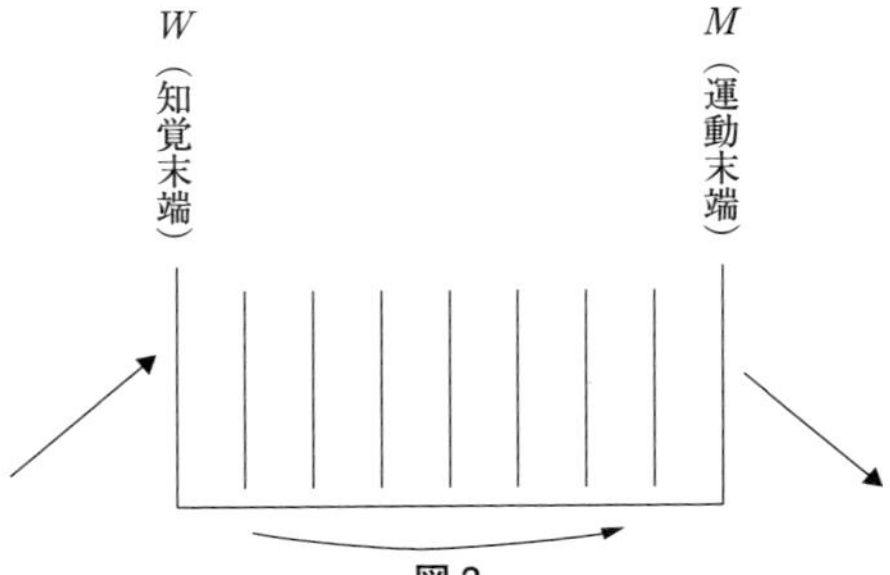

図 3

　これらの光学機械は、外部からやってくる光線をうけとる部分、この光線を反射し拡大するレンズの部分、そしてカメラの場合にはそれを記録する部分のように、さまざまな装置で構成されている。フロイトは人間の心もこうしたさまざまな装置で構成されると考えることで、心の基本的なモデルを構想するのである。

　このモデルを示す第一の試みを図解したのが図3である。これは装置の基本的な枠組みを示したものであり、この図が示しているのは、「心という装置は反射装置のような構造をもっている[79]」ということである。フロイトはこの反射装置で、「心的なプロセスは、一般的に知覚末端から運動末端へと経過する」[80]という想定を示したのである。左側の斜めの矢印は、外部から知覚末端に与えられた刺激を示し、下の弓形の矢印が、この知覚末端から運動末端へ伝達される情報を示している。神経学では「反射弓」と呼ばれるプロセスである。

人間の心ではこの伝達は直線的なものではなく、その間に介在する複数の異なる層を経由して、複雑な形で行われるのであり、それがどのようにして遂行されるかを示すのが、局所論の重要な役割となる。しかしそれが直接に行われる場合を、原初的な形で考えることが可能である。

フロイトはよく、アメーバのような原生動物を例に考えている。アメーバはある媒体の中を移動しながら食べ物を探している。そして何か食べられそうなものをみつけると食指を伸ばしてみる。有害なものだと判断すると、そこから逃げ去る。そしてそれが食べ物だと判断すると、運動末端でそれを取り込んで食べるのである。

この動物は、知覚末端で何か異物を知覚したのであり、その知覚された刺激に基づいて、何らかの判断のプロセスを遂行したのである。そしてそれが食べ物であるか、有害で危険なものであるかを判断した後に、運動末端がその異物を食べるという行動をするか、そこから逃げ出すという行動をするのである。アメーバでは器官が分割されていないために、知覚するのも食指であり、運動するのも食指である。

このモデルを考えるために、人間に近く、もう少し器官が分化した生き物を考えてみよう。たとえば猫が、何か見慣れないものをみた場合には、まず手を出して、触ってみるだろう。遊べると思ったら、繰り返し手を出して、ちょっかいを出す。危ないと思ったら逃げ出す。猫の最初の行動で知覚末端にあたる器官は眼であり、運動末端にあたる器官は手である。この行動では眼で知覚し、手を出すという運動をするのである。次の行動で知覚末端にあたるのは手であり、運動末端にあたる器官は足である。手で対象を知覚し、足で逃げ出すという運動をするのである。そして知覚と運動のあいだに、さらに別のプロセスが介在していると考えることができる。

この介在するプロセスを示したのが図4である。この図は図3の両端の間に記憶組織が存在することを示したものである。このモデルは、人間の心の場合には知覚末端から運動末端へと、直接に反射弓のように運動が伝達されるのではなく、知覚されたものが記憶され、この記憶を媒介として行動が起こされるということである。

このような媒介が必要とされたのは、人間の心はアメーバのように単純なものではないからであるが、それだけではなく、知覚末端はつねに新しい刺激を知覚する役割をはたすために、そこに情報が蓄積されず、情報を蓄積するためには、別の記憶組織が必要であるからでもある。

カメラであれば、光線をうけとるレンズの部分はつねに新たな光線をうけとりつづけるだけである。人間が介在してシャッターを押すことで、その光線の情報がメモリーに記録され、蓄積される。もしも人間が存在しなければ、レンズはひたすら目の前の光景から新たな刺激をうけつづけるだけだろう。

フロイトは後にマジック・メモという装置で、この二つの組織の役割の違いを明確に示すことになる[81]。この『夢解釈』ではたんに「組織W［知覚末端］はそもそも記憶力をもっていないから、その組織はまた連想のために使われる［記憶］痕跡も保存できない[82]」とだけ指摘されている。そのためには別に、記憶組織Erが必要なのである。この記憶装置はさまざまな引き出しのようにして、知覚した記憶を保存していると考えられている。

このモデルと第一局所論を組み合わせて示したのが図5である。このモデルが示しているのは、知覚された印象は記憶痕跡となって、心の装置の内部に収容されていくが、やがてこれは無意識的なものとなるということである。「もっとも深く刻みつけられた記憶を含めて、われわれの記憶は本来は無意識である。もちろん想起は意識となることができる。しかし想起が無意識の状態のままで、あらゆる作用を実行できることには疑問の余地はない[83]」のである。

一瞬前の記憶は、わたしたちにごく鮮明な印象を残している。こうした鮮明な印象はわたした

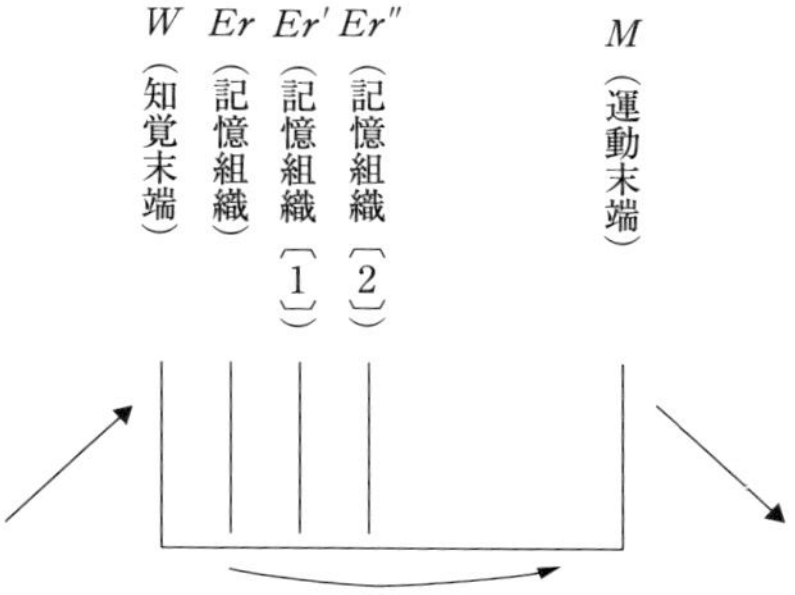

図4

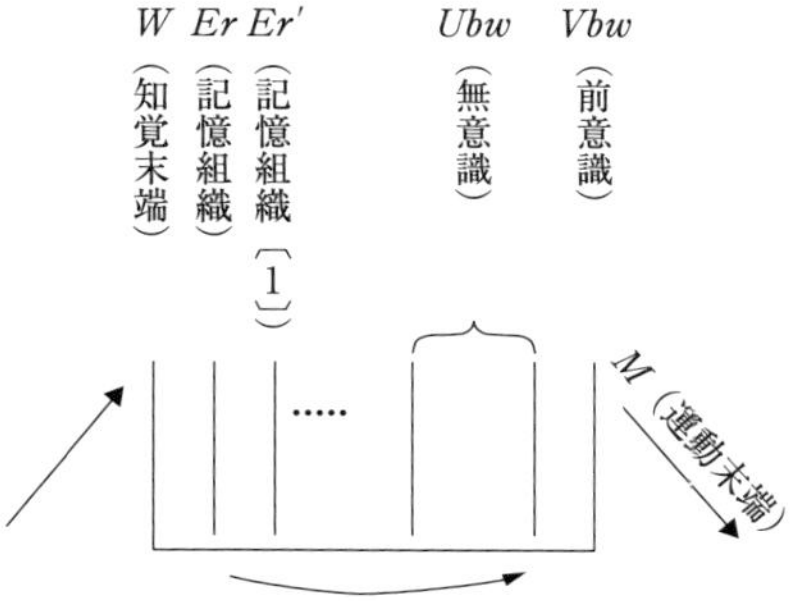

図5

ちがすぐに想起できるものである。しかし古い記憶は痕跡となって、記憶組織Erの内部に沈殿していくと考えることができる。そして無意識的なものとなるのである。

このモデルで注目されるのは、フロイトが知覚末端から記憶痕跡が沈殿していく部分としてまず無意識があり、運動末端に近いところに前意識があると考えていることである。そしてこの図には明記されていないが、もっとも右側の運動末端のところに意識があることになる。わたしたちはもっとも左側の知覚末端に意識があると考えるが、フロイトのこのモデルでは運動末端の側に意識があるはずなのである。

退行の概念

このように、フロイトのこのモデルには奇妙なところがある。このことは、記憶組織の並び方にも示されている。図4で考えるかぎり、知覚末端に近い記憶は、運動末端に近い記憶よりも「新しい」はずである。知覚末端はつねに最新のものであり、知覚末端の隣の記憶は、知覚されたばかりのものであるはずだからである。

ところで意識がすぐに想起することができるのは、今さっき知覚したばかりの記憶であるはずである。ということは、知覚末端に近い場所にある記憶のほうが、新しい記憶であるはずである。ところがそのようにすぐに記憶を取り戻すことができる領域は、前意識と呼ばれていた。夢において、その当日の昼間や前日の記憶が登場することが多いのは、まだ新しい記憶はすぐに意識のうちに呼び戻すことができるからである。そして図5の前意識にある記憶は、まだ記憶が新しく、努力すればすぐに思いだすことができる記憶であるはずである。しかしこの図でみるかぎり、前意識にある記憶は、知覚末端からみると、無意識よりも遠い場所にある記憶なのである。だから新しい記憶は、知覚末端の近くにあると同時に、その反対側の運動末端の近くにもあるという奇妙なことになる。

だから図5の構造は実は逆転して、運動末端において存在しているはずの意識はさらに、知覚末端のところにも存在していると考えることができる。フロイトは「前意識につづく組織は、われわれが意識をそれに帰属させなければならない組織であって、つまり知覚末端＝意識という仮定を考慮にいれる必要がある(84)」と認めているのである。

この図では知覚末端の反対側に前意識があり、その最後の部分が運動末端であるが、この次に意識があるはずである。その意識は実は反対側の知覚末端でもあるのである。メビウスの輪のように、最初と最後が結びついているのである。

これは時間的な要素を考慮にいれると分かりやすいだろう。時間的には、意識の末端から記憶は前意識へと降りてゆく。そこにある記憶はすぐに意識に利用できる。しかし前意識から下に降りるところにはある種の膜のような検問所がある。この検問所は、無意識に下降する記憶はすべて通過させるのである。

ところが心の内部は無時間的なものである。構造としては前意識から落下して、記憶が記憶組織Erにまで深くもぐりこむと、意識には利用できなくなる。これは無意識のうちに入り込むのである。だから記憶組織Erにつづくのは、図5にみられるように無意識である。この無意識と前意識のあいだには、検閲所が存在していて、ひとたび前意識から落ちてきて無意識に入った記憶は、それが意識に許されるものではなければ、この検閲の膜を透過することができないようになっている。検閲所は「無意識と意識のあいだに屏風のように立っている[85]」のだった。

このように、記憶は一度前意識の領域から無意識の領域へと落下した後には、無意識の領域から前意識の領域へと昇って意識されうる状態になる。これが記憶の自然な移動方向である。ところが夢においてはこのプロセスとは反対の運動が発生するとフロイトは主張する。それをフロイトは「退行」と呼ぶ。これは遮蔽記憶の逆行型と同じ概念である。このプロセスはそもそも循環的なものであるから、これは、すでに考察した「事後性」の概念を意識のプロセスとして言い換えたものにほかならない。

フロイトは、この退行を三種類に分類する。第一は場所的退行である。これはこの図5で、運動末端から知覚末端に退行するものである。第二は時間的退行である。これは「過去の心的形成物への立ち戻り[86]」である。第三は形式的退行である。これは「原始的な表現方法や描写方法が、普通の表現や描写方法の代理をつとめる[87]」ものである。

しかし重要なのは第二の退行である。第一の退行は、フロイトが意識を運動末端と知覚末端の両方に存在することを認めると重要ではなくなるし、第三の退行は第二の退行の当然の帰結だからである。フロイトはこれらは結局は同じものであることを認めている。「なぜなら時間的に古いものは、同時に形式的に原始的なものであり、そして心的局所論においては知覚末端の近くに位置しているからである[88]」というとおりである。

通常の知覚においては、知覚されたものは知覚末端から運動末端へと「順行」する。しかし眠っている時には知覚末端は運動していないために、心の中の無意識的な記憶が知覚末端へと「退行」する。この複雑な運動を説明するために、フロイトの心のモデルはメビウスの環のような構造とされているのである。

フロイトのこの「退行」の概念は、次の章で考察するように、神経症や性倒錯における幼児期への退行という概念として作り直される。神経症の原因となるのが、無意識のうちの幼児期の記憶であると考える限り、逆行性や退行の概念は不可欠なのである。「ヒステリーやパラノイアの幻覚、正常な人間が見る幻影などは、事実上退行とみなすことができる[89]」のであり、幼児期の記憶にまでさかのぼるのである。これはフロイトが『ヒステリー研究』の結論として提示した文章、すなわち「幼児時代の諸場面(記憶であれ、空想的なものであれ)は、これを意識化することに成功すると、幻覚的に目に見えるようになり、そして語り告げられたときに初めて、この幻覚という性格を喪失する[90]」という言葉に示されたとおりである。

ただしこれに関連してフロイトがこの退行を、人間の個人的な退行だけでなく、人類的な退行と関連づけていることに注目しよう。この人類的な退行の概念はユングの考えた集団的な無意識の概念につながるのである。フロイトは夢を分析することが、「人間の太古的遺産を認識し、人間における心的に生得的なものを認識する[91]」ための手段でありうると考えた。

エディプス・コンプレックスもまた、古代ギリシアのオイディプスの物語として語られたのであり、これはたんなる個人のコンプレックスであるよりも、人類のコンプレックスとみなされているのである。フロイトは「夢と神経症は、われわれが想像するよりも多くのものを、心的な古代から引き継いでいるように思われる。それゆえ精神分析は、人間性の始原のもっとも古く、もっとも暗い段階を再構成しようとする諸学問にあって、高い地位を要求する権利があると思う(92)」と自負しているのである。

夢と精神疾患

このように、夢は、主体にも秘められた欲望を幻覚という手段で満たそうとするものであり、「自分のいろいろな願望を逆行的な近道で満たす」ものとして、「心という道具の第一次的な、目的にふさわしくないものとして捨てられてしまった仕事のやりかたの標本を保存してくれたもの(93)」なのである。「夢を見るということは、今や克服されてしまった子供の心の営みの一部なのである(94)」ということになる。

このように夢は、原始的な方法で欲望を実現しようとする。こうした欲望は危険をもたらすことがあるために、現実の世界では実現されないことが多い。しかし睡眠中は「運動性への門も閉じてしまう(95)」ので、人は自分の「運動器官を活動させることができない(96)」のであり、実際に危険をもたらすことはないのである。

しかし覚醒している状態で、「検問所が病的に衰弱するか、無意識的な興奮の力が病的に強まる(97)」と、運動性への門が開かれてしまい、危険な状態になる。そのときは検問所は無力になり、「無意識的な興奮は前意識を自己の支配下に屈服させ、この前意識を通じてわれわれの言葉を支配する[98]」ようになる。あるいは「幻覚的な退行を強行し、知覚がわれわれの心的エネルギー配分に及ぼす牽引力によって、自分のために定められたものではない装置を使用する[99]」ことになる。これが精神疾患の状態である。

フロイトはとくにヒステリーについて、心的な構造のうちで二つの対立した欲望が葛藤にある状態を想定した。「ヒステリー症状が発生するのは、二つの対立した欲望の充足が、それぞれ異なった心的組織の源泉から、一つの表現において出会うことが可能になる場合だけである[100]」というわけである。

この「異なった心的組織の源泉」については、本文で参照を求めている論文で、「ヒステリー症の症状は、二つの相対立する感情の動き、欲動の動きの妥協形成という意味をもつ。これらの相対立する感情や欲動の動きのうち、その一方は性的体質の一つの部分欲動あるいはその成分を表現しようとするものであり、もう一方は逆にそれを抑えつけようとするものである[101]」と語られていることからも、一つが無意識の審級であり、これを前意識の審級が抑えようとしていると考えられているのは明らかである。

このように局所論に基づいた考察によって、精神疾患の治療のための手掛かりがえられることになる。ヒステリーを始めとする精神疾患は、無意識と前意識の葛藤のうちで生じるわけだから、この葛藤をなくしてやれば、病が治療されることになる。それではどうすればよいだろうか。

そのためにまず無意識の特徴を確認する必要がある。無意識はいわば、幼児的な欲望が蓄積されている容器のようなものである。そして無意識的なプロセスは破壊されることがない。「無意識の中では何ものにも終わりがこない。何ものも過ぎ去ることがなく、忘れ去られることもない」[102]のである。無意識には時間的な順序のようなものがないのである。

　この無意識の中で発生した興奮は、うっかりすると「どこかに突破口を作って自分の興奮にそのつど運動力への放出の道を作り出す」[103]ことになるだろう。これは症状を行動として示す危険な道である。だから重要なのは「無意識を前意識の影響力に服させる」[104]ことなのである。それが精神分析療法の役割である。そのために患者に自由連想によって、自分の無意識のうちで抑圧している記憶を想起させ、語らせる必要があるのである。

　ところが夢というものも、精神分析療法と同じような役割を果しているとフロイトは考えている。それは精神分析療法に代わる一つの妥協なのである。人間は誰もが無意識のうちに欲望を抱えているが、それを表に出すことはできないので、ずっと検閲機関が働いて、それを抑圧しているわけである。ところが睡眠中には、それを抑えている検閲機関も休むことになる。そしてそうした無意識的な欲望を夢の中で表現させるのである。

　それが危険でないことはすでに指摘したとおりだが、夢を見ることは危険でないだけではなく、利益のあることでもある。というのも、抑圧しつづけるにはエネルギーが必要であり、それが心的な負担となるが、それを節約できるからである。

　すなわち「無意識をすべての睡眠時間をつうじて縛りつけておくよりも、無意識的な願望を放任し、退行への道を自由にたどらせ、そうした夢を形成させ、それからこの夢を前意識的努力のわずかな消費によって拘束し、片づけてしまうほうが、実際に合理的であり、安価でもある」[105]のである。

　このように「夢は無意識の興奮を放出させ、無意識に対しては安全弁として奉仕し、同時に覚醒した活動力をいくらか使って、前意識の睡眠を確保する」[106]ことになる。すなわち夢は無意識にたいしてはその興奮を放出させるために役立ち、前意識には眠っていたいという欲望を充足させるために役立つことになる。

　もしも無意識の願望があまりに強く充足されて、前意識の検閲機関を強く刺激した場合には、前意識は安静を保っていることができなくなり、「夢はただちに中断され、完全な覚醒に代わる」[107]だろう。夢は協定を破ったことになるのである。

　このように、夢は人間の無意識的な欲望を語るものであり、その意味で、わたしたちが自分の無意識を解明するために役立つものである。夢を分析することは、わたしたちが無意識的に望んでいることを解明するための非常に貴重な方法なのである。

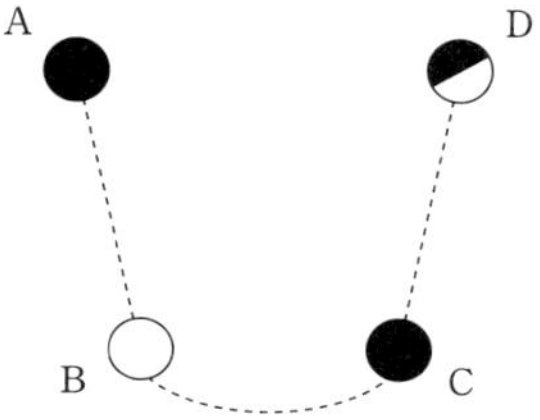

図6

夢の実例

　ここで夢とヒステリーが同じメカニズムによって生まれることを、実例で確認してみよう。まずフロイトが考える夢の基本構造を確認するために『心理学草稿』で、夢の意識について解説しながら示した図をみてみよう（**図6**。この**図6**と次の**図7**は、人文書院版の『フロイト著作集』第七巻で草稿の手書きの図を作り直したものに依拠している）。この図では、夢の顕在的な内容を作りだしている一つの観念をA●とすると、Aとほんらい結びついているB○は抑圧されているために現れることができず、これと強い関係をもつ像Cがありありと現れる（ありありと現れる像は●で、現れることができない要素は○で示されている）。そしてC●を「子」とするD◐が偽装した形で登場するのである。[108]

すでに説明したイルマの夢では、顕在的な夢の像として、オットーが行ったプロピールの注射が想起された。これがAである。このAの背後に隠された夢の内容Bは、イルマの病気はオットーのせいであるという思想である。注射したのはオットーだからである。しかしBは夢の中には表現されず、プロピールと同じ性化学的な性質をもつトリメチルアミンの化学式がありありと登場した。これがCであり、このCは、イルマの病がフロイトの精神分析の失敗によるものではなく、性化学的な意味をもつものであるという連想Dと結びついて、その「子」となってなまなましく表現されたのである。

これらのAからDまでの表象の関係が、圧縮と置き換えの操作によるものであることは明らかであろう。BはCに置き換えられ、CのうちにAやBの内容とDの連想が圧縮されているのである。「ある思想系列の全体の強度が、結局一つの表象要素の中に集中されてしまうことになる。これが夢作業の間にわれわれが学び知ったところの圧縮の事実である。夢が不可解な印象を与えるのは、主としてこの圧縮のためである」[109]のである。

さらに置き換えについては、「圧縮の目的のために、中間表象、いわば妥協的産物が形成される」[110]ことを指摘しておけばよいだろう。三メチルアミンはプロピールに代わる「妥協的産物」なのである。

最後に、この圧縮や置き換えは、言語という媒介を使って実行されることを確認しておこう。ある化学物質の化学式が別の物質の化学式の代理として使われるのは、それが言語や記号として表現されているためである。「前意識的思想を言葉で表現しようとする場合には、非常にしばしば混合形成物、妥協形成物が現れる」(11)のである。

これは失錯行為における「言い違え」に相当するものである。あるものが別のものの代理となり、象徴となることができるためには、それらのものに共通する具体的な特徴が存在する必要はない。ただ言語的に似ているだけで十分なのである。

ヒステリーの実例

フロイトはヒステリーもまた、夢と同じように、こうしたAからDまでの図で説明できると考えている。夢ではAとCが顕在的な夢としてまざまざと現れ、Bは抑圧のために隠蔽されたままであり、Dは半ば意識のうちにあがっていた。

フロイトは『心理学草稿』で、夢につづいて、一人で店に買い物にゆけないという恐怖症にかかっているエマという女性の症例を分析する。エマが店を怖がるようになったきっかけは、あるとき店に入ったとき、二人の店員がいて、二人がエマの服のことを笑ったように思えたことにあった。それまで別の店でそのような恐怖を感じなかったのだが、この店では一人の店員がとても好ましく感じられたのだった。この恐怖はどうして生まれたのだろうか。

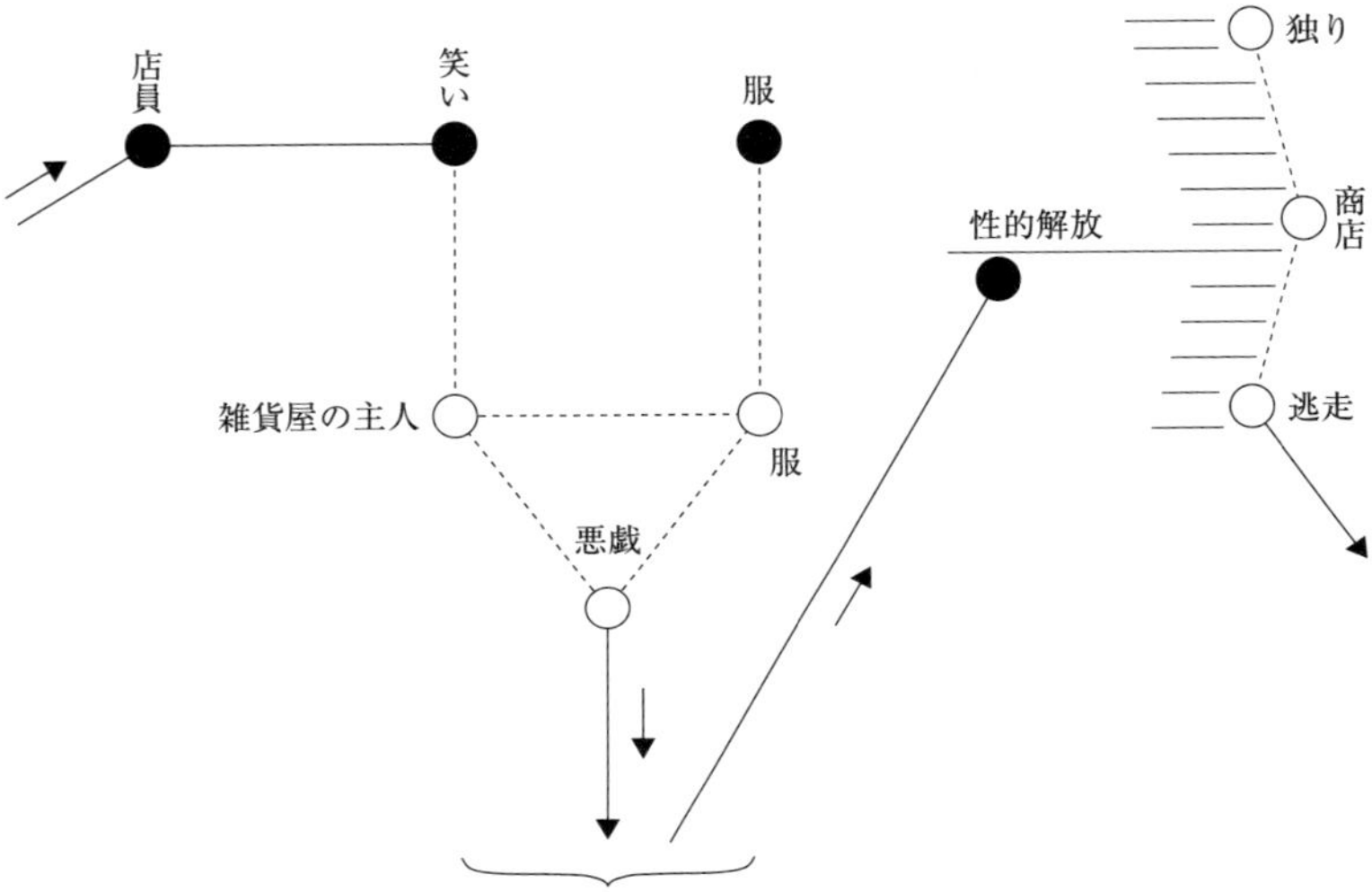

図7

エマの精神分析によって、幼い頃のある強い記憶が掘り起こされた。八歳の頃に近くの雑貨屋にキャンディーを買いにいったことがあった。そのときに店の主人が性的ないたずらをして、にやにや笑いながらエマの下着の上から彼女の性器を触ったのである。彼女はそれが嫌だったのに、あとでまた一人でその店にいったのだった。そしてそのことで自分を責めていたである。

エマが思春期になってから、例の二人の店員のいる店に買い物にでかけたときに、恐怖症が発生したのである。その結びつきは精神分析の過程で、エマ自身によって解読された。その道筋を説明したのが図7である。エマに、店員の笑いが、雑貨屋の主人の笑いを思い出させたのである。この笑いはただちに店の主人の行為Bと、エマがそれを好んだかのように、その後で再び一人でその店を訪れたことを思い出させた。彼女はそのことに「のしかかる良心の呵責[112]」を感じていた。そして彼女はこの記憶を抑圧していたのだった。

彼女は幼い頃に性的にいたずらをされたが、それに魅力を感じたのだった。そして思春期を迎えていた彼女は、性的に成熟しており、片方の店員に性的な魅力を感じたのである。そのときに、幼い頃に店の店主にいたずらをされ、それに性的な魅力を感じたことを思い出したのである。

店員たちの笑いが、そのときの店主の笑いと重なり、好意を感じた店員に自分が誘惑されたように思い、恐怖を感じた。そして店に一人でいることが怖くなって逃走したのであり、それからは一人で店に買い物にいくのが怖くなったのである。

この恐怖は、まず魅力的に思えた店員にたいする恐怖であろう。その店員が彼女に性的ないたずらをするのではないかと恐れたのである。しかしそれだけではなく彼女は、自分がその店員に性的に魅力を感じたことも恐れたのだろう。彼女は自分がその店員に誘惑されてしまうこと、自分の心と体を奪われることを恐れたのである。

ここで抑圧されたBの観念は、性的ないたずらをされることと性的に魅惑されることである。そしてこのBの観念には、店の主人が彼女の服の上から触ったという記憶が残っていた。これが服の観念Cである。彼女は店員たちが彼女の服のことを笑ったと妄想したのである。

この図7では、図6のようにD◐の記号は使われていないが、図6にしたがって解釈すれば、この服の観念Cは、笑われた店を訪れた際に彼女が着ていた服Dの観念と密接に結びついた「子」の役割を果している。CはDの代理であり、この服の観念が浮かび上がったために、店員たちが彼女の服を笑ったと感じたのだった。しかしこの服の観念は彼女がそのときに着ていた服ではなく、かつて性的ないたずらをされたときの服の観念の代理にすぎない。実際には彼女はこの笑いによって、過去の性的ないたずらをされたときの店主の笑いと、そのときに主人の指が触れた服の記憶が蘇ったのであり、そのために恐怖に駆られて逃走したのである。

第四章

幼児の性的な成長と性格の形成

1 幼児の性的な体制

幼児期の性的な欲望と人間の性格形成

当時の西洋では、子供は天使のように無垢な存在だと考えられることが多かった。そして子供に性的な欲望が存在するなどとは考えてもみなかったのである。しかしフロイトは、人間は誰もが幼児のときに、さまざまな性的な欲望を抱き、それを充足しようとするものだと考えた。そしてこれは否定的に考えるべきことではなく、むしろ人間の成長を促し、やがて他者を愛することができるようになるために必須の経験であると考えたのである。

人間が幼い頃にもつさまざまな欲望とそれが充足される方法は、その後の人間の成長にきわめて重要な影響を与えるのである。この章では、人が幼児期にどのような性的な欲望を抱くかについて、そしてそうした欲望を満たす道筋が、その人が成人してからどのような人物となるかを決定する重要な意味をそなえていることについて考察することにしよう。

幼児期の性的な欲望が満たされ、あるいは抑圧されるプロセスが、その人が成人になってから他者を愛することができるために必須の役割を果すだけではなく、そうした経験が、人間のさまざまな性格を作りだす上で大きな役割を果しているのである。

人間は、男性であれば女性を、女性であれば男性を愛するようになるのが「自然」であり、

「正常」であり、同性を愛するのは「異常」であると考えられている。しかしフロイトは、このような「正常な」異性愛というものは、「自然に」生まれるようなものではなく、あるプロセスを経由して作りだされる必要があると考えている。幼児の性的な体制は、思春期にいたって成人の性的な体制が実現されるための準備的な体制であり、この体制なしでは、成熟した性的な体制は成立しないのである。

さらにこうした成熟した性的な体制の実現に失敗すると、さまざまな倒錯や逸脱が生まれることがある。性倒錯は、幼児期の性的な体制の〈ねじれ〉から生まれるのである。そしてこうした幼児期の性的な経験は、性的な逸脱を引き起こさない場合にも、その人の性格を作りだす重要な役割を果すことになる。

口唇期の体制

フロイトは、幼児が成長していくさまざまな段階を、それぞれの時期に中心的な役割を果す身体部位によって名づけている。幼年期の性的な体制は、口と唇が重要な役割を果す口唇期、肛門が重要な役割を果す肛門期、性器が重要な役割を果す男根期に分類される。

フロイトが幼児期の性的な体制の第一の段階として考えたのは、誕生から二歳ぐらいまでの口唇期の体制である。赤子は母親の乳房から母乳をもらう。あるいは母親の乳首に似せた哺乳瓶からミルクをもらうこともある。そのたびに赤子は口と唇で吸う動作をするわけだが、それがある種の性的な快楽をもたらすようになる。すると食事ではないときにも、「おしゃぶり」という動作をするようになる。

このおしゃぶりという習慣は、栄養を摂取するための器官である口と唇を、幼児が性的な快感を享受するために利用していることを示すものであり、この時期を口唇期と呼ぶ。

このおしゃぶりの対象となるのは、母親や乳房だけではない。自分の身体の「唇の一部、舌、手の届く場所にある皮膚の任意の部分が対象となる。時には足の親指も吸引の対象となることがある」[1]。さらに口で吸うだけではなく、身体の特定の器官を引っ張る動作が快感をもたらすこともある。「耳朶《みみたぶ》をリズミカルに引っ張る動作として現れたり、他者の身体の一部（多くは耳）を引っ張ることによって、この目的を満たすこともある」[2]のである。この動作によって赤子は満足し、ある種のオルガズムに達するようである。この動作と同時に、身体の一部を摩擦することで快感をえる一種のマスターベーションが行われることもある。

口唇愛的な欲動の特徴

このおしゃぶりに代表される口唇愛的な行為は、幼児の性表現の一つであるが、これには三つの特徴がある。第一にこの行為は、幼児が性的な欲望を自分の身体で満たそうとするものである。これは自体愛（オートエロティシズム）と呼ばれる。この自体愛という概念は、後にフロイトが詳細に考察する自己愛（ナルシシズム）につながるものではあるが、概念としては明確に区別して考える必要がある。

ナルシシズムは他者ではなく自己に愛情を向けることだが、自体愛は性的な欲動を自分の身体で充足することである。幼児には最初の頃には自他の別が明確ではなく、欲望が他者に向かっているか、自己に向かっているかの区別がないのである。

第二におしゃぶりという行為は、それ自体として営まれるのではなく、もともとは授乳行為の副産物として生まれたものである。これをフロイトは「委託型」の行為と呼んでいる。この活動は「生命の維持にかかわる身体機能の一つに委託して発生したものである[3]」のである。この「委託型」という性格は、幼児が他者の世話なしでは生存することのできない「寄る辺なき存在」であることから必然的に生まれてくる。

第三にこの行為によって、幼児は初めて身体の一部を性的な快楽の追求のために使うことを学び、そうした目的のために使うことのできる部位（これを「性感帯」と呼ぶ）の存在を認識するようになる。幼児は、身体の一部が自分に快楽をもたらすものであることを認識するのである。幼児の身体はどのような部分でも、それが性的な営みに利用されるかぎりで、性感帯となる資格をそなえている。これからの幼児の成長の歴史は、こうした性感帯の開発の歴史という意味をそなえることになる。

性感帯の特徴

ここで初めて登場した性感帯という概念について考えてみよう。性感帯とは、「性的な興奮の座となりうる皮膚あるいは粘膜で覆われたすべての部位[4]」のことであるが、まず人間の身体には特別に性感帯となりやすい部位が存在している。特別な形で、性的な快感をもたらす傾向のある身体部位が存在するのである。この時期に開発された口と唇がそうした特別な部位の一つである。こうした部位は、成人してからも、性感帯としての役割を担いつづけることが多い。愛情表現としてのキスは、同時にこの口唇の性感帯を刺激して快感を獲得するという意味をそなえている。

第二に、身体のどのような部位でも、特別な性感帯ではなくても、「性感帯になる適応性をそなえている」[5]ことが指摘できる。それはおしゃぶりにおいて、手の指でも足の指でも性感帯になりうることからも明らかだろう。

足の親指が特別な性感帯であるというのは奇妙なことに思えるが、身体のどの部位でも、それに与える刺激によっては、性感帯になりうるのである。フロイトは「おしゃぶりする幼児は、自分の身体で、吸引すると快感が得られる場所を探し求め、そこを夢中になって吸うのであり、この部位が習慣によって優先的に利用されるのである」[6]と指摘している。

第三に、性感帯として利用される可能性の高い部位は、たんに偶然に選ばれるのではなく、何らかの理由があることが多い。口や唇が最初に性感帯として使われるのは、この部位が生命を維持するために必須の部位であり、幼児が最初に使うようになる器官であるからである。そこに「委託型」の器官としての意味がある。

またフロイトは、「中枢から末梢の性感帯に投影されているむず痒《がゆ》さまたは刺激感が存在する」[7]と指摘している。このむず痒さを幼児は吸うことで解消しようとする。そうすると幼児の性的な欲望は、「性感帯に投影されている刺激感を、外部の刺激に変えることによって解消し、これによって満足感をえる」[8]ということになるだろう。

口唇期のサディズム

この段階をフロイトはさらに「口唇期または食人的体制[9]」とも呼んでいる。口唇期の体制が同時に「食人的」と呼ばれているのは、この時期の幼児の性的な活動が、「対象を同化する」[10]ことを目標としているためである。この時期は、口で食べ物を摂取し、それを自分の身体と同一化することを目標とする段階であるが、この段階では「性的な活動がまだ栄養物の摂取と分離しておらず、この体制の内部の異なった要素がまだ対立関係を形成していない[11]」のである。

この「食人的」という表現から明らかなように、これは幼児が他者であってもそれを破壊して自分のうちに取り込もうとする段階であり、幼児の性的な体制における最初のサディズム的な段階である。

赤子は愛する母の乳房を吸いながら、ときに痛いほどに噛むことがある。赤子は愛する対象を、愛するあまり、食べてしまいたいと望むのである。愛情がこのように「相手を食べてしまいたい」という同化と一体化として表現されるのは、成人になってからも感じられる欲望であるが、それは同時に愛する対象を破壊するサディズム的な欲望としても現れる。愛情に含まれるこの両義的な意味は、後に人間の愛情が同時に憎悪を含むアンビヴァレントな性格として考察されることになる。

これにたいして成長した段階でもおしゃぶりをつづける場合には、「性的な活動が栄養活動から分離し、自分以外の対象を放棄して、自分の身体を性対象とする[12]」と言えるだろう。そのとき、この愛情は自体愛の段階から、他者を愛することを拒んで自己を愛する自己愛へと、ナルシシズムへと変化していると考えることができる。ただしフロイトはこの「同一化」のプロセスが、成長の段階において、さらに複雑で多様な意味をもつと考えていることは、後のエディプス・コンプレックスの考察で明らかにされよう。

肛門期の体制

さて、赤子が半年から一年目までに離乳するようになると、次の成長段階にはいることになる。おむつがとれて、排泄のしつけが行われる時期に、小児は肛門領域を性感帯として利用するようになる。小児は、母親から便器をあてがわれて排泄することを求められるが、肛門領域での快感をえるために、「世話をしてくれる人にとって都合のよい時に排便するのを頑固に拒み、自分の好む時まで排便を引き延ばす[13]」ことがある。

ほぼ二歳から四歳までの肛門期の性的な活動には、三つの重要な特徴が確認される。第一は、子供が排泄のしつけをうけ入れて、自分の快感を捨ててでも、母親の望むときに排泄をするようになるということは、母親にたいする感謝の気持ちがこもっているということである。フロイトは「便は周囲の人々に対する最初の〈贈物〉としての意味をもつ。小児がこれを周囲の人々に与える場合には、小児の従順さを示し、これを与えない場合には、反抗を示す[14]」と指摘している。

排便のしつけと、それにたいする小児の姿勢は、他者との関係を構築する上で非常に重要な意味をもっている。小児が、自分の望むときに排便するのを諦め、母親の望むときに排便するようになるということは、自分の身体的な欲望よりも、他者の欲望を欲望するということである。子供が母親の期待にこたえ、自分の欲望の充足を諦めるのは、自分の身体で快感をえようとする欲望よりも、他者に愛される自分への欲望が勝るためである。

この欲望のありかたは、直接的な欲望の充足よりも、他者の欲望を充足することによって、他者の愛を獲得したいと望むということである。このように欲望の充足が迂回した経路をたどることになることが、人間の欲望の重要な性格を構築する。人間の欲望は本質的に、他者の欲望への欲望という性格を帯びることが多いのである。

第二は、小児は自分の便をやがて「子供」とみなすようになることが多いということである。この時期から子供たちは、「赤ん坊はどこからやってくるのか」という問いを真剣に模索するようになる。この問いは、自分はどこからやってきたのかという問いであると同時に、新たに生まれた自分の弟や妹がどこからやってきたのかという問いでもある。わたしたちの誰もが幼い頃におそらく必死で取り組んだはずのこの人生の最初の真剣な哲学的な問いは、子供の知的な活動を刺激する重要な役割を果すのである。

両親は、弟や妹がどのようにして生まれたのかと問われると、多くの場合、それを性教育の機会とはみなさずに、さまざまな童話的な答えを与えることが多い。「コウノトリが運んできたの」という答えもあれば、「キャベツ畑でとれたの」という答えもあるだろう。

たとえば動物恐怖症のハンス少年は、母親の出産が近づくと、「コウノトリが女の子か男の子を連れてくる」[15]と予告されている。そして聞き慣れない母親の陣痛の呻き声を耳にして、「今日はきっとコウノトリがくるんだね[16]」と呟いている。このように赤ん坊はコウノトリが運んできたと聞かされた子供は、新たに生まれた邪魔なライバルである弟や妹を、またコウノトリが運んでいってほしいと願ったりすることもあるだろう。

子供たちは真剣に考えて、さまざまな答えを出す。「赤子は乳房から出てくる、おなかが割れて出てくる、お臍《へそ》が開いてそこから出てくる[17]」という答えが出されることもある。あるいは子供は、赤ん坊は母親が便のように排泄して生んだのだという「答え」をみつけることもある。この場合には「子供の性理論によると、人は食事をすると子供を孕《はら》み、排便によって産出する[18]」ということになる。

このように考える子供が多いことは、童話において、「人が何か特定のものを食べると赤子ができ、〈うんこ〉のように腸を通過して出てくると考えられる[19]」とされていることにも示されている。ハンス少年も両親から性教育として、「子供はママの中で大きくなり、それからそれはとても痛いのだが、押されて〈うんこ〉のように世の中に出される[20]」という説明をうけているのである。

第三は、この排便という活動において、子供のうちの自分の身体における能動性と受動性の対立が初めて経験されることである。子供は排便するためには自分の筋肉の一部を能動的に使って排泄する必要があるが、そのときに身体の一部である肛門が刺激されるという受動的な体験をする。フロイトは「能動性は、身体の筋肉系統を起源とする征服欲動から生まれるのであり、受動的な性目標となる器官は、主として性感的な腸の粘膜である[21]」と説明している。

この肛門期の性的な体制は、その能動性のためにサディズム的なものとみなされているが、子供は同時に、受動的な快感を感じることになる。こうした能動性と受動性の対立は、やがては男性的なものと女性的なものの対立に置き換えられるようになる。

ここで重要なのは、排便という一つの活動において能動的なものと受動的なものの両方が共存していることである。この体制では、「複数の欲動が対になって、ほぼ同じような状況で形成されている」[22]のであり、これが一つの行為における能動性と受動性という対立するものの共存というアンビヴァレンツとして、両義性として規定されるようになる。

両義性とは、愛すると同時に憎むという矛盾した心の動きであり、これは人間の心理の不思議な性質である。純粋な愛だけというものは存在せず、そのうちにどこかに憎しみを含んでいるものである。愛のうちにサディズム的な要素が含まれていることが多いのは、すでに口唇期の食人的な愛において確認されたことだった。

男根期

フロイトは『性理論三篇』を執筆した一九〇五年の頃には幼児期の前性器的体制として口唇期と肛門期の二つをあげていたが、後に一九二三年に発表した「幼児の性器体制（性理論への補遺）」の文章で、小児の前性器的な段階として、第三の男根期を追加した。この段階では少年の性器であるペニスが性的な目標となっているが、少年はペニスが人間の性的な活動においてどのような役割を果すかについては認識していない。そのために成人の性器的な段階とは違い、女性の性器についての認識が欠如している。女性はたんにペニスが欠如している男性とみなされるだけである。

女性にはペニスがないという事実に、少年はどう反応するだろうか。少年は、女性はペニスを切り取られたのだと考えるのである。そしていずれ考察するように、エディプス・コンプレックスによって、自分もペニスを切り取られるかもしれないという恐怖を抱くようになる。これが去勢不安であり、この恐怖は口唇期と肛門期には生じえないものである。去勢不安はエディプス・コンプレックスと切り離すことができないものであるために、この男根期の段階ではエディプス・コンプレックスが重要な役割を果すことになる。

また子供の「赤子はどこからくるのか」という疑問にたいして、ペニスとの関係で新しい答えが示されることになる。小児は「赤子の起源と誕生の問題に取り組み、女性だけが赤子を産むことができることに気づくとともに、母親にもペニスがないと考えるようになる。そして母親はペニスと赤子を交換したという錯綜した理論を作りあげるのである[23]」と、フロイトは説明している。

少年は、女性にも別の形で性器があると考えることができず、赤子は母親の腸の中で育ち、腸の出口から誕生してくると考えるようになる。赤子は母親の腹部で育てられるのであり、「膣はペニスの隠れ家と考えられる[24]」のである。

フロイトはこの時期は、思春期において正常な性器的な体制が確立される上で重要な役割をはたすことを指摘している。幼児期にはさまざまな部位で性的な快感がえられていた。しかし性器的な体制の確立という観点からみると、こうした部位でえられる快感は、それ自体で追求すべきものではなく、ほんらいの性器的な活動のための「前駆快感」にとどめられる必要がある。

たとえばまなざしの快感は、性倒錯のところでとり上げる窃視欲動のように、それ自体で快感として追求されるべきではなく、異性にたいする惚れ込みを作りだし、性器的な活動に導くための準備であるべきである。手による愛撫や肌の触れ合いの快感も、性器的な活動への前駆的な快感であるべきである。

これらの快感が本来的なものとして追求された場合には、「性のメカニズムの機能が、前駆快感のために失敗する」[25]ことになってしまう。これを避けるためには「性器領域の優位が、幼児の生活においてすでに明確なものとなっている必要がある」[26]のである。ただし性器領域はそのほんらいの役割をまだ果すことができないので、「まだ目的をもたない」[27]ことになるだろう。

尿道愛

この男根期の別の特徴として、性感帯の一つである排泄器官における尿道愛が挙げられる。これについてはフロイトは明確には規定していないが、『性理論三篇』では小児のオナニーとの関連で次のように述べられている。「性器系はまだ未発達なために、後見役としての泌尿器系が症候を示すのである。この時期のいわゆる膀胱疾患の多くは、性的な障害である」[28]。まだ性器がオナニーの対象として十分に役に立たないために、尿道が利用されるわけである。夜尿症もこうした尿道愛の一つの産物として考えられている。

この尿道愛とは、ほんらいの性物質の代わりに尿を排出することによって快感をえようとする試みである。排尿による快感は、男女ともにえられるものであり、少年の場合には性器が性物質ではなく、尿の放出による快感の獲得に利用されることになる。この尿道愛については、性格分析のところでも考察されることになる。

思春期における性器的な体制の確立

これらの小児の前性器的な体制は、エディプス・コンプレックスの克服とともに消滅し、その後に長い潜伏期を経ることになる。そして身体的に成熟してくる思春期において性的な活動がふたたび活発になり、本来の性器的な体制が確立される。

この段階では、「複数の部分欲動をまとめ、それを性器の優位のもとに従わされる」ようになり「生殖の目的のために、性器の優位が確立される」(29)のである。この段階では「すべての部分欲動がこの［性器を対象とする］性目標の遂行のために協力するようになり、性感帯は性器領域の優位に服するようになる」(30)ことが期待されている。

これがいわゆる性的な発展の正常な最終段階となる。この段階が実現するためには、「性対象と性目標に向けられた流れが、情愛と官能の二つの側面において正確に一致する必要がある」(31)とフロイトは指摘する。ほんらいの性対象とは男性にとっての女性、女性にとっての男性という異性であり、異性愛が実現することが「正常な」最終段階なのである。

またほんらいの性目標は性器であり、それまでのさまざまな部位が副次的なものとなり、性器が優位を占めることが望ましい。幼児期においてはさまざまな性対象と性目標があっただけに、これが統一されること、そしてそれが「情愛と官能の二つの側面」、すなわち心的な側面と身体的な側面で統合されることが重要なのである。

潜伏期と小児健忘

ここで重要なのは、幼児期の性的な活動が男根期の後にひとたび終了して、潜伏期に入ることである。この時期に、幼児期の活発な性的な活動が忘却されるのである。これは小児健忘と呼ばれる。この健忘が発生するのは、人間が成長する段階で、自分の幼児期の性的な欲望と体験の記憶がトラウマとして感じられるために、抑圧が行われるからである。

フロイトは西洋で伝統的に子供たちは無垢で純真な「天使のような」存在とみなされていることに注目する。このような観念が存在するために、幼児に性的な欲望が存在するというフロイトの幼児の性的な体制の理論が、非常に汚らわしいものとしてみなされ、精神分析はすべての問題を性的な事柄に還元する「汎性欲主義」と罵られたのだった。

しかしフロイトはこうした精神分析への罵倒の言葉のうちに、人間は自分が幼児の頃に感じていた性的な欲望を無意識のうちに抑圧し、忘却している兆候をみいだしたのである。フロイトはこうした無垢で純真な幼児という概念は、小児健忘による「兆候」にほかならないと指摘するのである。

このように小児健忘のために、人間は自分の小児期における活発な性的な欲望と活動をすっかり忘れてしまう。そして思春期になって、初めて性的な欲望を感じるかのように誤認するのである。ところが思春期において性的な欲望を感じ、その欲望の対象を選択することになるが、その思春期の対象選択は、実は幼児期においてすでに行っていた対象選択の延長にあるのであり、幼児期の対象選択によって強く規定されているのである。

この幼児期の対象選択は、二歳から五歳の時期に行われる。そして「小児性欲の衰退期（5、6歳）から思春期の開始期にいたるまで[32]」つづくこの潜伏期が存在するために、人間の性生活が複雑なものとなるのである。そしてこの時期の後に潜伏期が存在し、こうした幼児期の性的な欲望のありかたが完全に忘却された後に、思春期において第二の対象選択が行われ、その時期に初めて性器の優位のもとに、部分欲動が統合され、「正常な」対象が選択されるのである。

しかしこの潜伏期における小児健忘のために、この最初の対象選択が意識されることがないのである。このことをフロイトはトンネルの掘削という興味深い比喩で語っている。思春期における対象選択は、その人の人生で初めて行われるように感じられるが、実は「両側からトンネルを掘り進むようなもの[33]」なのである。幼児期の対象選択と思春期の対象選択の間に潜伏期が立ちふさがり、ブラックボックスのようになっているのである。

幼児期に行われた対象選択は、すでに一つの道を作っていて、対象に向かう欲望のありかたを規定していた。しかしその欲望の向かう道筋は、潜伏期のために思春期にはすっかり忘却されているので、この道はとぎれてしまい、その間を潜伏期の「土」が覆っているのである。そして思春期に新たな道が選択されるが、実はその道は幼年期の対象選択の道の延長線の上にある。

思春期の対象選択は、この幼年期の対象選択の道との間を掘り進み、それと結びつく形で実行されるのである。思春期の性生活とその対象選択は、幼児期の性生活と対象選択によって規定されているのだが、その経緯が見えなくなっているのである。

するとどうなるのだろうか。フロイトは「幼児期の対象選択は使い道のないものとなる。この段階の性目標は価値の低いものとなり、性生活の〈情愛の流れ〉を形成するだけのものとなる[34]」と指摘している。人間は思春期において、幼児期の性生活からは情愛の側面を引き継いでいるのである。しかし幼児期の性対象は倒錯したものであったために、「思春期には幼児期の対象を放棄して、〈官能の流れ〉として、新たに再開されねばならない[35]」ことになる。そしてこの情愛の流れと官能の流れという二つの流れが統一されないと、「すべての性的な営みが、一つの性対象に統合されるという事態が成立しえない[36]」ことになるのである。

この官能の統一の営みは、思春期の対象選択のプロセスで実現される。幼児期の対象選択は、幼児期のこの活発な性的な活動の時代に行われるものであり、その性的な欲望の「多形倒錯」のために、統一を欠いていた。この時代の対象選択の特徴は、「複数の部分欲動をまとめ、それを性器の優位のもとに従わせるということが、小児期においてはまったく行われないか、きわめて不十分な形でしか行われないことにある[37]」のである。

「情愛」の流れと「官能」の流れの統一

このように思春期においてほんらいの性生活が可能となるためには、フロイトが指摘したこの性対象に向けた「情愛」の流れと、性目標における「官能」の流れの二つの側面が統一されるべきなのである。

第二の流れ、すなわち性目標における「官能」の流れについては、幼児期の最後、潜在期の前に男根期が存在することが重要である。ここで性器領域が優位に立ち、それまでの部分欲動の対象であった身体のさまざまな性感帯が、性器領域の快感を獲得するための補助的な役割に位置づけられるようになるべきなのである。

これが可能であるのは、性器領域の活動の官能的な価値の大きさによるものとされている。性器領域が中心としての「座」を占めるようになるのは、この領域でえられる快感が強いためと想定されている。

この領域での快感の強さと比較すると、性器以外の「性感帯の興奮によって発生する快感[38]」は「前駆快感」としか思われず、この性器での「性物質の放出の際に発生する快感[39]」は「最終快感」と呼ぶべきものだとフロイトは考えている。男根期に登場するこの最終快感が、「官能の流れ」を性器的な領域に統合する力を発揮するわけである。これで官能の流れの統一の道筋は確立されたことになる。

さらに性対象の選択をめぐる「情愛」の流れについては、幼児期の対象選択が、思春期の第二の対象選択の土台となることが注目される。幼児の対象選択として最初に登場するのは、栄養の摂取と結びついた母親の乳房だった。「性欲動にとっての性対象は、自己の身体の外部にある母親の乳房であった[40]」のである。

性対象はこの乳房から、ひとたびは自体愛的なものに移った後に、ふたたび対象を選択する際に、この乳房とそれをもつ母親の役割が重要な働きをするとされている。「性の潜在期の全体を通じて、子供は自分の寄る辺なさを取り除き、欲求を充足してくれる人物を愛することを学ぶ[41]」のである。

これは一方的なものではなく、母親も「自分の性生活に由来する感情をもって子供の面倒をみる[42]」のである。母親は子供をあたかも愛する人であるかのように、「愛撫し、接吻し、あやしながら、子供を自分の大事な性対象の代理にしている[43]」のである。母親にこのように世話をされる子供は、母親を「性感帯の性的な興奮と満足のための絶えざる流れの源泉[44]」とみなすようになるだろう。

このように母親が子供に与える「濃やかな情愛はいつの日か、性器領域にかならず影響するようになろう[45]」とフロイトは指摘している。こうして母親の愛撫のうちに、性目標の性器領域における官能と、性対象としての母親への、そして母親からの情愛が結びつき、統合されることになる。やがて思春期において少年は、母親のような女性を性対象の相手として選択する傾向が強くなる。

このようにして、思春期において情愛の流れと官能の流れが統一されることで、性器的な体制のもとで異性を愛するという「正常な」性愛が実現されることになる。これはごく普通なものとして考えられているが、決して「自然な」ものではなく、多くの人がそれに失敗して、いわゆる「倒錯した」愛情を抱くようになる。こうした人々にとって、西洋社会がいかに生きるのにつらいものであるかは、後の文明への不満についての考察で新たに詳しく検討されることになるだろう（これについては第六章を参照されたい）。

性倒錯

この『性理論三篇』における幼児の前性器的な体制の考察で明らかにされたのは、幼児は身体のさまざまな部位を性感帯として使うことができるということだった。成年の性的な活動は性器を使って行われるものが「正常」とみなされており、それ以外の部位を使う活動は、「倒錯」と呼ばれている。

ところが幼児の性的な体制では、まだこうした性器的な体制が実現されていないために、幼児には「正常」な性的な活動を行うことはできない。むしろ幼児は、自分の身体のさまざまな部位で、性的な快感を獲得しようとするのである。これは性的な活動の正常性の概念からみると「倒錯」と呼ばれるものである。幼児の性的な欲望は、そもそもが「多形倒錯」的なのであり、「あらゆる種類の倒錯に誘われるようになる」(46)のである。

倒錯とは何か

ここで指摘された「倒錯」の概念について、『性理論三篇』の第一章に基づいて、詳しく考察してみよう。一九世紀末から二〇世紀初頭の時代は、成人の性的な活動における「倒錯」に注目が集まった時代である。

フロイトがこの書物の最初に挙げているように、一八八六年に医学者のリヒャルト・フォン・

クラフト＝エービング（一八四〇～一九〇二）が性的な倒錯のカタログとでも呼ぶべき書物『性的精神病質』を刊行した。サディズムやマゾヒズムなど、この書物で多数の倒錯が初めて命名されたのである。さらに一八九七年から医師で性科学者のヘンリー・ハヴロック・エリス（一八五九～一九三九）が『性の心理学的研究』を刊行している。

ヨーロッパではこの時期にさまざまな書物で、成人の性的な逸脱が詳しく紹介されたのだった。フロイトは本書では、成人の性的な逸脱をクラフト＝エービングのようにカタログ的に集めるのではなく、幼児の性的な倒錯に関連して、原理的に考察しようとする。

フロイトは倒錯に関連して「性欲動」、「性対象」、「性目標」の概念を提起している。まず「性欲動」の概念について考えてみよう。人間には空腹を満たすことを求める欲求があるが、これと同じような欲求として、性的な欲望を満たすことを求める欲求が存在している。食物や飲み物や睡眠を求める欲求は、生存のために不可欠な欲求であるが、性的な欲求もまた、人類が種として存続するために不可欠な欲求と考えられる。

こうした性的な欲求をフロイトは「性欲動」あるいは「リビドー」と呼ぶ。当時はこうしたリビドーを感じるのは成人だけとされていたが、フロイトは幼児にもこうしたリビドーが存在すると想定したのである。

またその本人にとって性的な魅力を発揮する人物を「性対象」と呼ぶ。そして性欲動によって引き起こされる行為が「性目標」と呼ばれる。「正常な性目標とは、性交と呼ばれる行為において性器を結合させることであると考えられている[47]」のである。この二つの側面で「性欲動」が引き起こすさまざまな逸脱が、「倒錯」とみなされるわけである。

性対象倒錯

まず性欲動を向ける他者としての性対象において発生する倒錯としては、何よりも同性愛が考えられる。正常なリビドーの対象は異性であるというのが、西洋の伝統的な性愛観だった。同性を愛するというのは「倒錯」であり「異常」であるとして、二〇世紀まで、刑法の処罰対象としている国もあったのである。フロイトはこうした性対象倒錯を病的な異常と考えることを拒み、それが成長の段階で生じた性欲動の逸脱であると主張する。

フロイトは人間には誰にも男性的な要素と女性的な要素が存在すると考え、これを両性性という概念で提示した。この両性性のために人には誰にも、同性を愛する要素がつねに備わっていると考えるのである。男性は自分のうちの女性的な要素によって他の男性を愛することがあり、女性は自分のうちの男性的な要素によって他の女性を愛することがあると考えたわけである。

このためある意味では、同性を愛することもまた自然なことであり、異性を愛するようになるためには、人間の成長の段階で、ある特定のプロセスを経る必要があることになる。異性愛は決して「自然な」ものではなく、育まれる必要があるというのが、フロイトの重要な洞察である。

その他の性対象倒錯としては、同性を愛するという倒錯ではなく、異性を愛するようになるが、成熟した異性ではなく幼児だけを愛するという倒錯が存在する。この倒錯は現在、日本でも刑法の処罰の対象となっている。「性的に未熟な対象（子供）を性対象として選択する倒錯者は、異常者として判断される」[48]のである。あるいは農村などでかつてみられた風習として、動物を性対象として選択する倒錯も存在する。

性目標倒錯

第二の種類の倒錯は、性目標の倒錯である。性目標の主要な倒錯である同性愛では、男性と女性の性器の組み合わせという通常の使われ方ができないために、性目標の逸脱も発生する。幼児の頃の性感帯であった口唇的な器官を使うか、肛門を使うという逸脱が発生するわけである。しかし性対象が倒錯していない場合にも、性目標の倒錯が発生することがある。この性目標の倒錯には、性目標の「過大評価」と「固着」の二種類が考えられている。

性目標の「過大評価」というのは、ほんらいは性目標となるべきでない部位が、ほんらいの性目標である性器よりも重要な部位とみなされることである。「固着」というのは、ほんらいの性目標に到達する前の段階で付随的に行われる活動が、付随的なものではなく、ほんらいの性目標に格上げされる場合である。

こうした「過大評価」としては、主として、口唇期における口唇粘膜と口腔粘膜の性的な利用と、肛門期における肛門の性的な利用があげられる。同性愛では、性器を通常の形で使用しないために、こうした性目標の倒錯は、避けがたく発生する。また同性愛でなくても、異性との愛情において、こうした性感帯の利用が行われることはあり、それが倒錯として分類されているのである。

ここで注目されるのは、こうした身体の性感帯を性器の代用とするのではなく、性的な行為とはほんらいはまったく関係のないものが、性目標として利用される場合があることである。このように、性感帯としての意味をもたない部位が性目標として「固着」する場合は、一般にフェティシズム的な倒錯と呼ばれる。このフェティシズムという概念は、重要な概念なので、ここで考察しておこう。

フェティシズム

この言葉は「物神崇拝」として、ある種の物質が神のようなものとして崇拝される原始的な民族の風習について言われたことが始まりである。マルクスは『資本論』で、貨幣がすべての物品を購入することのできる「神」のようなものとして崇拝される資本主義社会のありかたを、この言葉で批判していた。

性的な文脈では、性的な活動と関係のない身体部位である頭髪や足、性的な対象となる人と関係のある衣類や下着などが性目標として固着される場合が、フェティシズムと呼ばれる。最近ではごく通常の好みまでこの「フェチ」という言葉で呼ばれるようになった。水着フェチ、眼鏡フェチ、寝顔フェチ、女装フェチなど、さまざまな種類のフェチが、一般的な「好み」として語られるようになっている。

ただしこうしたフェチは、性目標の「倒錯」とまでは言えないものである。ほんらいのフェティシズムは、「正常な性目標を達成することができないか、それが放棄されている」[49]場合を指すものだからだ。

この時期のフロイトは、このフェティシズムの発生の由来を、「幼児期の最初の頃の性的な印象が、持続的な影響を及ぼす[50]」ことに求めている。初恋の思い出が人々の心を長く捉えるように、幼い頃に特別な印象を与えた事物が、性的な目標の地位にまで上昇すると考えたのである。その前提となるのは、「正常な性目標を求める衝動が低下していること[51]」、すなわち通常の形での性交の欲望が低下していることである。

なお後年のフロイトは、このフェティシズムを性目標倒錯という観点からではなく、男性の去勢コンプレックスから説明しようとするが、この説明のほうが、分かりやすいだろう。次の節で考察するように、去勢コンプレックスというのは、少年が自分の性的な器官を切り取られてしまうのではないかと不安に駆られるコンプレックスである。

女性がペニスを所有していないのは、すべての男性が認めることであり、これは少年に大きな恐怖を引き起こす。自分もペニスを切り取られて女性になるのではないかという恐れが生まれるからである。この去勢コンプレックスは、本章の第三節で詳しく検討するように、エディプス・コンプレックスの産物である。

このコンプレックスは、父親への憎悪と同時に、去勢する父親への恐怖を起こす。少年は父親に、自分の男性のしるしであるペニスを切り取られてしまうという去勢恐怖をもたざるをえなくなるのである。

これに対抗するために、少年はエディプス・コンプレックスを克服して、母親を性対象とすることを諦める。そしてみずからが父親の場所に立って、父親の妻である母親の地位に、自分の愛する人を立たせることによって、父親に成り代わりたいという欲望を充足することを学ぶのである。これが通常の成熟のプロセスである。

これに対してもっと別の方法でこの去勢恐怖を克服する幻想的な道がある。それは女性は別に、ペニスを切り取られているわけではなく、別の代理物があると思い込むことである。その場合には、女性に存在するはずのペニスの代理物が、フェティシズムの対象となることが多いのである。たとえば足や靴がフェティシズムの対象となるのは、「少年の好奇心が、下から、つまり足の方から女性の性器の方をうかがうからである」[52]。また「毛皮やビロードは、性器を覆っている陰毛を見たときの印象を定着させるのである。そこには、少年が見たいと願っている女性のペニスが生えているはずだった。またフェティシズムの対象として選ばれることの多い下着類は、脱衣の瞬間、すなわちまだ女性にペニスがあると信じていられた最後の瞬間を固定するものである」[53]ということになる。

このフェティシズムには、去勢恐怖を克服できることのほかに、重要な恩恵がある。それは性対象倒錯に陥らずにすむということである。この人は女性を愛するのだが、女性の性器を軽蔑すべきものとみなすだけなのである。これによって、その「主体は同性愛者となることから守られている」[54]のである。

中国の纏足《てんそく》の風習も、フロイトは民族心理学的なフェティシズムだと考えている。「まず女性の足を毀損《きそん》しておいて、次に毀損された足をフェティシズムの対象として敬うのである」[55]ということになる。

性目標の固着

第二の性目標の倒錯である「固着」としては、フロイトはいくつかの重要な性倒錯を含めている。第一の固着は、性的な活動に付随して行われる眼と手による愛撫が、付随的なものとしてではなく、ほんらいの性目標となる場合である。人々は、自分の愛する人を手でさわって愛撫し、まなざしで眺めて愛撫するものであり、そこにはいかなる倒錯もない。しかしそれが性対象の皮膚を愛撫することだけを目的とするようになると、性倒錯とみなされる。また眼で愛撫することそのものが目標となるときも、倒錯とみなされる。

とくに重要なのが、「見る」ことにまつわる倒錯である。「見る」ことだけが性目標として固着すると、どうなるだろうか。この倒錯には能動性と受動性の二つの類型が考えられる。男性の能動的な「見る」倒錯は、女性の性器を直接に眺めるか排泄行為を覗くことを望む窃視症が考えられる。受動的な「見られる」倒錯は、自分の性器を見せたがる露出症として現れる。

能動的な「見る」ことが倒錯となるのは、それが好奇心の現れとしてではなく、また性的な活動の端緒としての意味をもたず、嫌悪感を克服することを自己目的とするからである。「性器そのものを眺めることは、強い性的な興奮を引き起こすにもかかわらず、われわれが性器そのものを〈美しい〉と考えない」[56]のは事実であり、性器を眺めることは強い嫌悪感をもたらすものである。この嫌悪感を克服することが自己目的となるときに、それが倒錯として固着するのである。

男性が自分の性器を「見せる」という倒錯についてフロイトは二つの理由を挙げて説明している。一つは、自分の性器を女性に「見せる」ことで、「その返礼として相手にも見せてもらう[57]」ことを期待する場合である。もう一つは、自分のペニスが切り取られずに存在することを女性に見せるという「幼児的な満足を反復する[58]」場合である。いずれにしても、それが「正常な性目標を準備するのではなく、それを押し退ける[59]」ようになる場合には、倒錯として固着するのである。

性倒錯としてのサディズムとマゾヒズム

この性目標の固着の重要な例として、サディズムとマゾヒズムが挙げられる。どちらも作家の名前を借用して命名された性倒錯である。サディズムはフランスの作家、マルキ・ド・サドの名によって名づけられたものであり、「性対象に痛みを与えようとする[60]」もので、能動的な倒錯とみなされる。

マゾヒズムはオーストリアの作家のザッハー・マゾッホの名を借りたもので、『毛皮のビーナス』などの小説で描かれたように、女性から虐待されることに性的な快楽をみいだそうとするものである。フロイトはこれを「あらゆる種類の屈服と屈辱にともなう性的な快楽に注目したもの[61]」と呼んでいる。

サディズムは、すでに幼児の性的な活動のうちで、口唇段階でも肛門段階でも存在することが確認されていた。そしてフロイトにおいては、サディズムが幼年期から存在するものとして、マゾヒズムよりも原初的なものと考える見方と、マゾヒズムが原初的なものと考える見方が時に並存し、時に対立して存在している。

サディズムは小児の段階から存在し、かつ男性の性的な活動における攻撃的な姿勢として、かなり自然なものであるのにたいして、マゾヒズムは正常な性目標から大きく逸脱しているようにみえるために、フロイトは当初はサディズムが原初的なものと考えていた。しかしやがてマゾヒズムこそが原初的なものであると考えるようになる。この問題についてはいずれ、ナルシシズムとの関連で詳しく検討することにしたい。これは性倒錯よりもさらに根源的な問題と考えられるからである。

この段階ではフロイトは、サディズムとマゾヒズムがまったく対立した性倒錯として存在するわけではなく、同じ個人のうちに共存する場合が多いことに注目している。能動的な欲望であるサディズムが自己に向けられると、それはマゾヒズムになる。「多くの場合、マゾヒズムとは自分に向けられたサディズムの延長にほかならない[62]」のである。この場合には、性目標としてほんらいの他者ではなく、自己を選択したことになる。

そのような性目標の倒錯がどのようにして発生するのかが、重要な問題となる。そこには自己処罰の欲望が存在していると考えられるのであり、こうした自己処罰の欲望の由来を問う必要があるからである。この問題はエディプス・コンプレックスに基づく去勢コンプレックスの観点から、そしてやがてフロイトのうちで考察される超自我の審級による自己処罰の欲望の観点から考察されるようになる。その意味ではこの二つの倒錯は、その後のフロイトの理論的な発展を導く重要な論点となるのである。

2　幼児の前性器的な体制と性格形成

このフロイトの前性器的な体制の理論の興味深いところは、それが倒錯と結びつけて考えられているだけではなく、成人の性格と関連づけられていることである。小児の三つの段階における倒錯についてはすでに検討してきた。

口唇期では、口唇粘膜と口腔粘膜の性的な利用が、性倒錯の主要な現象となり、肛門期では肛門の性的な利用が倒錯となる。男根期では去勢コンプレックスとの関係で、フェティシズムが重要な性倒錯として挙げられている。露出症もこの時期と関連した性倒錯と考えることができる。さらにこれらの段階を通じてつねに存在しうる原初的な倒錯として、サディズムとマゾヒズムを考えることができる。

これらは小児期の性的な活動からの「逸脱」として考えることができるものだが、小児期の性的な活動はこうした逸脱の原因となるだけではなく、成人における性格の形成にも重要な役割を演じていることが知られている。逸脱や性倒錯という消極的な側面だけではなく、性格の形成という積極的な側面にもまた、小児期の性的な活動は寄与するのである。

口唇期の性的な活動によって生まれる性格

フロイトはこの時期には、性格形成の要因について体系的には考察していない。ただし弟子のカール・アブラハム（一八七七〜一九二五）がフロイトの理論に基づいて、小児期の性的な活動が性格形成に及ぼす影響について詳しく考察している。アブラハムは、大人の性格は基本的に小児期の性的な活動によって規定されると考えるほど、この時期の活動を重視している。「性格形成は口唇的、肛門的、そして性器的な源から発して行われると言ってもさしつかえありません(63)」と語るほどである。

アブラハムはとくに、幼児の性的な体制の第一段階である口唇期の欲望がうまく充足されることが重要であると考えており、次のように指摘している。「口唇的な欲望が首尾よく形成されていることが、社会的ならびに性的な関係における後の正常な行動のための第一の、したがっておそらく最も重要な前提である(64)」。

財への欲望と快楽

アブラハムは、この幼児期の性的な欲望と性格の形成の関係を、人間の欲望とその対象となる財の関係に基づいて、次のように考察している。小児の快楽の源泉を、身体的な器官としてではなく、外部の事物と身体の関係という観点から考えると、三つの源泉が考えられる。あるものを体内に摂取し、財を獲得することへの欲望、それを体内に保持し、財を所有しつづけることへの欲望、そしてそれを体内から排出し、所有物を消費することへの欲望である。いわば口の欲、腹の欲、肛門の欲である。これらは人間と財の関係における三つの基本的な欲望、「心的な満足の三つの源泉」[65]と考えることができる。

具体的に考えてみよう。わたしたちは、何かの財を獲得することを強く望むものである。それが自分に必要のないものであっても、何かを手に入れることが、欲望を満たすのである。買い物衝動に駆られる女性は多いようだし、男性の多くはギャンブルの快感に抵抗できないようである。一攫千金の欲望、欲しいと思ったものをすべて手に入れたいと願う欲望は、根強いものである。

そしてひとたび手にいれたものは、自分のものとして保持していたいものである。手に入れたものを手放すのはきわめて苦痛に感じられる。それにはいわば自分の匂いがついているものであり、それが自分の一部となっていると感じられるからである。あるいは何かを購入するための手段であるはずの金銭を貯めることだけを目的とする守銭奴のような人もでてくる。貨幣で何かを購入することが目的ではなく、貨幣を貯めることが自己目的となってしまうのである。手に入れたものを所有しつづける欲望、保持しつづける欲望は、大人になっても強く残っているものである。

最後に逆説的ではあるが、大切に所有してきたはずのものを手放すことも、快感を生みだす。ヨーロッパの中世の貴族たちは、豪奢な消費をすることに名誉心をそそられていた。貯め込むことが富の象徴ではなく、豪勢に使うことが富の象徴だったのである。現代人もまた、消費することそのものを快楽と感じることがある。富を貯蓄することよりも、豪遊して自分のもっている富を手放し、消費することにおいて、自分の価値が計られるような気分になるのである。

フランスの社会学者モースが詳しく考察したように、アメリカのインディアンたちは、ポトラッチという消費行動をすることで、他の共同体の首長たちと競いあった。相手が対抗することができないほどに価値のあるものを贈与することで、自分の豊かさをみせつけて、相手に屈辱を与えようとしたのである。こうした心情は今のわたしたちにも残っているだろう。

　このように財にかかわる三つの欲望、すなわち財の獲得、所有、浪費の欲望は、すでに小児の性的な活動のうちから形成されているとアブラハムは考えた。口唇期の重要な特徴は、この第一の「口の欲」、すなわち獲得し、同一化する欲望にある。口唇的な欲望は、母親の乳房から母乳が与えられることで実現される。そして母親によって、子供を甘やかすほどに多量に与えることも、ごく少量しか与えないこともある。このどちらの場合にも、子供の性格に重要な影響が生じてくると考えられる。

　まず子供はいずれの場合にも、生えてきた歯で母親の乳首を嚙むという反応を示す。子供のうちでサディズム的な性格が強まるのである。これによって「敵対的で悪意のある性格形成[66]」が生まれことがあり、「ねたみ《ナイト》の感情がしばしば異常に強く認められる[67]」とアブラハムは指摘している。

　また、この時期に十分な母乳を与えられてきた子供は、楽観的な性格になるとされている。子供はただ寝ているだけで、豊富に母乳を与えられるので、寝て待っていれば、欲望は実現されると考えがちになる。「人生に必要なもの一切を授けてくれる親切で思いやりのある人物、つまり母親に代わる人物がつねに存在するに違いないという期待にとりつかれている[68]」人々がいて、「この楽観的な運命信仰が彼らを無為に追いやる[69]」ことになる。

これにたいして十分な母乳を与えられず、欠如に苦しめられた小児は、成人するとどのような性格になるだろうか。アブラハムは、こうした人物は、「人生にたいする絶えず気づかわしげな態度[70]」を身につけるようになると指摘する。そして「生活の糧が終生確保されている[71]」ようにすることに、異様な情熱をささげる人物が生まれがちだと考える。「神経症的な官僚タイプの人物」がその一例で、個人的な業績や名誉を無視しても「確実かつ規則的に得られる収入の源を確保する[72]」ことを重視するのである。

あるいは逆に口唇的な活動において、他人に贈与したいという願望が強くなることがあり、その場合には「しつこいほどの談話衝動《レーデドラング》[73]」が生まれるという。こうした人は「すべてを手にいれたいという不断の欲望とならんで、口唇的な方法で他の人間に自分を伝えたいという絶えざる衝動をみいだす[74]」のである。自分の考えていること、知っていることには貴重な価値があると信じて、それを他人に話すことが相手に恩恵を与えると考えるわけである。おしゃべりの欲望は口唇的な欲望の名残だということになる。

肛門期の性的な活動によって生まれる性格

性格形成においてとくに重要とされているのは、肛門期における欲望のありかたである。この時期は小児の性的な欲望の源泉としての保持と放出、蓄積と消費の欲望が育つ時期とされている。フロイトは、肛門愛をとくに重視した子供からは「著しく几帳面で、倹約家で、強情な[75]」人物が形成されると考えている。この時期がとくに性格形成に大きく寄与するのは、この肛門という部位のもつ特殊な性格によるものである。

部分欲動の対象となることの多い身体部位は、口、唇、肛門、尿道、性器などであるが、性器は別として、口や唇などの部位は、性器的な体制においても、ほんらいの性的な活動のためにも重要な役割を果しつづける。口や唇は、接吻によって前駆的な快感をもたらすことができる部位である。

これにたいして肛門と尿道、とくに肛門を好む「肛門愛は、性的な目的に利用することのできない部分欲動であるため、発達の過程においては肛門愛がもっとも手近な形で、もっとも一貫して昇華される[76]」ことになる。ここで「昇華」というのはこの文脈では、性的な欲動が創造的な用途に利用されることではなく、特定の部位からえられる興奮が、「性的な目標から逸脱し、他の目標のために利用される[77]」ことを意味している。

肛門期にみられる肛門愛は、「排便によって、副次的な快感がえられる[78]」ことを愛するようになる。こうした肛門愛を重視する子供は、「便器に乗せられても排便することを拒む乳児[79]」になることが多く、こうした子供が前記のような性格を示す大人になることが多いという。

ここでこうした肛門的な性格について、具体的に考えてみよう。フロイトは、「著しく几帳面で、倹約家で、強情な」性格と語っているが、最初の「几帳面さ」はどのようにして生まれるのだろうか。この性格は、「清潔好き、秩序正しさ、信頼性の高さ[80]」と同時に存在しているものであり、「不潔なもの、混乱したもの、身体に属さないものにたいする関心の反動形成として形成される[81]」のである。

ここで語られている「反動形成」とは、ある欲望が抑圧されると、それにたいする反動として逆の心理的な態度が強く形成されることである。たとえば露出的な欲望が強い人が、その欲望を抑圧しようとして、反対に羞恥心が強くなるような場合である。排便にたいするだらしなさの反動として、過度に清潔さや秩序を重んじる几帳面な性格が生まれると考えられている。

次に第二の「倹約家」という性格は、金銭を貯めるという営みが、便を腸のうちに溜め込むという行為と類似していることから生まれたものと考えられる。童話や古代的な思考においても、「金銭と糞便は非常に密接な関係にあることが示されている」[82]のである。「悪魔が情婦に贈った黄金は、悪魔が立ち去った後では糞に変わるのはよく知られているが、この悪魔とは、抑圧された無意識的な欲動の生が擬人化されたものにほかならない」[83]とフロイトは指摘している。

この金銭と糞便の関係についてフロイトは「人間が手にしたもっとも貴重なものと、人間が屑として投げ捨てるもっとも価値のないものの対立関係が、ある条件のもとで黄金と糞を同一のものと考えさせたのかもしれない」[84]とも語っているが、この逆説は興味深い。

最後に「強情な」という性格は、決まった時間に排便することを求める母親の願いを聞きいれずに、自分の欲望を充足することを強く願うところから生まれるものとされている。フロイトは、「頑固で挑戦的な姿勢や、挑戦を含む嘲笑の表現に、わが国では昔ながらに肛門領域への愛着を内容とした徴発的な言葉が使われる。これは肛門領域への愛着が、抑圧された形で表現されているのである」[85]と指摘している。日本語でも「尻《けつ》をまくる」というのは、居直って挑戦的な姿勢を示す言葉である。

尿道愛

さらに、すでに述べた尿道愛と性格の関係も指摘されている。フロイトは「虚栄心は強い尿道愛的な素質の規定を受けていると考えられる[86]」と指摘し、さらに「以前に夜尿症だった人は、過度の〈燃えるような〉名誉心がみられる[87]」とも語っている。この尿道愛と名誉心の関係は分かりにくいものだが、フロイトはある種の放尿行為に、名誉心の源泉をみいだしており、「原始社会の人々は、火をみると、それに向かって放尿して火を消したいという幼児的な快感を満足させる習慣があったのではないだろうか[88]」と推測している。

そしてこうした幼児的な放尿の習慣が、男性の間では「男性同士の性的な行為を象徴し、同性愛的な競争において男性的な能力の誇示を象徴するものとして受けとめられていた[89]」という。フロイトのこの推測は、さまざまな小説で排尿が得意げに描かれていることに依拠したものである。ラブレーの『ガルガンチュア』では、少年のガルガンチュアがパリにやってきた時に、市民への挨拶として放尿した物語が語られている。ガルガンチュアは、ノートルダム聖堂に腰をかけて、「その一物《いちもつ》を宙に抜き出し、人々めがけて勢い劇しく金色《こんじき》の雨を降らしたので、そのために溺死んだ者の数は、女や子供を除いて二十六万四百十八であった[90]」と語られている。ガルガンチュアの催す宴会でも、尿の自慢話は続出する。そしてフロイトは「精神分析の経験からも、名誉欲と火と排尿のエロスのあいだにはいつも関係があることが示されている[91]」と結論しているのである。

3　エディプス・コンプレックスの運命

男根期とエディプス・コンプレックス

すでに考察したように、フロイトはみずからの夢の分析によって、エディプス・コンプレックスという概念を構築してきた。この概念は、誘惑理論を放棄するきっかけとなったものだった。患者たちが訴える誘惑の記憶は、作られた記憶であり、その背後には、このエディプス・コンプレックスが存在することを、フロイトはみずからの夢を分析することで、明らかにしたのである。そもそもこうした誘惑理論をフロイトが考えだしたことの背景に、母親への愛と父親への憎悪というエディプス・コンプレックスが潜んでいることが明らかになったのである。

そして幼児の性器体制についての考察において、とくに男根期の重要な特徴として、エディプス・コンプレックスが注目されるようになる。この男根期に少年は、自分がペニスをもっていること、母親はそれをもっていないことを知るのであり、この事態は少年に大きな謎をかけることになる。

男根期というのは、ペニスによって快感をえる時期であるよりも（この時期にはペニスは排尿の器官として、尿道愛の対象となる）、このペニスのもたらす謎が問い掛けられ、答えられる時期なのである。この時期に子供はエディプス・コンプレックスを克服することを求められる。それがどのようにして行われるかが、子供の成長にとって非常に重要な意味をもつ。フロイトは『性理論三篇』の一九二〇年版の注で次のように指摘している。「だれでもエディプス・コンプレックスを克服するという課題に直面する。これに失敗した者が、神経症に罹《かか》るのである」[92]。

『性理論三篇』での近親相姦の禁止

ただし『性理論三篇』では、このコンプレックスについては正面から語られていなかった。この書物で語られているのは、思春期になってからの性対象の選択において、小児期の性対象選択が重要な影響を及ぼすこと、エディプス・コンプレックスが（ただしこのコンプレックスの名は語られない）少年に、母親に似た異性の対象を選択させるということだけだった。そしてこの対象選択についても、フロイトは次の二点を指摘するだけである。

第一は、少年が母親への愛情によって、異性を愛するようになることである。「男性については、母親や、子供の頃の自分を世話してくれた女性の情愛について子供の頃から育んでいる記憶が、女性を性対象として選択する上で大きな力となる」[93]のである。

第二は、父親との関係のために、同性を性対象として選択することが阻止されることである。フロイトはこれについて「さらに子供の頃に父親から性的な威圧を受けた記憶と、父親との競争意識が残っているために、同性を性対象として選択することが阻害される」[94]と説明している。

このどちらも、少年が同性の男性ではなく異性の女性を性対象として選択することを奨励するものとなる。「このようにして、同性の者に対する敵対的な関係が形成される。この関係は、いわゆる正常の性対象を選択するようになる上で、決定的な影響を及ぼすものである[95]」というわけである。この性対象の選択は、思春期になってから行われるように描かれているが、少年がどうやって母親への愛を諦めて、別の女性を性対象として選ぶようになるのかは、それほど明確には語られていない。

フロイトはこの論文ではそのことを、「社会の文化的な要請[96]」によって説明しようとしていた。少年は母親を性対象として選択するのが自然なのだが、それが阻害されるのは、「性的な成熟までの猶予期間が長いと、その他の性的な抑制要因とあいまって、近親相姦を抑制し、幼児の頃に愛していた人でも、肉親である場合には対象選択から排除するという道徳的な掟が植え込まれるだけの時間的な余裕が生まれる[97]」というのである。

しかしこの説明によると、少年が母親を性対象として放棄するのは、エディプス・コンプレックスを克服したからではなく、「道徳的な掟」の力によるものだということになる。たしかに社会は「高次な統一を生み出すという社会の目的[98]」によって、家庭の内部での母親と息子との近親相姦を禁じている。しかし少年の性対象の選択が「道徳的な掟」によるものだと考えるならば、そこには精神分析の理論ではない根拠が用いられていると言わざるをえない。

その道徳性がどのようにして少年にとって内的な規範となるかが、明確ではないのである。これを説明するためには、エディプス・コンプレックスの克服と、その際の父親との同一視によって、父親の審級が道徳性として子供のうちに確立されることを説明する超自我の概念が必要なのである。

このようにまだこの段階では、フロイトがみずから自覚していたエディプス・コンプレックスのもつ普遍的な意味が解明されていなかったと考えられる。この問題が明確に解明されるためには、一九二三年の『自我とエス』の論文で、両親のまなざしを取り込んだ超自我の審級という概念が提起される必要があったのである。その翌年の一九二四年の「エディプス・コンプレックスの崩壊」という論文で、近親相姦の禁止とエディプス・コンプレックスの克服の問題が明確に関連づけられるようになった。そこでこの論文によって、フロイトのエディプス・コンプレックスの概念についてまとめて考察してみることにしよう。

三つの去勢

フロイトはこの「エディプス・コンプレックスの崩壊」という論文でも、また「ある五歳男児の恐怖症の分析」（症例ハンス）に一九二三年につけた脚注でも、去勢コンプレックスについて説明を加えながら、幼児は一般に成長段階において、二つの重要な喪失を経験し、第三の喪失に脅かされることを指摘する。そしてこれらの喪失は、幼児にとっては「去勢」という意味をもつのである。

第一の去勢は、乳房の喪失である。口唇期において乳房は子供にとって大切な性対象である。これは栄養を与えてくれるものであると同時に、母親からの愛を体現するものである。赤子は、乳房を口に含むだけでも幸福になり、口唇的な快感を味わうことができる。しかしこの口唇期の幸福はすぐに失われることになる。

そもそも授乳のたびに、乳児は喪失を経験しているのである。「乳児はすでに母親が乳房を引っ込めるたびに去勢、つまり自分の所有物とみなしている身体の重要な部分の喪失を感じているはず[99]」なのである。そして半年から一歳頃までの離乳期になると、母親は次第に乳房を与えてくれなくなり、子供に母乳ではない食べ物を摂取するように強いるようになる。こうして子供は母親の乳房を永遠に失うのである。

第二の喪失は、二歳から三歳頃までの排泄のしつけである。子供は自分の好きなときに排泄する自由を奪われて、母親の望むときに規則的に排泄するようにしつけられる。フロイトの語るように、子供は「腸の内容物を毎日排泄するように強いられる[100]」のである。肛門期において子供は、自分の大切な宝物だった便を手放すことを強いられるのである。

そして第三の喪失の可能性が男根期にあらわになる。この時期は子供が自分のペニスに関心をもち、これをいじって遊ぶようになる時期である。これに気づいた母親は少年に警告する。「子供が重要なものと考えているこの器官を切り取るぞという脅しが加えられる[101]」のである。あるいはよくあるように「父親や医者に〈叱ってもらう〉と断言[102]」したり、切り取ってもらうと脅したりするのである。症例ハンスでも、母親はハンスがペニスをいじっているのをみて「そんなことをしていると、A先生に来てもらって、おちんちんをちょん切ってもらいますよ[103]」と脅している。

このようにして子供は自分のペニスを奪われることを恐れねばならなくなる。これはそれまでの二回の喪失につづく重要な喪失の可能性として恐れられるのである。フロイトはこれをほんらいの意味での去勢と呼ぶのであり、去勢コンプレックスとは、少年が自分のペニスを失うことを恐怖する状況である。

ただし、子供の去勢はこれらの三回の喪失には限られない。そもそも居心地の良かった母親の母胎から引き離されたことも、去勢として感じられるのである。ある意味では誕生そのものが去勢という意味をもっていた。「誕生行為がそれまで一体であった母親からの離別としてあらゆる去勢の原像である」(104)とフロイトは指摘する。

母親による去勢の脅しの意味

この去勢の脅しは、少年にとっては大きな脅威になる。そしてペニスに触るのをやめるようになり、こうして男根期が終わることになる。「子供の男根期における性器的な体制は、この去勢の脅しによって消滅すると考えることができる」(105)とフロイトは語っている。この去勢の脅しがこれほどの力を発揮することができるためには、少年はある重要な体験をする必要がある。それは女性にはペニスがないことを自覚するという経験である。

もちろん少年はそれまでも母親の裸体や、生まれてくる妹の裸体を目撃することで、女性にペニスがないことを「知っている」。しかし症例ハンスがよく示しているように、少年は自分の見たことを否認する。少年は、母親がペニスをどこかに隠しているにちがいないと考えるのであり、妹のペニスはまだ小さくて見えないが、やがては大きくなると考えるのである。(106)しかしこの時期にペニスを切り取るという去勢の脅しを加えられることで、女性はペニスをどこかに隠しているのではなく、女性には実際にペニスがないのであるという事態を承認させられるのである。

この事態は少年にどのように受けとられるのだろうか。ハンス少年は母親にペニスを愛撫してもらいたがっていた。[107]ところが母親はそれを拒み、ハンスがペニスに触りたがるならば、父親の代理である医者にペニスを切ってもらうと宣言する。少年は母親との親密な関係を望んでいるのに、父親がそこにやってきて、母親との親密な関係を作りだす媒体であるはずのペニスを切ってしまうと言われるのである。しかもそれを母親から言われて脅かされるのである。

この母親の脅しが意味しているのは、母親は子供のペニスを愛していない、すなわち子供を愛していないということである。そして父親が子供の大切なペニスを切る存在であり、しかも母親がそのことを望んでいるということである。これは子供が母親との親密な関係を望みながら、第三者である父親によってそれが否定され、母親との絆が断ち切られるということである。しかもそれによって、子供の愛する母親は、子供ではなく、父親を愛していることが明確に示されるのである。

これは典型的なエディプス・コンプレックス状況である。子供は母親を愛し、母親を独占したいと望んでいるのだが、父親にそれを禁じられる。子供は母親は自分ではなく、父親を愛していることを知らされるので、父親を憎み、できれば排除したいと願うようになるのである。

エディプス・コンプレックスを実現する二つの道

フロイトは、少年がこのエディプス・コンプレックスに基づく願望を実現することを望むのであれば、それには二つの道があることを指摘している。能動的な道と受動的な道のいずれかで、少年は願望を実現することができるはずなのである。

第一の能動的な道は、男性的な形で願望を充足しようとするものである。「子供は自分を父親と同一視するのであり、父親の立場で母親と関係を結ぼうとする。このため父親が邪魔になる」[108]ことになる。この場合には少年は父親を殺すことで、自分の願望を実現することを考えなければならなくなる。

第二の受動的な道は、女性的な形で願望を充足しようとするものである。「子供は自分を母親の場所に置いて、父親に愛されることを願う。この場合には邪魔になるのは母親である」[109]。少年は母親を殺して、父親から同性愛的な形で愛されることを願うことになる。

しかしどちらの場合にも、子供は重要な喪失を覚悟しなければならない。男性的な道を進もうとすると、子供は父親を殺害して、父親の代わりに母親を愛することを願うのであるが、父親は圧倒的に強い存在である。父親は少年に殺害されることはなく、そのような殺害を願い、試みた少年に罰を与えるだろう。その罰は、母親が脅したように、父親に代わって母親を愛そうとした少年の性的な器官であるペニスを切断することだろう。少年は父親に代わって母親を愛したいと願った罰として、去勢されることを覚悟しなければならなくなる。

子供は、父親にペニスを切ってもらうという母親の言葉によって、そのことをすでに告げられていたのであり、子供は女性にはペニスがないのは、父親からすでに去勢されたからだと認識するようになる。すると少年は父親を殺すことを願うならば、自分がペニスを切られて女性にされてしまうことを、現実の脅威として恐れなければならないことになる。

第二の女性的な道を進もうとする場合にも、重要な喪失を覚悟しなければならない。子供は母親の場所に立って父親に愛されようとするのだから、母親と同じようにペニスのない存在にならなければならないことになる。この場合にも子供は父親にペニスを切られて、女性になるしかないわけである。

エディプス・コンプレックスの消滅

どちらにしても子供は自分の大切なペニスを喪失する危険に直面する。この危険に直面した子供のうちで、自分の身体を大切にしようとする「ナルシシズム的な関心と、両親という対象にたいするリビドー備給のあいだに葛藤が生じる。そしてこの葛藤においては、通常はナルシシズム的な関心が勝利を収める。そして子供の自我は、エディプス・コンプレックスから眼を背ける」[110]という帰結が訪れる。

このようにして少年のエディプス・コンプレックスは克服され、消滅することになる。その結果が思春期前の長い潜伏期である。この潜伏期は、少年のうちで去勢不安のために生まれるのだということになる。

超自我の形成とエディプス・コンプレックス

すでに指摘したように、エディプス・コンプレックスが克服される過程で、少年のうちに超自我という審級が形成され、それが少年に母親を愛情の対象として選択することを禁じるのである。

このプロセスについて、超自我の概念が初めて提起された『自我とエス』に基づいて、エディプス・コンプレックスの克服と超自我の関係という観点から考えてみよう。

フロイトは『自我とエス』において、少年がペニスの喪失を恐れて、母親を愛情の対象として除外するにいたる前記の二つの「道」を、同一化という観点から考察している。能動性の道においては父親との同一化が行われ、受動性の道においては、母親との同一化が行われることになる。

第一の道においては子供は父親と同一化する。そして子供は父親の立場に立って、母親を愛することを望むが、この場所にすでに父親が存在している。子供はこの父親を亡き者にすることを望むが、現実がそれを許さない。父親は強く、子供を去勢してしまうだろうし、母親もまた子供である自分ではなく、父親を愛しているからである。そしてやっかいなことに、子供は自分を育ててくれている父親もまた、母親と別の意味で愛しているのである。そして父親のような存在になりたいと願っているのだ。

そのために子供の父親への同一化では、父親にたいする両義的な感情が生まれることになる。子供が父親に同一化したのは、父親に憧れ、父親を愛しているからだが、同時に父親を憎んでもいるのである。ただしこの道では少年は母親にたいしては、愛を維持することができる。フロイトはこの論文ではこれを陽性のエディプス・コンプレックスと呼ぶ。

第二の道においては子供は母親と同一化する。そして子供は母親の立場に立って、父親から愛されようとする。この場合には「父に対して情愛のこもった女性的な態度をとり、これに対応して母には嫉妬と敵意のこもった態度をとる」(三)ことになるだろう。子供が母親にたいする愛情を失うこの道を、フロイトは陰性のエディプス・コンプレックスと呼ぶ。
「エディプス・コンプレックスの崩壊」という論文では、どちらの道も去勢不安のために塞がれているために、このコンプレックスが崩壊することが指摘されていたが、『自我とエス』では、少年がどちらかを選択しなければならないことが確認される。

第一の道を選択しても、去勢されない可能性が残されているのであり、それがエディプス・コンプレックスを克服する道である。第二の道を選択した場合には、少年は同性愛を選ぶことになる。どちらの道が選択されるかは、少年のうちの両性的な要素、すなわち男性的な要素と女性的な要素のどちらが優位であるかによって決定されることになるとフロイトは考えている。

真の意味でのエディプス・コンプレックスの「克服」

このように、エディプス・コンプレックスの「克服」の道は、少年が父親と母親との同一化のいずれかの道を選択することを迫られるのではなく、その両方を統合する道を選ぶことを意味している。エディプス・コンプレックスが克服される際には、少年のうちに含まれていた両性的な素質のために存在していた陽性のエディプス・コンプレックスと陰性のエディプス・コンプレックスの両方を統合する必要があるのである。

陽性のエディプス・コンプレックスに含まれていた父親との同一化と、陰性のエディプス・コンプレックスに含まれていた母親との同一化の両方が組み合わさって、「そこから父と母との同一化が生まれる。父との同一化においては、陽性のコンプレックスにおける母との対象関係が保持され、同時に逆転した［陰性の］コンプレックスにおける父との対象関係を代理する。母との同一化についても［逆転した形で］同じことがあてはまる(112)」のである。

この父親との同一化と母親との同一化が統合されることで、フロイトは自我のうちにある「沈殿」が起こり、超自我という審級が生まれると考えている。「この沈殿は何らかの形で、二つの同一化が結びついて生み出されるものである(113)」。この審級は、少年のエディプス・コンプレックスの願望を抑圧する役割をはたすのであり、「幼い自我はそのための力をある程度まで父から借りるのであるが、父から力を借りるというこの行為は、その自我に非常に重要な結末をもたらすことになる(114)」のである。

このようにして超自我は両親のまなざしを獲得することになり、自我を支配する性格を獲得する。そしてこの審級が「良心として、あるいは無意識的な罪責感として、強力に自我を支配することになる(115)」。この審級は、「両親の影響を永続的な形で表現するもの(116)」となるのである。

エディプス・コンプレックスの克服の帰結

このように、エディプス・コンプレックスの克服によって超自我が形成される。あるいは同じことだが、超自我からの抑圧の力によってエディプス・コンプレックスが克服されるのである。そうなるとどうなるだろうか。

その帰結としてフロイトは次の四点を挙げている。第一の帰結は、この父の権威を借りた超自我の命令のうちには葛藤が含まれているために、エディプス・コンプレックスの克服そのものが葛藤を含むプロセスとなり、心的な問題を生みだすということである。というのは超自我が自我に与える命令は矛盾したものだからである。超自我は父親との同一化によって生まれたものであるために、少年の自我にたいして「おまえは（父のように）あらねばならない」[117]と命令する。子供は父親のようになることを目指すことを命じられる。

しかし同時に超自我は、「おまえは（父のように）あってはならない」と命令する。父のように母親を愛してはならないのである。このようにして「近親相姦の禁止を永続化させる」[118]ことになる。いずれにしてもこれはダブル・バインドの状況である。少年の自我はどちらの命令にしたがっても、超自我に罰せられることを覚悟しなければならないのである。

第二の帰結として、この葛藤のもとで、少年は性的な活動を放棄して、長い潜伏期に入ることを強いられる。そして長い潜伏期を迎えるのである。エディプス・コンプレックスを克服するプロセスは、「少年の性器を維持し、性器が失われる危険性から少年を守る。しかし同時に性器は麻痺し、その機能は発揮できなくなる。これによって性の潜在期は始まる。そして少年の性的な発達は中断される」[119]のである。

幼児の頃に活発に行われていた性的な活動が、思春期になるまで中断されて潜伏期が始まるのは、エディプス・コンプレックスを克服する必要があったからである。「エディプス・コンプレックスの抑圧は、潜伏期のためにリビドーの発展が中断され、人間の性的な生活が〈二度始まる〉ことに結びついている」[120]のである。

第三の帰結として、少年はこの性的な欲動をほんらいの目的から逸らすことを学ぶようになる。

こうして、「昇華」の道が可能になる。少年は性的な欲動を、創造的な活動などの文化的な活動のうちに投じることを学ぶのである。フロイトは人間にそなわる道徳的な傾向と審美的な傾向は、このエディプス・コンプレックスの克服の後に、性的な欲動が昇華されたものだと考えている。

ついでながらフロイトはこの昇華という概念で、すべてを性的な欲動に還元すると非難された精神分析を弁護しようとする。フロイトは、精神分析が伝統的に「人間における〈高貴なもの〉〈道徳的なもの〉〈超人格的なもの〉に配慮しないという無数の非難が浴びせかけられた[121]」ことを指摘しながら、この昇華の道がこうした「高貴なもの」を可能にすることを強調するのである。「精神分析では最初から、自我における道徳的な傾向と審美的な傾向に、抑圧のための動因が存在すると主張してきたのである[122]」とフロイトは主張する。

第四の帰結は、これによって少年がダブル・バインドを克服する道をみいだし、母親への愛情を維持しながら、母親に似た女性を愛する対象として選択することができるようになることである。この道を進むならば、少年はもはや父親を憎み、殺そうとする必要はなくなる。少年が父親に同一化したのは、父親を愛すると同時に憎むというアンビヴァレントな感情を抱いていたからであり、少年のうちにはもともとは父親への愛が育っているのである。この愛情を少年は否定する必要がなくなる。

これによって少年は去勢不安から解放されることになる。少年は現実の父親を殺すという殺意を抱く必要がなくなったので、父親から去勢される危険性から身を守ることができるようになる。もはや少年はペニスを失うことを恐れる必要はなくなる。

そして少年は母親への愛情を維持しながら、それを現実の母親に向けるのではなく、母親によく似た別の女性に向けることを学ぶ。このようにして、少年は異性を愛することを学ぶ。そしてやがてはこの異性を母親のように愛することで、母親が現実の父親を愛しているのと同じように、その女性から愛されることが可能になる。

このようにして少年はこの女性との間で、現実の母親にたいする父親の「位置」を占めることができ、やがて生まれる子供にたいして、現実の父親と同じ「位置」に立つことができるようになる。やがてこの未来の母親との間で生まれる将来の少年にたいしては、去勢の脅威を与える存在となるだろう。そのことによって少年は、現在の時点で去勢の脅威を暗黙のうちに与えている父親と同じような存在となることができる。少年は父親に「なる」夢を実現できるようになったのである。

少女のエディプス・コンプレックス

これまでは少年の立場でのエディプス・コンプレックスの克服を考察してきたが、もともとペニスをもたない少女の場合はどうなるのだろうか。少女にもエディプス・コンプレックスがあり、エディプス・コンプレックスを克服するのだろうか。フロイトはそうだと考える。

フロイトの考えは、女性の患者の精神分析の経験に基づくものであるが、少女の精神分析についてはフロイトの考察には大きな限界があることが明らかにされている。後に女性における前エディプス期の重要性が強調されるようになり、フロイトの考察はさらに展開されるようになる。

フロイトが指摘しているように、ユングは少女のエディプス・コンプレックスを、エレクトラ・コンプレックスと名づけた。[123] エレクトラはギリシア神話のアトレウス家の娘であり、父親のアガメムノンと母親のクリュタイムネストラの娘である。母親は父親がトロイアに遠征している間に、アイギストスを愛人としており、父親のアガメムノンが帰国した際に、愛人に夫を殺害させる。エレクトラと弟のオレステスは父親の復讐を誓い、母親の愛人アイギストスを殺害する。

この神話ではエレクトラは父親を愛し、母親を憎んでいるので、ユングは女性のエディプス・コンプレックスに対応するコンプレックスとして、エレクトラ・コンプレックスという名称を提唱したのである。しかしフロイトは真の意味でのエディプス・コンプレックスを経験するのは少年だけであり、少年と少女のコンプレックスの類似性を強調するエレクトラ・コンプレックスという概念は不適切であると指摘している。[124]

少女の場合には、生まれたときからペニスがない。少年のペニスに相当するものはクリトリスであるが、男根期に少女は、「男の子の遊び友達のものと比較し、自分のクリトリスが〈小さすぎる〉と感じるようになり、この事実を不利なものと考えるようになる[125]」とフロイトは考える。これは劣等感の根拠となり、少女は今は自分のクリトリスが小さいが、やがて大きくなるとみずからを慰めるのである。

この時期に少女はさらに自分のペニスが切り取られ、去勢されたのだとも考えるようになるという。成人の女性には「男性のように大きく、完全な性器がそなわっていると想定する[126]」とフロイトは説明している。少年の場合には去勢を恐れるだけであるが、少女はこれを事実として受け入れざるをえないのである。

それでも少女は父親と母親に愛される家庭環境のうちで育つために、少年と同じような父親と母親への愛と憎しみの関係のうちで生きることになり、やはりエディプス・コンプレックスと同じようなコンプレックスに悩むことになる。しかし去勢の脅威がないために、少年の場合よりもかなり単純なものになるという。

少女は母親と同一化し、父親を愛する。そして競争相手である母親に嫉妬することが多くなる。父親と同一化して母親を愛するという場合はほとんどみられないようである。そしてペニスがないことを受け入れたことの代償として、「父親から贈物として赤子をもらいたいという願い、父親のために赤子を産みたいという願い[127]」を抱くことが多くなるという。しかしこの願いが満たされるわけもないので、少女のエディプス・コンプレックスは克服されるというよりも、自然に消滅していくと考えられている。

少女のエディプス・コンプレックスとその消滅の特徴

少年の場合と比較して、少女のエディプス・コンプレックスの克服にはいくつかの顕著な特徴がみられる。第一は、すでに去勢されていることが前提となるために、少女には劣等感と、ペニスをもつ男性への劣等コンプレックスが生じるとされている。男性のようになりたい、いつかペニスをもちたいと願う気持ちが、ずっと潜在的につづくことになる。

第二は、去勢の脅威とそれによって生まれる去勢不安がないために、少年のような強力な超自我が発生する必要がなくなるという。「少女では、去勢不安が取り除かれているために、超自我の形成と幼児的な性器体制の消滅のための強力な動機が欠けることになる[128]」という。

第三は、少女がエディプス・コンプレックスとして抱いていた願望、すなわち、「ペニスをもらいたいという願望と、赤子を産みたいという願望は、無意識のうちにしっかりと根を下ろし、成長してから女性が性的な役割を果すようになる準備をする[129]」という。

第四は、おそらくペニスを奪われているために、「女性の性欲動にはサディズム的な要素が少ない[130]」ことである。これは「少女の直接的な性の営みの本来の目標が阻止され、情愛的な営みに変化していく上で役立つ[131]」とされている。

これらの特徴は、フロイトが考えた女性らしさの重要な根拠とされるようになる。フロイトのこうした女性論は、メラニー・クラインなどの女性の精神分析家の登場で、改めて検討され直すことになる。フロイトにとって女性は、大きな謎として残るのである。

フロイトは夢の分析においても、女性の問題は解きがたい謎として残ると、次のように指摘している。「どの夢にも、少なくとも一か所、夢が解きほぐせなくなっている場所というものがある。その場所はいわば一つの臍のようなものであって、そこを通じて、夢は未知なるものにつながっている[132]」。フロイトにとってこの「未知なるもの」とは、何よりも女性だったのである。

またフロイトはこのエディプス・コンプレックスを個人的な性欲動の動きであるだけではなく、人類の原初的な社会形成においても働いた重要なメカニズムだと考えている。このテーマは、フロイトの社会思想を検討する第六章で考察することにしよう。

第二局所論へ

このようにフロイトは、幼児の性的な体制が、口唇期、肛門期、男根期を経て潜伏期にいたり、その後の思春期において、「正常な」男女の性愛が登場すること、その際に男根期におけるエディプス・コンプレックスの克服が、そのために決定的に重要な意味をもつことを明らかにしてきた。そしてこのエディプス・コンプレックスの克服とともに、それまで自我のうちにはなかった新たな超自我という審級が登場することが確認された。この超自我という審級は、それまでの意識、前意識、無意識という構造に基づいた第一局所論では説明できないものである。こうして、この第一局所論を作り直して、新たな局所論を構築することが必要となってきた。

そもそもこの第一局所論が構想されたのは、神経症などの精神的な疾患の発生プロセスを説明するためだった。神経症は、幼児期の性的な欲望を主体が容認することができず、それが心的な外傷となり、その外傷の不快な記憶から防衛する目的で、こうした欲望や不快な記憶を抑圧するために、それが身体的な症状として現れる病である。このプロセスでは心は、意識されない欲望が潜む無意識の部分、この欲望を歪めた形で意識にのぼらせるために検閲を加える前意識の部分、そして容認できるものとなった欲望を意識する意識の部分という三つの審級で構成されると考えるのが、ごく自然なことだった。

このような無意識的な欲望が存在することは、フロイトが患者の夢や自分の夢を分析することで、明確に示すことができたのだった。そして夢はこの無意識の欲望が、さまざまな形で歪曲されて登場する舞台のようなものと考えられた。フロイトは夢のうちでは、前意識の検閲が眠りこんでいるために、主体は自分の欲望を歪めた形で表現していると考えた。夢では主体はつねに自分の欲望を満たしているのである。それをフロイトは「夢は欲望の充足である」という定式で表現したのだった。

しかし第一次世界大戦の頃から、こうした定式では解決することのできない多数の現象が登場した。ドイツも参戦し、フロイトの息子たちも兵士となって戦ったこの世界的な戦いでは、多くの兵士たちが戦場で味わったつらい記憶を抑圧することができず、繰り返し反復してその不愉快な記憶を夢見る病にかかったのである。これはそれまでの「夢は欲望の充足である」という定式では解釈できなかった。こうした災害神経者の夢は、もはや欲望の充足という観点からは解釈できないと考えざるをえないのである。

精神分析はこの兵士の神経症（外傷神経症と呼ばれた）を癒すことに力を注いだ。そして精神分析が治療効果をあげたことが、精神医学の分野で精神分析が正式に認められる上で、大きな貢献をしたのだった。こうしてフロイトは、欲望の充足という夢の定式を満たさない多数の症例を考察するために、新たな理論的な構築を迫られたのである。

フロイトは、こうした患者たちは、別の形で自分の欲望を充足していると考えたのである。その願望とは、自分の死を望む欲望であると考えるならば、「夢は欲望の充足である」という定式が維持できるのである。しかし自己保存を本能的に望む生物としての人間が、自己の死を望むというのは奇妙なことではないだろうか。この自己の死を望む欲望、死の欲動という概念は、自己矛盾しているのではないだろうか。

フロイトはこれまで、人間に根本的に存在する欲動は、自己を保存することを望む自己保存欲動であると考えてきた。そしてこの欲動に対立する欲動として、他者を性的な対象として望む性欲動、エロスの欲動を対比させて考えてきたのである。しかしこの二つの欲動は、死の欲動と対比すると類似した目標を実現しようとしていることが分かる。どちらも主体が生き延びて、自分の欲望を充足させることを目的としているからである。

そしてこの時期から、フロイトは人間の欲望をエロス的な欲動（エロス）と死を望む欲動（タナトス）の二つの欲動で構成されると考えるようになったのである。そしてこの新たな理論構成に合わせて、それまでの局所論に代わる新しい第二局所論として、自我、エス、超自我という三つの審級の理論が提起されたのである。

第五章

フロイトの欲動の理論

1　第一局所論から第二局所論へ

第二局所論の登場

このようにしてエディプス・コンプレックスの克服の過程において、子供の自我はその内部に超自我という審級を抱えるようになったと考えられる。この超自我という審級は、第一局所論の意識、前意識、無意識という審級によっては説明することができないものである。この超自我の登場にともなって、心の構造は新たに自我、エス、超自我という三つの審級で構成されるようになった。

この三つの新たな審級は、第一局所論とある程度は対応するようにみえる。意識は自我と重なるだろうし、検閲する検問所のある前意識は超自我と重なる部分があるだろう。無意識はエスとほぼ一致するだろう。しかしフロイトのこの新たな局所論は、たんに名前を変えただけのものではなく、まったく新しい視点が導入されたものである。それでなければ、新たな局所論とは呼べないからである。

三つの審級

第二局所論の新しさを確認するために、図8に示したそれぞれの審級を第一局所論の審級と比較して検討してみよう。まず新たに登場した「自我」と意識はどういう関係にあるだろうか。「自我に意識が結びついている[1]」のは明らかである。しかしフロイトは自我に次のような三つの重要な役割を与えている。

第一に自我は「心的なプロセスの一貫性のある組織[2]」であり、意識を統括する器官として、「運動性の経路、すなわち外界に興奮を排出する経路を支配している。これは精神のすべての部分的なプロセスを制御[3]」する審級である。これは外界の現実を吟味することで、エスの欲動が外界と矛盾しないようにするのである。自我は「理性や分別というものを代表している[4]」のである。

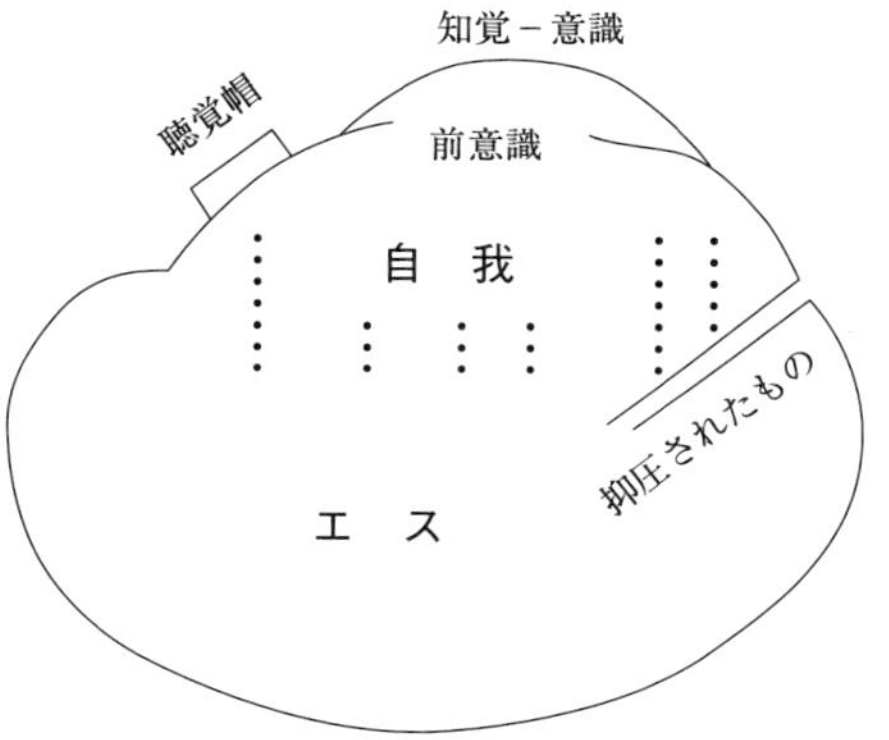

図8

第二に自我は、抑圧する作業を担当する。これは第一局所論では前意識が担っていた役割である。自我は「夜は眠りに入るものの、絶えず夢を検閲している精神的な審級である。抑圧もこの自我から生まれる[5]」のである。

第三に自我は、無意識と前意識の両方の領域にまたがるものである。「自我は知覚システムを中核とするが、記憶の残滓に依拠する前意識も含む」だけではなく、「自我は無意識的なものでもある[6]」のである。ただしこの広い意味での自我の無意識的なものは、エスと呼ばれるべきであり、前意識的なものが、狭い意味での自我と呼ばれることになる。フロイトは「知覚システムから発生し、当初は前意識的であるものを〈自我〉と名づけ、無意識的なものとしてふるまうものを〈エス〉と名づけることを提案[7]しているのである。図8にみられるように、「自我はエスの全体を覆う」ものではなく、「自我は下の方でエスと合流している[8]」と考えられる。

これにたいしてエスは欲動の塊であり、ほぼかつての無意識の領域に対応する。ここで重要なのは、無意識の概念とは異なり、エスにおいて欲動が抑圧されて無意識的なものとなっているかどうかは、問題とされないことである。「抑圧されたもの」は、自我が抑圧したものとして、「抑圧抵抗によって自我と明瞭に区別される[9]」が、エスと対立するものではないのである。エスには抑圧されたものが含まれるが、抑圧されない欲動もまた存在しているのである。

フロイトはこの自我とエスの関係を馬と騎手で譬えている。「自我はエスにたいして、自分を上回る大きな力をもつ奔馬を御す騎手のようにふるまう。騎手は自分の力で奔馬を統御しようとする[10]」のである。ただし自我は、エスという「馬から振り落とされたくなければ、馬が進みたい場所に行くしかない場合が多いのである。すなわち自我は、あたかもそれが自分の意志であるかのように、エスの意志を行動に移すしかないのである[11]」。

さらに超自我は、これまでにはまったく登場しなかった審級である。前意識の検閲機構は、意識のうちに許容できない表象が現れないように抑圧する役割を担わされていた。この機構は否定的な抑圧という任務を遂行するのである。これにたいして超自我は、すでに考察されたように、父親と同一化して生まれたものであり、自我にとって父親のように、社会を代表する役割をはたすものである。この審級は、母親との一体化を防ぎ、少年が社会化するために重要な機能をはたすことになる。

超自我は、「自我が弱々しく依存的であった頃の記念碑であり、成熟した自我にたいしてもその支配を持続する。子供が以前は父の強制のもとにあったように、自我はその超自我の絶対的な命令に服従する[12]」のである。

この超自我は、エスの欲望をそのまま充足しようとする自我の営みを禁圧し、こうした欲望を抑圧するように命令する。「自我は超自我のために、そして超自我の依頼によって抑圧する[13]」のである。超自我は自我よりもエスに近い場所にあり、エスの欲動を熟知している。「超自我は意識された自我からは独立しており、無意識的なエスと密接な関係にある[14]」のである。この場合には超自我は「良心」や道徳心の役割を果し、エスの欲動を抑圧して、道徳的にふるまうように自我に命令するのである。

ところが超自我はときに自我のうちに理由のない罪責感を作りだし、自我を苦しめることがある。そして自我はこの罪責感を意識から排除しようとして、これを抑圧するのである。この場合には自我は、超自我にたいして抑圧という武器を向けることになる。自我はエスの欲望を抑圧するのと「同じ武器を、厳格な〈主人〉に向ける[15]」のである。そしてたとえば「ヒステリー型の自我は、超自我の批判に脅かされ、この苦痛に満ちた知覚から自己を防衛しようとする[16]」のであり、「罪責感が無意識状態にとどまるのは、自我の責任である[17]」とされる。

このように自我、エス、超自我の三つの審級は、以前の意識、前意識、無意識という「層」状の審級と比較するとはるかに複雑で、錯綜した力動的な関係にある。この新たなモデルを構築することで、後期のフロイトはそれまでにうまく説明することのできなかった不安や罪責感などを説明することができるようになった。この第一局所論から第二局所論への転換は、フロイトの欲動の理論における重要な転換と密接な関係がある。以下ではフロイトの欲動の理論の展開について、考察してみることにしよう。

2　初期の欲動論

快感原則と現実原則

新たな局所論においてフロイトは、自我には外界の現実を吟味することで、欲動を満たそうとするエスを抑える役割を与えていた。自我は現実を吟味して欲動の充足を抑える現実原則にしたがい、エスは欲動を満たそうとする快感原則にしたがうのである。この快感原則と現実原則の対比は、フロイトの欲動論において最初から提起されてきたものである。この二つの原則に対応する形で、初期のフロイトは自我としては快感自我と現実自我を対比させ、欲動としては性欲動（リビドー）と自己保存欲動を対比させた。この性欲動と自己保存欲動という二元論が、フロイトの第一の欲動の理論である。

まず快感原則と現実原則の対比から考えてみよう。快感原則とは、自我が不快を取り除き、快感を獲得しようとする原則である。この不快と快感は、フロイトの場合には特別な意味で定義されている。快と不快は心の中にある興奮の量の増減によって規定されており、「不快はこの量の増大に対応し、快はこの量の減少に対応する[18]」とされているのである。これは心のうちの興奮の量を一定とみなし、それが増加した場合には不快になり、これを減らすことで快感がえられると考えるものである。フロイトは快と不快を生物学的な生体恒常性（ホメオスタシス）の原理にしたがって考えようとしているのである。

この定義によると、「不快な緊張によって刺激された心的なプロセスは、こうした緊張を減退させ、不快を回避し、あるいは快を生成する結果がえられる方向に進む[19]」のであり、このように緊張を減退させようとするのが快感原則だということになる。

また現実原則とは、現実の状況を考慮した上で「最終的に快を獲得する意図を放棄することはないが、満足を延期し、満足のさまざまな可能性を断念し、快にいたるまでの長い迂回路においてしばらく不快に耐えることを促し、強いる[20]」原則である。

快感自我と現実自我

この二つの原則は、フロイトが最初から重視した二つの自我のありかたに基づくものである。一つは性的な欲望（性欲動）を充足して快楽を享受しようと望む自我であり、これは快感自我と呼ばれる。この快感自我は快感原則にしたがう。もう一つは、現実のうちにこうした欲望が自己を滅ぼす危険があることを察知して、こうした危険から自己を保存しようとする自我であり、これは現実自我と呼ばれる。この現実自我は現実原則にしたがう。

この二つの自我は、次のように規定することができる。「快感自我はひたすら欲望することしかできず、快感を求めて働き、不快を避けることしかできないが、現実自我はひたすら利を求め、害から自己を守ってさえいればよい[21]」のである。すなわち、快感自我は快感原則にしたがって、性欲動の充足を目指す自我である。しかし性欲動をすべて充足することには危険が伴うのであり、それを制御する必要がある。その危険性を現実原則に基づいて察知し、それを抑圧するのが現実自我であり、この現実自我は、自己保存を目指す自己保存欲動によって動かされているのである。

性欲動と自己保存欲動

このようにしてフロイトは快感原則と現実原則の対比から、性欲動と自己保存欲動の対比を導きだした。フロイトの最初の欲動論は、この性欲動と自己保存欲動の二元論で構成される。フロイトはこの二元論的な対立を「性に、あるいは性的な快の獲得に向かう欲動と、個体の自己保存を目指す別の欲動、自我欲動との間の否定しえない対立[22]」とも表現している。

この二つの欲動の対立は、口という器官においては、口唇的な愛の欲動と、個体の維持のための食べることとの欲動が対立しながら共存していることに示されている。「わたしたちの心の中で作用する器官的な欲動はすべて〈空腹〉か〈愛〉に分割される[23]」のである。そして愛の欲動を担う自我と、個体の維持のための欲動を担う自我を、それぞれ快感自我と現実自我として対比したのである。これが第二局所論で示されている自我とエスの構図に近いものであるのは明らかだろう。

快感と欲望の関係

この快と不快の定義は、一般的に考えられるものとは異なっていることに注意しよう。ふつうは快感とは、何か心地好い刺激が与えられることを意味することが多い。おいしいものを食べると、食べ物のおいしさが快を与える。おいしいワインを飲むのは快感をもたらす。好い匂いをかぐとうっとりする。性的な交わりもまた快感をもたらすものである。ゲームに勝利すると気分が高揚して勝利感がえられ、快感を感じると思うものである。

こうした快感は、肯定的で積極的な意味をもっている。わたしたちの外部にある何かが、わたしたちに快感を与えてくれるものであり、わたしたちはそうしたものを好ましいものとして、積極的に求めていくのである。

快感を求める欲望はこのように、たんに生理的に不可欠な欲求を満たそうとするものであるだけではなく、好ましいものを積極的に求める欲望であることが多い。それはわたしたちが食事をとるというごく単純で必須の自己保存の営みにすら、現れている。わたしたちが生存するために必要なカロリーと栄養素は一定である。しかしわたしたちはたんに必要なカロリーと栄養を得ることを求めるのではなく、おいしい食事をしたいと考える。

この「おいしさ」とは何だろうか。それはたんに空腹を満たしたいという欲求の充足ではないはずだ。そもそも味というものは、一つの個人的および社会的な文化的遺産であり、おいしさは、その遺産が作りだすものである。

「おふくろの味」とよく言うが、わたしたちは子供の頃に食べたものに強い執着をもつことがある。伝統的な和食のおいしさは、世界のすべての人にとっておいしいものではないかもしれない。おいしさは、個人と社会ごとに違うものかもしれない。また、一緒に食べる人によってもおいしさは変わるだろう。なごやかな雰囲気で、親しい人とともに味わう食事はとくにおいしく感じられるものだ。見知らぬ人と食事をしても気詰まりで、美味なものを食べても、なかなかおいしくは感じられないことも多いものだ。

あるいは親しい人と食事をしていても、喧嘩をした直後では、同じ料理でもおいしくは感じられない。恋する人に振られたら、とても食事をするどころではないだろう。食事をおいしく食べるためには、いくつもの重要な条件が必要になるのである。それでも、あるいはそれだけにいっそう、わたしたちはおいしい食事を食べることを欲望するのである。

これは喉の渇きをいやす飲み物についても言える。ほとんど費用のかからないコップ一杯の水があれば、当面の渇きはいやすことができるし、生命が脅かされることはない。しかしわたしたちはびっくりするほど高価なワインを飲むことを望むことがある。無駄遣いであっても、わたしたちは自分の欲望を満たそうとするのである。

欲望と欲求の概念

こうした欲望は、肯定的で積極的な意味をもつものである。それは飢えや渇きといった否定的な意味をもつ身体的な欠如を満たす欲求の充足とは、きわめて異なった性質のものである。人間のもつ欲望の概念と、身体的で生理的な欲求の概念は、区別して考える必要がある。欲求の概念の基本となるのは、最初に何も感じない自然の状態があり、次にこの自然の状態を乱す欠如の状態が発生するプロセスである。この欠如は、それが大きくなるとやがて苦痛なものとして感受される。

それが「苦痛」であるのは、こうした自然の状態が乱されることは、その生体にとって有害で危険なものだからである。空腹になるのは、食物を摂取していないために、生体が存続するために必要な栄養とカロリーが欠如しているためである。生体はこの信号を受け取ると、自己保存のために必要な活動をとる。空腹や渇きを癒さないと、危険だからである。

そしてこうした空腹や渇きを癒すと、満足が得られる。もとの自然の状態に戻ったのである。すでに指摘したように、このように生体が外的あるいは内的環境の変化をうけたときに、生理的な状態を一定の範囲に調整して、恒常的な状態を維持することを、生体恒常性《ホメオスタシス》と呼ぶ。「同じ」を意味するホモという語と、「状態」を意味するスタシスから作られた生理学の用語である。この自然な状態は数時間は続き、その間は欠如を感じない満足した状態で過ごすことができる。このような生体の自己保存のための欲求は非常に強いものであり、これを満たすことは必然的なものとして求められる。

この欲求の強さとその必然性のために、欲望というものが、こうした欲求の概念に依拠して作られることになった。空腹、渇き、排泄、睡眠などの欲求が、こうした自然的な性格の欲求である。しかしこうした生体に必須の欲求はごく素朴なものであり、しかもごく限られたものである。

しかしわたしたちはたんに必要な栄養を摂取することを望むだけではなく、自分の欲望を満たすために、自然な欲求の充足とは異なる次元の活動を繰り広げるものである。たんに水を飲むではなく、おいしいワインを、親しい人とともに味わうことを望むのである。人間のこうした欲望は、身体的な欲求の充足と同じものとして考えることはできない。ところがプラトン以来、西洋の哲学ではこうした自然の欲求の概念に基づいて、欲望の概念が展開されてきた。

プラトンの欲望論は、欠如とその充足というこのモデルに依拠している。対話編『饗宴』では、エロスの神についての議論が展開される。ソクラテスの仲間たちは、エロスの神を称賛するために、それが美しい神であり、人々をひきつける魅力のある神であると主張した。しかしソクラテスは、エロスの神は醜く、魅力の乏しい神であると主張する。エロスの神は美や魅力が自分に欠如しているからこそ、それを求めるのだというのである。

この欲望論は、快感についてのプラトンの理論からも確認することができる。プラトンは快感というものは、それ自体でえられるものではなく、不快をなくすときにえられるものであると考えている。『ティマイオス』での快と不快の定義は次のようなものである。「本性に反する強制的な刺激がわたしたちのもとで突然に生じるとき、それは苦しく、他方、ふたたび本性へ突然に戻る刺激は快い[24]」。ここで本性という語は自然とも訳すことができる。人間にはある自然な状態があり、それに刺激が加えられると不快になり、この刺激が除去されると快感が得られるというのが、プラトンの快感の理論である。

プラトンはこう考えている。人間はふつうの状態では空腹や喉の渇きを感じていない。それが急に発生すると不快を感じる。そして飢えや渇きを癒してもとの自然の状態に戻ることが快である。このように欠如が発生し、欠如を埋めることが欲望であるというのがプラトンの欲望論である。このプラトンの欲望論に基づいて、欠如が不快を生み、欲望の充足が快感を生むと考えるのが、西洋の欲望論の基本となってきた。

不快の二つの源泉

フロイトの快と不快の定義は、この欠如とその充足という伝統的な欲望論に依拠していることになる。ただしフロイトはこの不快の除去としての快の獲得に二つの経路を考えているので、議論はかなり錯綜したものになる。というのも、不快が与えられる源泉が異なるのである。まず、外部から不快な刺激が与えられた場合には、この不快な刺激を受けた神経の部位（これをフロイトはニューロンと呼ぶ）は、これを筋肉組織によって外部に放出することで、もとの状態を回復する。そのときに、快感が獲得されるということになる。

これに対して、このように逃走することで対処することのできない種類の刺激がある。それは内部から発生する不快な刺激である。それが空腹や渇きなどの刺激である。こうした刺激からは逃走することができない。逃げ出しても、刺激はつづき、さらに激しくなるだろう。

こうした刺激には、逃走とはもっと別の行動が必要とされる。こうした内的な刺激は、その生体が存続するために必要な刺激であり、この刺激からは逃走するのではなく、それを何らかの方法で満たす必要があるのである。この刺激が示している欠如を何らかの方法で埋めて、充足する必要がある。

　そうした内的な刺激に対応する行動を、フロイトは「特定行動」と呼ぶ。空腹であれば、逃げ出すのではなく、食べ物を手にいれることが必要である。人間の幼児のように「無力な個体」[25]である存在にとっては、養育者、たとえば母親が母乳を与えるか、ミルクを飲ませないと、この刺激は除去されない。この刺激は他者の手助けによる「特定行動」によって解消され、この行為が内的な刺激によって生まれたエネルギーを迂回路を通って除去することになる。

　重要なのは、この第二の刺激である。外的な刺激からは逃走するという方法が使えるとしても、この内的な刺激は逃走して満足させることができず、これを満足させなければ生存することができない。この刺激は生体の生存のための信号という貴重な役割を果しているものである。

　赤子は、この刺激を満たす方法を学ぶ必要がある。そしてこの刺激を満たして除去されると快感が生まれるというのは、こうした快感が自己保存のために有益な役割を果しているということである。その意味では、フロイトが快感をこのような一定の水準を維持するホメオスタシス的な観点から定義したことには、十分な意味があると言えるだろう。

欲望の発生

　しかしこの快感の充足が実現されるにあたって、二つの重要な帰結が発生する。第一の帰結は、こうした快感の充足によって、あるいはこれと付随して、欲求とは異なる性格の欲望が生まれてくるということである。すでに指摘したように、赤子はこれを単独で実現できない。そのための

「特定行動」には他者を必要とする。赤子は、自分の内的な刺激を感じた場合には、それをある行為で示して、他者に自分の欲求を満たしてもらう必要がある。そしてこの欲求の満足によって快感が得られるのだが、この快感に付随して別の欲望が生まれる。

フロイトはこれを「委託型」の欲望と呼んでいる。たとえば母乳を与えられると赤子は乳房を吸引するのであり、この行為は刺激を解消させることで快感をもたらすが、この行為と快感が同時に発生するために、この行為そのものがやがて快感をもたらすものとみなされる。そして赤子は、自分の親指をしゃぶることでも、快感を獲得できることを発見するのである。

この快感はフロイトの定義した意味での快感とは違った性質のものになっている。これは欲求によって生まれたものでありながら、もはや生体に必須の欲求が満たされるかどうかとは関係のないものである。そこでは欲求とは別の次元の欲望が生まれているのである。

一次過程と二次過程

第二の帰結は、この行為に関連して赤子のうちに思考という営みが生まれることである。ここで空腹の赤子になったつもりで考えてみよう。空腹を感じた赤ん坊は、手足をばたばたさせて大声で泣きだす。すると母親がやってきて、乳房を与えてくれる。赤ん坊は乳房にむしゃぶりついて、母乳を吸引する。そして快感が訪れて、満足するのである。これがいつも繰り返されるわけである。そして赤ん坊はこのプロセスを記憶することになる。

次に空腹になったときに、赤ん坊は同じように泣きわめくだろう。ところが赤ん坊はこのプロセスを何度も繰り返しているので、どのようにして欲求が満たされるかをすっかりと記憶している。すると、願望の対象であった乳房の像もまた記憶されていて、赤ん坊は泣きながら、その像を想起することになるだろう。

しかしこの像は、知覚された乳房とは違って幻覚にすぎないものである。赤子はこの幻覚としての乳房に吸いついて母乳をもらおうとするが、それによっては満足はえられない。現実の母乳は与えられないからだ。フロイトは「幻覚にもとづいて反射的な行為が引き起こされるならば、かならず幻滅が起こる[26]」と指摘している。

これが反復されると、赤子は幻覚の乳房と現実の乳房を区別する必要があることを学ぶようになる。「[現実の]知覚と[幻覚としての]表象を区別する指標をどこからか獲得する必要がある[27]」のである。そのために役立つのが、現実指標である。これは知覚と幻覚を区別するための指標である。これは具体的には、乳房が幻覚ではなく現実に存在することを示す現実性の判断によって確認されることになる。

フロイトはこのように赤ん坊が失望にいたるプロセスを一次過程と呼び、現実と幻想を区別することができるようになるプロセスを二次過程と呼ぶ。「幻覚にいたるまでの欲望の備給と十分な防衛の消費を伴う不快の完全な発展を、われわれは心的な一次過程と名づける。これにたいして自我の適切な備給によってのみ可能になり、上記の過程に抑制をきかせるような過程を、心的な二次過程と呼ぶ[28]」のである。

ところが前記の定義によれば、一次過程は幻覚と不満足をもたらす過程だということになる。

二次過程は、現実を判断することを学んだ後の過程であり、ここでは現実の判断が働き、現実原則が機能しているのである。二次過程はこのように現実原則の過程として問題はないのであるが、一次過程はもっと複雑な意味をもっている。

この過程では快感原則が働いているが、この快感原則は満足されることがないのである。生体の基本的な働きは、内的な刺激を満足させるために何らかの行動をして、それが満たされると快感を感じることである。それがもっとも基本的な意味での一次過程であるべきなのに、(この過程は零次過程と呼べるだろう)、フロイトはこれが失望させられる過程を一次過程と名づける。

それはこの過程が「心的な」ものだということから生まれてくる。零次過程は生体の基本的な生理学的な過程であり、そこではまだ心的なものが発生していない。この過程ではまだ自我が存在していない状態とみなされている。そこで自我が発生するためには、生体が生理的な過程とは違う心的な過程を形成する必要があり、それが思考と判断を生み出すためのきっかけとなるということである。

ここで重要なのは、思考が発生するのは、生体が快感をつねに満たすことができる状態からではなく、快感をみたすことに失敗し、そのような失敗を繰り返さないことを学ぶ過程からだということである。そしてこのような失敗の後に、赤子のうちに知覚と幻覚を区別する思考が発生し、赤子は思考する主体となり、そこに自我が発生していると考えることができる。この自我が、現実性の判断を下すようになるのである。

最初の二元論の崩壊

このようにして自我が発生して、現実性の判断を下すことができるようになることは、赤子が生存するために必須の条件である。幻覚のうちに不快を消滅させて幻想的な快をもたらすだけの幻想を追いかけていたのでは、生存することはできないからである。このように現実原則と現実自我は、自己保存欲動に寄与するものと考えることができる。フロイトがこのようにして快感自我と現実自我の対比から、性欲動と自己保存欲動を対比して、最初の二元論を構築したわけである。

しかしすぐにこの二元論は崩壊する。というのも、現実原則と快感原則は実際には対立するものではないからである。現実原則は、赤子に現実の判断をすることを教えて、正しく快感がえられるようにすることを学ばせるものである。

この原則の定義からも明らかなように、これは迂回した道で快感原則を満たそうとするにすぎないのである。そのことをフロイトは、「実際には、現実原則で快感原則を置き換えるといっても、快感原則の廃止を意味するのではなく、むしろその確保を意味する。一時的な、その結果のたしかでない快感は捨てられるが、それは後にえられる確実な快感を新しい方法で獲得するためである[29]」と表現している。

そうだとすると人間の心は、快感原則に基づいて快感を直接に獲得するか、現実原則に基づいて快感を迂回した道で獲得することを目指していることになる。いずれにしても自我は最終的には快感の獲得に成功することになる。だとすると現実原則に依拠している自己保存欲動は、快感原則に依拠する性欲動に従属していることになる。すると人間は性欲動の充足だけを目指す生き物だということになる。

これは性欲動（リビドー）一元論と表現できるだろう。ところがフロイトが一九一四年に発表した論文「ナルシシズム入門」でナルシシズムの問題を考察する過程で、奇妙な事態が確認されることになった。ナルシシズムという事態では、人間は性欲動ではなく自己保存欲動だけを目指していると考えられるようになったからである。

最初はナルシシズムという概念は一つの性倒錯として定義されていた。他者ではなく自己を性対象として選択する倒錯である。ある事例では「ある個人が自分を一つの性対象であるかのように取り扱い、自分の身体を性的な快感をもって眺め、なでまわし、愛撫しながら、完全な性的な満足をえていた[30]」ことが指摘されている。

これは性愛的なナルシシズムであるが、精神病を考察するうちに、こうした性愛的なナルシシズムは二次的に発生したものであり、すべての人間は一次的で原初的なナルシシズムをそなえているのではないかと考えられるようになった。そのことはたとえばパラノイアの患者では、「誇大妄想と、外界（他者と事物）からの関心の撤収[31]」という症状がみられることから明らかにされた。

このように外界から関心とリビドーを撤収した場合には、そのリビドーが向かう先としては、自我しか考えられない。このようにして自我をリビドーの備給の対象とすることで、すでに述べたような性愛的なナルシシズムが二次ナルシシズムとして発生すると考えられる。しかしこうした外界からの関心の撤収は、こうした病的な事例だけではなく、正常な人間においてもみられるものである。

たとえば病気のときには人は外界に関心をもたず、自己だけに注意を集中するようになる。病人はエゴイストになるのである。また夜間に夢をみている間も、人は外界に関心をもたず、自己の欲望を充足することに専念する。このように考えると、対象選択においてリビドーを対象に向ける以前には、リビドーはすべて自我に向けられていたと考えるべきだということになる。

するとすべての人は一定量のリビドーをもっていて、最初は自己愛の状態にあり、すべてのリビドーが自我に向けられていることになる。やがて人は他者や外部に関心をもち、他者を愛するようになり、リビドーの一部を対象に備給するようになるのである。しかしすべてのリビドーが他者に向けられることはなく、その一部は自我に向けたままに残されていることになる。病気になった時や、夢をみているときには、対象に備給されたリビドーは撤収され、自我のもとに戻ってくることになる。

このように考えてゆくと、「自我リビドーと対象リビドーが対立していると考えることができる。片方が多く使われるほど、他方は少なくなる[32]」のである。愛する女性にほれ込んだ男性の場合には、ほとんどすべてのリビドーが愛する女性に向けられていて、その男性の自我リビドーはごく貧しいものとなる。それでも愛する女性に愛されるという気持ちにおいて、対象リビドーは迂回して自己への愛につながることができるのである。

このように、考えてゆくと、対象に備給されるリビドーの量と自己のもとに保存されているリビドーの量は反比例の関係にあることになる。しかし誰もが対象にリビドーを備給することを学ぶ必要があるとフロイトは指摘する。「人間の心がそもそも、ナルシシズムの境界を乗り越え、リビドーを対象に割り当てるようになる必然性[33]」があるのである。

リビドーを他者に割り当てない場合には、病気になるのである。「自我におけるリビドーの鬱積」は不快なものとして感受されるのであり、「病気にならないためには、［他者を］愛することを始めなければならない[34]」のである。完全に自己への愛に閉ざされた人は、精神病にならざるをえないのである。病気にならないためには、誰もが自我リビドーの一部を他者に向けるようにしなければならないのである。

根源的な自我リビドー

それでも原初的には、誰もが自体愛的な一次ナルシシズムの状態から出発するのであり、対象選択を行うことができるのは、成長が進んだ段階においてである。それ以前においては、すべてのリビドーが自己のうちにあると考えざるをえないのである。

フロイトは、対象に向けられる以前に自我のうちにあったリビドーを根源的な自我のリビドーと呼び、次のように語っている。「最初の根源的な自我のリビドーの備給が存在し、その一部は後に対象に割り当てられるが、基本的にこれは自我に残る[35]」。

するとどうなるだろうか。「性的なエネルギーであるリビドーを、自我欲動のエネルギーから区別できるようになるのは、対象備給が行われる場合だけである[36]」ということになるのである。すなわちリビドーの二元論的な対立が放棄された後に、残された原初的なリビドーは、快感の充足を求める性欲動ではなく、ナルシシズム的な自己保存欲動だということになる。

たしかに「性欲動と自我欲動という最初の区別を維持した場合には、自我に固有なリビドーと、対象に付加されるリビドーの区別は必然的に生じる[37]」のであるが、そのどちらかが原初的なものであるとするならば自我リビドーこそが原初的なものと言わざるをえないのである。

3 死の欲動の理論

死の欲動の登場

フロイトはそれでも一九二〇年頃までは、このように自我欲動の一元論という結論にいたらず、性欲動と自我欲動の二元論的な対立の構図を維持していたが、やがてこの構図が大きく修正されることになる。そのきっかけとなったのが、一九一四年からの第一次世界大戦における戦争神経症だった。この神経症の特徴は、負傷した経験など、不快な経験が反復して想起され、夢に悩まされることにある。

フロイトは夢は欲望の充足であるという仮説を提起してきたので、このような不快な経験を反復して夢に見る反復強迫の症状は、この仮説を否定するもののように思えたのである。「災害神経症者の夢は、もはや欲望の充足の観点からは解釈できない[38]」のである。そこで新たな理論的な構築が必要とされたのであり、「快感原則の彼岸」はそれを目的とした論文である。

こうした神経症の患者はどうして苦痛な経験を反復して夢に見るのだろうか。そこにはある種の欲望の充足があるのではないだろうか。その欲望とは、みずからの死を望むような欲望ではないだろうか。というのも、それは快感原則にはまったく反しており、また自己保存欲動ではとうてい説明することができないからである。

フロイトはまず、こうした神経症者が夢で再現する「反復強迫は快感原則を凌《しの》ぐものであり、快感原則よりも根源的で、基本的で欲動に満ちたものと思われる[39]」と結論する。この欲動が性欲動ではないことは明らかであり、自己保存欲動でも自我欲動でもないことも明白である。これをフロイトは死の欲動と名づけるのである。

これはどのような欲動だろうか。それは「すべての生命体の目標は死である[40]」という仮説に基づいた欲動である。この仮説の背後にあるのは、「欲動とは、生命のある有機体に内在する強迫であり、早期の状態を反復しようとするものである[41]」という欲動の理論である。

フロイトは「すべての欲動は初期状態を回復しようとする傾向があるという仮説[42]」を立てたのである。この初期の状態というのは、生命が発生する以前の状態、すなわち死の状態である。するとどうなるかというと、「自我欲動は死の欲動である[43]」ということになる。

このような仮説を立てるにいたった背景には、すでに考察したように、ナルシシズム論でえられた新たな洞察があった。ナルシシズム論が明らかにしたのは、自己保存欲動と性欲動が結局は同じものであるということだった。この論文では、原ナルシシズムが存在しており、最初の状態ではすべてのリビドーは自己に向けられていると考えていた。それがさまざまな理由から対象にもリビドーが向けられるようになり、それが他者への愛情を可能にするのである。

そして病気などの何らかの理由があれば、対象に向けられたリビドーは、自己に戻ってくると考えられた。この自己に向けたリビドーは、自我欲動と同じものだと考えられる。すると性欲動と自我欲動は同じものだと言えるだろう。欲動は二元論ではなく、一元論にまとめられたのだった。

「快感原則の彼岸」でもこのことは、次のように説明されている。「リビドーが自我の中にとどまる間は、これはナルシシズム的なリビドーと呼ばれた。このナルシシズム的なリビドーは、精神分析の意味において性欲動の力が表現されたものであり、これは最初から存在が確認されていた〈自己保存欲動〉と同一のものとみる必要があった[44]」。この二つのリビドーの違いは「局所論的な差異[45]」にすぎないものとされたのである。

このようにして一九二〇年代半ばの中期のフロイトは、根源的な自我欲動だけが存在すると考えるようになっていた。この自我欲動はもともとは自己保存欲動と呼ばれていたものである。するとすべての生体は自己を保存することだけを目指しているということになる。これはいわば生の欲動であり、生物学的にも哲学的な人間学という観点からも十分に理解可能な考え方である。スピノザがすでにそれをコナトゥスという概念で提起していたのである。

ただしこの生の欲動というものは、ある意味では死の欲動とまったく関係がないわけではない。

生物学的にみても細胞は分裂することで成長する。分裂するということは、その最初にあった細胞は死ぬということである。原初の細胞が死んで、その子の細胞が二つ生まれるのである。

さらに原始的な生物の研究から、細胞は他の細胞と結合することで、若返ることが明らかにされている。この結合も、ある意味では死を意味している。もともとの細胞は死んで、新たな細胞として生まれ変わるからである。このように他の細胞と結合して若返ることは、自己保存欲動では説明できない。結合することは自己の死を招くからである。フロイトはここに新しい意味での性欲動を見出した。「性欲動は、生の意志が体現されたものである(46)」ということになる。

細胞について表現すると、「それぞれの細胞で作用している生命欲動あるいは性欲動は、他の細胞を対象とする。そしてこれに刺激を受けて死の欲動のプロセスが発生するが、この死の欲動は部分的に相殺され、細胞の生命が維持される(47)」というのである。

マゾヒズム論における三つの原則の定式

この二つの欲動のどちらを本原的なものとみなすかについては、フロイトは一九二四年に発表した論文「マゾヒズムの経済論的問題」で明確な答えを示している。この論文で注目されるのは、フロイトが快と不快を、以前の刺激の発生と除去というモデルとは明確に異なるモデルで考えていることである。フロイトはこれまでの理論を否定するかのように、「快と不快は、われわれが刺激の緊張と呼ぶ量の増大や減少と関係させることはできない(48)」と語っているのである。

フロイトは性的な快は、刺激の除去という欠如のモデルでは説明できないことを認めるようになったのである。そして性的な快においては、興奮が増大していることを確認している。「性的な興奮の状態は、この種の快適な刺激の増大の最適な例である」[49]のである。

この理論的な展開にともなって、これまでの現実原則と快感原則のほかに第三の涅槃《ねはん》原則と呼ばれるものが登場する。涅槃原則は死の欲動に奉仕するものであり、かつての快感原則と同じように働く。この原則に基づいて「心的な装置は、みずからに流入する興奮の総和をゼロにするか、できる限り低い水準に維持することを意図する」[50]のである。この原則は「刺激の負荷の量的な削減を目指す」[51]とされている。以前の刺激の除去によって快がえられると考えられていた時期の「快感原則」が、「涅槃原則」に変えられたのである。快はもはや刺激の除去で獲得されるものではなくなったからである。

これに伴って快は刺激の量ではなく、特別な質によってえられるものとされた。「快と不快は、この量的な要因に依存するのではなく、質的なものと呼ばざるをえないある性質に依存する」[52]とされたのである。そのため快感原則は今では、「リビドーの要求を代表する」[53]原則として、「刺激の質的な性格づけを目指す」[54]と表現されるようになった。この原則は、「生の番人」[55]として、性的な快楽の獲得と、死にいたるまでの迂回路における生の質の向上を目指すのである。

また現実原則は、快感原則を修正する役割をはたすものであり、「刺激の除去の時間的な猶予と、不快な緊張の一次的な容認を目指す」[56]と表現されることになる。

マゾヒズムとサディズムの欲動

快感原則はすでに指摘されたように、生の番人として、性的な興奮の質的な側面としての快楽を獲得することを目指すものであるが、この快感原則がその要求を代表するリビドーは、性的な快感を獲得することのほかに重要な役割があると考えられている。それはすべての生物には涅槃原則に代表される死の欲動があるとされているからである。

この死の欲動は、その生物を破壊することを目指すものであり、これが根源的なサディズムとして働いている。原サディズムは、生物が自己を破壊しようとする欲動を充足しようとするものである。

ただし原サディズムとこの死の欲動がただちに実現されると、その生物はすぐに生命を失うことになるだろう。しかし生は死にいたる道を迂回することで可能になっているのであるから、生のうちで成立する性欲動とそのリビドーは、できるかぎりこの迂回の道を長くするために、死の欲動を「飼い馴らす」[57]ことを目指すのである。

そのための方法は、「有機体において働いている死の欲動、すなわち原サディズム」[58]を外部に向けることである。「リビドーは、この破壊欲動を無害なものにする役割を果たすのであり、そのために破壊欲動をできるだけ外部に向けようとする」[59]のである。これが「本来のサディズム」[60]である。

ただしこの破壊欲動はそのすべてを外部に向けることができない。原リビドーが対象リビドーとして外部の対象に向けられなかった分が自我リビドーとして残ったように、破壊欲動もその一部が自我のもとに残るのである。そのとき、この自己に向けられたサディズムは、マゾヒズムとなる。これが原マゾヒズムと考えることができる。

これがリビドーと結びつくと、性愛的なマゾヒズムが生まれることになる。「死の欲動の別の部分は、外部に振り向けられることがなく、器官の内部にとどまり、上記の随伴的な性的な興奮の助けを借りて、ここにリビドー的に結合される」[61]のであり、リビドーと結びついているために性愛的なマゾヒズムとしての意味をもつことになる。

フロイトは、この原マゾヒズムがリビドーと結びついて生まれた性愛的なマゾヒズムは、「生命にとっては非常に重要なものである死の欲動とエロスの統合が発生する形成段階の証人であり、その名残である」[62]と指摘している。有機体が生命を維持するためには、死の欲動をエロス的なものと結びつける必要があるのであり、そこから性愛的なマゾヒズムが生まれると考えるのである。原マゾヒズムは、リビドーと結びついて性愛的なマゾヒズムとなるのであり、生物にとって原初的なものである。

ただし原マゾヒズムという理論的な想定とは異なり、この性愛マゾヒズムは子供の成長段階ごとに異なる姿を、「心的な〈衣装〉[63]」をとることになる。口唇期においては、同一化と食人的な欲望の裏返しとして、父親に食べられるという不安として、こうしたマゾヒズムが経験されることになる。

第二の肛門期においては、父親から叩かれたいという欲望が生まれるが、とくに肛門の近くにあるお尻を叩かれたいという欲望として表現される。「マゾヒズムにおけるお尻の役割」[64]は、このことから理解されるとフロイトは指摘している。フロイトは「子供が叩かれる」という論文では、娘のアンナのマゾヒズム的な空想を手がかりに、こうしたマゾヒズムについて詳しく考察している。

アンナは父親との近親相姦的な愛情を強くもち、それを罪の意識のもとで抑圧していたのである。アンナが「性的な意味をもつ父親への近親相姦的な愛を断念する[65]」と、その無意識的な欲望が罪責感を伴うマゾヒズムとして、肛門期にまで退行したのである。「退行によって性器的な体制が以前の段階に逆行する[66]」のであり、それが父親によってお尻を叩かれたいという折檻への願望として表現されたのである。

「この退行的な代償という源泉から、この［自分が父親に叩かれるという］空想はリビドー的な興奮を引き出しているのである。今後はこの空想にこの興奮が随伴し、自慰的な行為に捌け口をみいだす。これがマゾヒズムの本質である[67]」ということになる。

さらに男根期では、去勢不安が生まれるが、「去勢は、男根的な体制段階の沈殿物として発生し、マゾヒズム的な空想の中に入る[68]」とされている。

最後に性器的な段階では、典型的な性愛的なマゾヒズムが誕生する。マゾヒズムの空想にふけっている人を分析してみると、「空想する人物は、女性に特徴的な状況、すなわち去勢され、交接され、子供を産む状況に身をおいていることが、すぐに発見される[69]」のである。

第三のマゾヒズムとして登場するのが、マゾヒズムに原初的に結びついていた罪責感から生まれるマゾヒズムである。このマゾヒズムには、きわめて注目すべき特徴がある。それは、苦痛を与える人が誰であるかを問わないことである。

性愛的なマゾヒズムでは、愛する人から苦痛が与えられることが重要である。しかし「道徳的なマゾヒズムには、そのような制約がない。受苦それ自体が重要なのである。苦痛が愛する人物から加えられようとも、無関係の人物から加えられようとも、そのことは問題ではない[70]」のである。

このような特徴は、このマゾヒズムの主体にとっては、自分に苦痛が加えられることそのものが重要であることを示している。フロイトはこのようなマゾヒズムは、無意識的な罪責感から生まれたものであり、「処罰の必要性[71]」が感じられているために生まれたものであると指摘している。主体は、自分が何らかの形で罰せられることを望んでいるのである。

このような罪責感は、主体にとっては、その理由が理解できない無意識的なものであり、超自我が自我を道徳的な良心で苦しめるとしか説明することができない。「道徳的なマゾヒズムでは、自我に固有のマゾヒズムに重点がおかれ、これが超自我による処罰や、外部の両親の権力による処罰を求めるのである[72]」。

この超自我は、エディプス・コンプレックスの克服の際に生まれたものであることはすでに確認してきた。少年は父親の審級を内面化して、それを良心としてみずからの行動規範としたのである。フロイトは「エディプス・コンプレックスは、われわれの個人的な倫理性（道徳性）の源泉なのである[73]」ことを指摘している。ただし超自我の良心はふつうはこのように性愛化されて、マゾヒズムとして登場することは少ない。

フロイトはこのような道徳的なマゾヒズムの背景にあるのは、エディプス・コンプレックスの克服によって生まれた道徳性が退行して、エディプス・コンプレックス期への退行が起こることだと考えている。「道徳的なマゾヒズムによって、道徳が再び性的な意味を帯びるようになる(74)」のである。すると主体のうちでふたたびエディプス・コンプレックスが復活するようになる。それによって生じる帰結は、主体にとっては思わしくないものである。

第一の帰結として考えられるのは、マゾヒズムによって罰せられるために、罪深い行為を犯すようになることである。ことさらに悪事を行い、それによって罰せられることを求めるのは、そうした行為が「サディズム的な良心の呵責によって贖われる(75)」ことを求めるものであり、「これはロシア人の性格類型に多くみられる(76)」ことをフロイトは指摘している。ロシアの思想的な風土においては、悪の究極が善につながるというきわめて逆転した思考がみられる。

第二の帰結としては、理性的でない行為に進み、自分の人生を台無しにすることがありうることである。「両親の代理による処罰を引き起こすために、マゾヒズムは不合理なことをしでかし、みずからの利益に反して行動し、現実の世界において開かれている輝かしい展望を破壊し、最終的には自己の生存そのものを滅ぼさざるをえなくなる(77)」ことがあるのである。

フロイトは「精神分析の作業で確認された二、三の性格類型」において、「罪の意識から犯罪に走る者(78)」が多いことを指摘している。これらの人々は「どこから生まれたのか理解しがたい圧迫するような罪の意識に苦しめられていて、罪を犯した後は、この圧迫が軽くなったのである(79)」と説明している。

さらにフロイトは栄光の絶頂で破滅の道に進む人々がいることを、シェイクスピアの『マクベス』やイプセンの『ロスメルスホルム』を実例として具体的に説明している。こうした作品の主人公たちが破滅の道に進むのは、良心の呵責に耐えられなくなったためだというのである。こうした実例も、同じような心理的なプロセスとして理解することができるだろう。

　フロイトは、こうした逆説的な事例が発生するのは、社会の抑圧によるものであることが多いことを指摘している。そもそも外部にたいする破壊的な欲動であるサディズムが、道徳的サディズムとして内部に向けられるのは、それを外部に向けることを禁じられているためでもある。「文化によって欲動が抑圧され、この抑圧によって人生において主体の破壊的な欲動の大きな部分が発揮できなくなる場合には、サディズムの刃をみずからに向けるという事態が規則的に発生するものである[80]」。

　こうした道徳的なマゾヒズムは、文化の生みだした不満によるところが大きいのである。この社会と文明がもたらす抑圧については、次の第六章で詳しく検討することにしたい。文明社会において超自我は、道徳性の土台となり、人々が社会のうちで協力しあって生きて行くための基礎を作りだすのであるが、それがときに主体にみずからを破壊させ、破滅させる力を発揮することもある。死の欲動は、文明社会のもたらした帰結であるとも言えるのである。

第六章

社会という「檻」

1　人間の歴史における欲動の禁圧

社会という「檻」

前章においては、超自我の概念を中心とする新たな局所論の登場と、この超自我の概念に依拠した死の欲動の概念を考察してきた。超自我は主として、人間が成長の過程でエディプス・コンプレックスを克服する際に生まれるものと考えられており、この審級のもたらす道徳性と社会性のもとで、人々は他者と社会を構築することが可能になるとされたのだった。

人々はたしかに自己の欲動の満足を放棄することで社会のうちで他者と交わり、創造的な活動に携わる。しかしこのようにして欲動の満足を放棄することができる人ばかりではないだろうし、欲動の満足を妨げるこの社会は、多くの人々にとって、過酷なものとなりうるのである。

まず第一に、人々は性的な欲動を自由に満足させることを禁じられるために、社会的にみて逸脱することがある。フロイトが指摘するように、「かなりの数の人間は倒錯者として排除され、また別の多くも、体質的には倒錯者になるしかないのに、倒錯に陥るまいと苦労して、ついには神経質症に追いやられる」(1)のである。

もちろん一部の人は抑圧された性欲動を、創造的な方向に向けて、文化の発展に貢献するという昇華の道をたどることができるが、「昇華ということを成し遂げることのできない大多数の人々は、神経症に罹るか、あるいはその他の何らかの被害をこうむるのである」[2]。

このようにして、人々が和合し協力して生きるために作り上げた社会は、やがては人々がみずからの欲望を充足することを禁じる「檻」のような役割をはたすことになる。人々が苦労して構築した文明と文化は、エスのうちにひそむ欲望を超自我の力によって抑圧するという犠牲を払うことを、人々に求めているのである。自我はこの抑圧にやがて耐えられなくなることがある。この文明的な社会は、エスにその欲望の充足を禁じているからである。

人間は社会の中で生きるかぎり、何らかの形で欲望の充足を抑圧せざるをえなくなる。社会は「檻」となって、人々を監禁し、抑圧する。そのため社会で生きる人々の間にはつねに、この檻を破壊したいという破壊欲動が存在している。ニーチェは『道徳の系譜学』ですでにこの破壊欲動の存在を指摘すると同時に、この欲動が外部に向かって社会を破壊するのではなく、内部に向かって自己を破壊する力となることを指摘している。

ニーチェは人間がみずから作りだした社会や国家は、人々が自由に自分の欲望を充足することを禁止する「檻」となることを指摘し、人間という動物は「自分を閉じ込める檻の格子に身をぶつけて傷つく[3]」獣のようなものだと語っている。道徳や良心というものは、その自己破壊的な欲動から生まれるというのが、ニーチェの鋭い指摘だった。

フロイトもまた、この破壊的な欲動が自己に向かうことを指摘している。フロイトは超自我には攻撃的なエネルギーがそなわっていることを指摘した後に、その源泉を二つのところにみいだしている。

「この攻撃的なエネルギーは、外部にあった権威の処罰のエネルギーをうけついだものにすぎず、それが心的な生のために保有されたものなのだろうか。それともこのエネルギーはそれ自体が固有の攻撃的なエネルギーであり、欲動の充足を抑止しようとする外的な権威を攻撃しようとしたが、それが使われずに残ったものなのだろうか」[4]。

フロイトはこのように超自我が自我を攻撃するエネルギーは、父親が少年を罰する外部の権威のものか、それとも自我の内部にほんらい備わっていて、外部の権威を攻撃しようとするものかと問い掛けているのである。この第一の源泉は、すでに道徳的マゾヒズムのところで検討したものであり、フロイトはこれを「罪悪感の発生の歴史」を説明するために使い、第二の源泉を「罪悪感の理論的な説明」に使おうとしている。どちらにしても、「罪悪感に共通した本質的な性格は、攻撃欲動が外部から内部へと向け変えられたために生まれたということである」[5]とされている。

社会という「檻」に閉じ込められた人間たちは、ニーチェが指摘したように、檻の格子に体当たりして自己を傷つけるしかないのである。人間は良心というものを発明し、自己の内部に檻を作りだしてしまったからである。この罰する審級としての超自我は、自我を罰し、ときにはその人を破壊してしまうこともあるのである。

戦争という逃げ道

それだけに、この自己破壊的な効果を発揮するにいたった力を、共同体の外部に向けることで解き放とうとする試みが、古代からの人間の歴史につきまとってきた。それが戦争である。フロイトはアインシュタインとの公開の往復書簡において、人間がどうして戦争をするのかという問題を、この人間の歴史における欲動の禁圧とその解き放ちという観点から考察している。

この節では、この文章を手掛かりにして、フロイトが欲動の禁圧が進められた人間の原史をどのように再構成しているかを調べてみよう。これはフロイトの文明史的な考察なのである。

社会契約論の視点

フロイトは人類の歴史の原初に、ホッブズ的な自然状態を想定する。それは「力の強い者が、むきだしの力を使うか、才覚に支えられた暴力を使うことで、他者を支配する(6)」という状態である。ホッブズが語った「各人が各人にとって敵である(7)」という。この状態では「彼らは戦争と呼ばれる状態にあるのであり、この戦争は各人の各人にたいする戦争である(8)」ことになる。この戦争状態では社会も文明も存在しない。人間たちは自分の肉体的な力や才覚に頼って、他者を支配しようとする。

しかしホッブズが語っているように、この状態ではすべての人はほぼ平等である。「自然は人間を、心身の諸能力において平等に作った(9)」のである。人間の肉体的な力の違いはそれほど大きなものではない。そして誰もが食事をし、眠る。そのような時に不意をつかれるならば、どんなに力の強い人でも、自分の身を守ることはできない。それに二人の人が共同すれば、どんな強い人にでも対抗することができるだろう。そのためこの自然状態を離脱する道はただ一つである。

社会あるいは国家を構築することである。フロイトは「だから団結した人々の力が、一人の暴力に抗して、権利を確立したのです。こうした権利《レヒト》は、共同体の権力《マハト》として生まれたわけです[10]」と説明している。

フロイトはこのように、自然状態から社会状態に移行する必然性を語ったホッブズなどの社会契約の理論に依拠している。近代の政治哲学においては、社会がこのようにして形成されたと考えるのは常道である。しかしフロイトは、政治哲学の観点からではなく、精神分析の観点から、社会と文明の発展の歴史を考察するために、この道筋を補足する二つの観点を示している。

第一に、共同体を形成する道筋として、フロイトはさらに多様な道を考察し、この社会の形成を異なる視点からも考察している。ホッブズの政治哲学では、人間を抽象的な力の単位のようなものとして考え、それぞれの人間が自己を保存する手段として共同体の形成にいたると考えるが、フロイトは個々の人間をたんなる抽象的な自己保存の力のようなものではなく、もっと心理的な要素を兼ね備えた存在として考察する。

第二に、このようにして形成された共同体が、崩壊せずに自己を保存し、維持しつづけることができるために、フロイトはある心理的な要素を要請する。設立された共同体は、その存在を維持するためには「掟（法律）を定め、懸念される叛乱を未然に防止し、掟が守られるように監視する機構を設立する必要がある[11]」のだが、フロイトはこうした政治的な側面そのものではなく、その背後にある集団的な心理に注目するのである。

フロイトはこうした集団的な心理について、「このような利害の共同性を承認することによって、いわば共同体感情とでもいうべき感情的な結びつきが生まれるのである。この感情によってこそ、共同体は固有の力をもつことができる[12]」と語っている。それではこの共同体感情はどのようにして生まれるのだろうか、そしてそれは外部の共同体との戦争と、どのような関係をもつのだろうか。フロイトは政治哲学の観点からではなく、精神分析に関連したこれらの二つの観点から、共同体の形成について考察を重ねることで、人類の文明の起源にまで、そのまなざしを向けるのである。

人類の前史

まず、人類が社会を形成するようにいたる段階として、フロイトは共同体が形成される前に、道具の利用と家族の成立という二つの段階を想定する。人間は共同体を形成することで、いわば類としての人類になったのであるから、この二つの段階は、人間が人類になるための前史の段階と言うことができる。

フロイトは、ヒトが猿から進化して人類になるために必要であった条件として、直立歩行をあげている。直立歩行することによって何が可能になるだろうか。それはまず何よりも手を使うことができるということである。手は道具を使うことを可能にし、人類の生産性を大幅に向上させた。こうして手を使う人間は労働する人間になったのである。そして労働する人間は、他者と協力することの意味をみいだした。孤立していた人間では生産性が低いこと、そして他者と協力することによって、多くの富を生みだすことができることは、原始時代からすでに明らかになっていたことである。

ルソーはこの道具、技術、人々の協力の重要性が、共同体を生みだしたことを『人間不平等起源論』で詳細に描きだしている。たとえば狩をするときには、単独ではなく、協力して獲物を狩ることによって、大きな成果が得られるのである。「このようにして人間たちは知らず知らずのうちに、相互の約束とこうした約束を守ることの利点について、ごく曖昧な考え方を身につけていった[13]」のである。

フロイトはさらに直立歩行することで、顔が地面から遠くなったことを重視する。直立歩行するということは、たんに手を使えるようになるだけではなく、別の効果があった。それは頭と顔が地面から遠く離れたということだ。人間のまなざしは、それまでのように大地の近くにある食べ物を探すためのものではなくなった。人間は顔を上げて他者の姿を眺めるようになったのである。立ち上がった人間の眼に見えてきたのは、自分と同じ人間たちの姿だった。犬のように四つ脚で歩いている動物は、相手の顔と顔を突き合わせ、相手のお尻の匂いを嗅ぐ癖がある。しかし歩き始めた人間は、他者の立ち姿の美しさと、性的な魅力を感じることができるようになったのである。

それまで大地の匂いを嗅いでいた人間たちは、その匂いの刺激よりも、眼でみる異性の美しさという視覚的な刺激に強く反応するようになったと、フロイトは考える。「人間が直立歩行することによって、大地の嗅覚刺激が否定された[14]」のだった。こうして嗅覚刺激よりも視覚刺激が優位に立つようになった。そして大地の嗅覚刺激に近い排泄物に強い反感をもつようになった。これは巨大な「価値の転換[15]」であったとフロイトは指摘する。

フロイトはこのように直立歩行が「人類にとって決定的な意味をもつ文化プロセスの端緒[16]」であると考えているが、それはたんに視覚刺激が優位に立ったことだけではなく、人間が立ち上がったために「これまで隠されていた性器があらわになって、保護を必要とするようになり、こうして羞恥心が生まれた[17]」ことでもあった。

旧約聖書では、この羞恥心の発生について、アダムとイブが智恵の木の実を食べたことが原因だとしている。人間はこの智恵の木の実を食べて善悪を知るようになり、同時に羞恥心を感じて、自分たちの性器をいちじくの葉で隠したのだった。神はこの羞恥心の存在を示す行為をみて、すぐに人間が智恵の木の実を食べて、善悪を知ったことを悟ったのだった。

これにたいしてフロイトは、直立歩行して性器が他者のまなざしに暴露されたことに、別の意味で革命的な変化の原因をみいだしている。これは羞恥心の始まりであるとともに、他者のまなざしを意識し、自分のまなざしで他者を愛撫する行為の始まりだった。人間の愛情関係がこうして育まれ、家族が形成されるのである。

人間たちは直立歩行することでたがいに異性の魅力を知り、愛する相手と家族を形成し、ともに暮らすようになったのである。フロイトはこの状況を「ヒトのオスは、メスあるいは一般に性的な対象とともに暮らす必要を感じるようになった[18]」とともに、「ヒトのメスは、寄る辺なき子供たちを手放したくなかったので、子供たちの利益のためにも、腕力のあるオスのもとにとどまらざるをえなかった[19]」と指摘している。

フロイトはこのプロセスについて「嗅覚刺激の価値の低下、月経期における分離、そして視覚刺激の優位、性器の露出、さらに性的な興奮の持続、家族の形成という一連のプロセスが連鎖のように接続し、こうして人間の文化が誕生するための閾《しきい》がまたぎ越された[20]」と要約している。

家族から共同体へ

このようにして人々は、愛する人々とともに暮らす小屋を建て、家族ごとに分かれて暮らすようになった。そして人々はときには他の家族と協力しながら、食料を確保し、ある程度は財産を蓄えるようになったのである。こうして家族の形成とともに、野生人からの離脱の最初の段階が始まる。この段階では自己保存の欲望がエロスの欲望と結びついて、人々を強い絆で結びつけるようになったわけである。

この原始的な家族は、やがて子供たちを増やして大きな家族へと成長してゆく。フロイトはこの段階の家族は、「ダーウィンの原始群説[21]」で描かれたような原始的な大家族であると想定している。そしてこの家族は、「すべての女を独り占めにしながら、成長した息子たちを追放する暴力的で嫉妬深い父親[22]」によって統率されると考えた。

同時代の法学者のアトキンソンは、当時の家族理論に基づいて、この原家族では、父親が女性を独占してしまうので、息子たちは、「強制的に独身生活を守るか、もしくはせいぜい一人の捕虜の女と一妻多夫的関係を結ぶような共同生活を送っていた[23]」と考えている。やがてこうした状態に不満を抱いた息子たちは協力して、父親を殺害し、妻たちを奪いとることになると想定した。

フロイトもまた、このアトキンソンの理論と同じように考えている。息子たちが反乱を起こし、父親は殺害され、それまで禁じられていた女性たちが奪われるのである。しかしアトキンソンの理論ではこの反乱の成功の後に、息子たちの間で激しい争いが生じて家族は崩壊してしまう。「父を片づけてしまったあとでは、勝ち誇った息子たちがたがいに激しく争い、そのためにその群族が崩壊してしまう」(24)というのである。アトキンソンの理論ではこの大家族は崩壊する。しかしフロイトは、ここに家族の崩壊の物語ではなく、社会が成立するプロセスをみいだすのである。

原家族とエディプス・コンプレックス

それでは、この原家族を率いる父親を殺害して自分たちの欲望を満たすことができるようになった息子たちの集まりから、どのようにして社会が形成されるのだろうか。フロイトはそこに、エディプス・コンプレックスの働きをみいだす。この強力な父親と息子たちの関係が、現代の人間にも共通するエディプス・コンプレックスの状況であると考えるのである。このコンプレックスによって、家族は崩壊するのではなく、共同体へと変身することになる。

この構想が提示された『トーテムとタブー』という書物は、一九一三年に刊行されており、まだ中期の時代にあったフロイトの文明論的な考察として注目される。この文明論的な著作は、エディプス・コンプレックスが人間にとって普遍的なものであって、現代の小家族のうちで成立するだけではなく、人類の歴史と同じように古いものであることを示すために執筆されたのである。

このプロセスについてのフロイトの説明を読んでみよう。まずエディプス・コンプレックスのもとにある息子たちは、現代の少年たちと同じように母親を愛しており、父親を殺して母親と性的に親しい関係を築きたいと考えている。しかし息子たちは力が弱いために、父親から殺されることを（去勢されることを）恐れて、母親への欲望を放棄させられていた。

こうしたエディプス・コンプレックスの状況では少年は、父親にアンビヴァレントな感情を抱くようになる。父親を憎んで殺したいと願うと同時に、父親に憧れ、父親と同じような存在になりたいと願うのである。このアンビヴァレントな感情が、古代の原初的な大家族においても働いたとフロイトは考える。やがてエディプス・コンプレックスに苦しめられていた息子たちは、父親への憎悪という共通の絆で結ばれて、多数の力によって父親を殺すことに成功する。そして父親から禁じられていた母親と姉妹たちを手にいれることができた。

しかしそこでエディプス・コンプレックスの別の側面が働き始める。それは父親に憧れ、父親と同一化していた側面である。息子たちはみずから殺害した父親を悼《いた》み、自分たちの行為を悔やむようになる。そしてそこに罪の意識が生まれる。この罪の意識の働きによってかつて圧制的な父親が一方的に命じていた近親相姦の禁止の掟を、共同体のすべての息子たちがみずから守るべき新たな掟とすることを決めたのである。「こうして死んだ父親は生きていたときよりも強くなってしまう(25)」のである。

それまでは父親は外面的な権力として、その力によって息子たちを暴力的に支配していたのであるが、息子たちが父親を殺害した後では、殺した父親の掟は内面化されて、新たな威力を発揮するようになる。『自我とエス』では、個人の成長の過程において、少年がエディプス・コンプレックスを克服した際に、父親の示す掟が、超自我の定める行動原則として内面化され、それが道徳の起源となるとされていた。人類の原史においても同じことが起こることになる。

外婚制とトーテム部族の成立

それまでは息子たちは、父親が女性たちを妻として、娘として独占していたことに怒りを感じていた。そしてその怒りに燃えて父親を殺したのであるが、父親殺害のもともとの動機、すなわち女性たちを自分のものにしたいという欲望を実現することを、父親を殺害した後になって、みずからに禁じたのである。フロイトは息子たちは、その罪責意識のために「自分の行為を撤回し、この行為より生じる果実を断念したのである。つまり自由になった女たちを諦めたわけである」(26)と語っている。

これによって二つのことが帰結する。第一に、父親を殺害した息子たちが女たちをめぐって暴力的な争いをつづけることが防がれた。法学者のアトキンソンの予言はこうして実現せず、女性たちをめぐって息子たちが殺し合うことが防がれた。そしてこの共同体は亡き父親の掟にしたがって、女たちに手をださないようにした息子たちが率いる共同体に変貌したのである。

第二に、息子たちは肉親の女性たちを自分たちのものにすることを諦めたのであるが、女性なしでは共同体は存続することができない。子孫なしの共同体は滅びるだけである。そこで息子たちは、妻を他の共同体から手にいれることになる。そしてその代償として、自分たちの姉妹を、他の共同体の男たちに妻として渡すことにしたわけである。

これが文化人類学で呼ばれる外婚制ということである。原始的な民族はすべてこのように、近親相姦の禁止（インセスト・タブー）を設けて、自分たちの姉妹とは結婚せずに、他の共同体から女性を獲得することを定めている。こうしたタブーなしの集団は存在しないといってもよいのである。

それでは近くに他の共同体が存在しない場合にはどうすればよいだろうか。その場合には、自分たちの共同体を二つに分割すればよいのである。分割されて生まれた部族はそれぞれ半族と呼ばれる。この半族の内部でインセスト・タブーを守り、他の半族と女性を交換すればよいのである。大きな集団であれば、さらに四分割することもできるだろう。このように分割した集団は、それぞれが独自のアイデンティティを規定するために、何らかの象徴を定めていることが多い。

ニューカレドニアなどでは、それぞれの部族の象徴として、トーテムが使われることが多かった。トーテムとして一つの動物を選択し、その動物は聖なるものとして殺害することを禁じたのである。

しかし祝祭のときには、その動物を殺害して、集団の全員でこの殺害した動物の肉を食べることが定められていた。フロイトはこのトーテムの饗宴は、息子たちが父親を殺害した後に父親の肉を食べたことの記念であると解釈している。「彼らは食べ尽くすという行動によって父親との同一化を成し遂げ、それぞれが父の強さの一部を自分のものとした(27)」のである。

部族のシンボルであるトーテム動物は、かつて原始的な大家族を率いていた家長としての父親を象徴し、部族が全員で食べる動物の肉は、みんなで殺した父親の肉を象徴する。そして禁じられた肉を全員で食べる行為は、かつて力を合わせて父親を殺害したという「罪」を全員であがなう行為なのである。トーテム動物の共餐は、カニバリズム的な食人の儀礼を反復するものだということになる。

共同体の内部での宗教の発生

フロイトはこのようにしてトーテム集団としての共同体が、原父の殺害とその肉を食べるカニバリズム的な饗宴によって形成されたと考えている。社会の誕生の背後には、このように父親の殺害という暴力的なものが存在するというのが、フロイトの社会理論の根本にある。社会は人々の協力と和合によって形成されたと考える社会理論は多いが、フロイトの理論では社会の起源に、このような暴力を想定することが特徴的である。

このようにして社会の形成は、原初の暴力の産物とされた。そしてその原初の暴力への罪の意識が、多くのタブーを生むことになる。原始的な社会にみられるタブーの多くは、死者についての禁令である。死者の名前を呼んではならないとか、死者に触れると汚れるために、清めの儀式を行わずに接触してはならないとか、多数のタブーが死者についての細かな規定を定めている。

フロイトはすべての人類に共通するタブーとして三つのタブーと、それらの背後にある三つの欲望を挙げている。これらの原始的なタブーは、禁止されている秘められた欲望を表現したものである。「タブーが主として禁止の形をとって現れるものとすれば、タブーの根底にあるものが、積極的な欲望の流れであることは、わかりきったこと」(28)だからである。これらの秘められた三つの欲望とは、父親を殺害すること、すなわち近親の殺害、母親と交わること、すなわち近親相姦、そして死者の肉を食べること、すなわちカニバリズムである。

そしてこの三つの欲望に対応して、近親者と性的に交わってはならない、父親を殺害してはならない、殺害した死者の肉を食べるなど虐待してはならないという三つのタブーが、人類にとって根源的なタブーとして存在しているのである。フロイトはこれを、「王や祭司を殺し、インセストを犯し、死者を蹂躙するなどということは、原始人のもっとも強烈な誘惑だったと、結論せざるをえない(29)」と要約している。

これらのタブーがすべて、社会の創設にかかわるタブーであることは明らかだろう。父親を殺害することを禁止するタブーこそが、社会契約を締結させる根源的なタブーである。また近親と交わることを禁止するインセスト・タブーによって、共同体が成立し、他の共同体と交流することができるようになる。さらにカニバリズムのタブーを定めたトーテミズムによって、父親殺しの記憶を保ち、共同体の一体性とアイデンティティを維持することができるのである。

社会的なタブーと強迫観念の共通性

フロイトは、これらのタブーが、強迫神経症の患者の強迫観念と同じような性質をそなえていることに注目する。タブーは合理的な理由なしに、人々にある行為を禁止する。そしてそれに違反したときには、激しい罰が加えられる。タブーを信じている人々は、タブーによって禁じられた行為がどうして禁じられているかを知らない。それでいて、このタブーは絶対的な威力を発揮するのである。

強迫神経症の患者の悩む強迫観念も、同じようにその根拠が不明でありながら、きわめて強い力を発揮し、それに違反すると、激しい罰が加えられる。このように近代の神経症の患者の強迫観念と、原始社会のタブーが同じような性格をもっているのは、どちらもエディプス・コンプレックスの働きによるからであるとフロイトは考えている。

フロイトはこの書物において人間の文明の発達の歴史を、個人の成長の歴史から読み解こうとしている。個体発生は系統発生を反復すると考えるからである。個人がナルシシズム的な段階やエディプス・コンプレックスを克服する段階を経て成人となるように、原始社会もナルシシズム的な段階やエディプス・コンプレックスの克服の段階を経ることで、文明社会に発展していくと考えるのである。

良心、呪術、宗教の成立

これらの三つのタブーを守ることで、共同体は崩壊せずに存続することができるのであり、こうした禁止の力は非常に強いものである。フロイトはそこに強い罪責感と不安の存在をかぎつけている。そしてそこから社会的な良心と道徳性が生まれると考える。個人の成長においては、エディプス・コンプレックスの成立と克服によって個人の良心と道徳性が生まれた。それと同じように、原始的な社会においてもエディプス・コンプレックスの成立とその否定によって、社会的な良心と道徳性が生まれるというのである。

これはさらに、宗教の発生の経路でもある。タブーの禁止とタブーを犯した場合の「みそぎ」に関連して呪術が生まれ、アニミズムが発生する。アニミズムは、人間以外の自然のすべてのものに霊魂が存在していると考える。呪術はこの自然の霊魂に働きかけることで、自然を動かすことができると考える。それが可能であると考えるのは、人間が霊魂の万能の力を信じているからである。この自分の霊魂の万能への信念は、個人の成長におけるナルシシズム的な自己愛の段階にみられるものと同じなのである。

やがて宗教が成立するとともに、人間はこの霊魂の万能の力を父なる神に委ねることになる。ただし霊魂の万能への信念を放棄したわけではなく、それをエディプス・コンプレックスの克服にともなって、両親のような強い権威をもつ存在に委ねたのである。

やがて人々は成長し、自己の快感だけを追求する快感原則に依拠するのではなく、現実を冷静に吟味する現実原則に依拠して、対象を科学的に探求するようになる。すなわち「アニミズムの段階はナルシシズムに相当し、宗教的段階は、両親との結びつきをその特徴とする対象発見の段階に対応する。また科学的な段階は、快感原則を捨てて現実に適応しながら外界に対象を求める個人の成熟状態に完全に対応する」(30)というわけである。

フロイトは西洋の社会の根幹の一つであるキリスト教もまた、同じようなプロセスを経由して誕生してきたと考えている。ただしこれは重要なテーマであり、第七章で詳しく検討したいと思う。次の節では、「檻」となった社会が人々をどのように苦しめているか、現代の社会のもつ抑圧的な力がどれほど人々を苦しめ、不幸にし、それを克服するために戦争という手段が利用されるかについて、さらに考察してみよう。

2　死の欲動と戦争

人間が不幸になる三つの原因

フロイトは現代の西洋の社会において、人々が抑圧されており、幸福ではないと感じていることを指摘しながら、人間が不幸になる原因を三つ挙げている。「自然の圧倒的な威力、人間の身体の脆さ、家族、国家、社会における他者との関係を規制するさまざまな制度の不十分さ[31]」である。

この最初の二つは科学と技術によってある程度は克服できるし、克服できない場合には諦めるほかにないものである。地震のように襲ってくる天災、老いとともに感じられる身体の衰弱などは、これまでは人間のあらゆる試みと工夫をあざ笑うものだった。こうしたものは避けがたい運命として、甘受するしかないものである。

しかし第三の社会という要因は、天災や老衰のように、人間の避けがたい運命とは考えられない。そもそも社会というものは、人間たちが自分が幸福になるために作ったものであるはずだ。それが反対に人間に不幸や苦悩をもたらしているというのは、異常なことであり、さらに考察が必要なことである。わたしたちはなぜ、他者との交わりにおいて不幸になるのだろうか。

人間の欲動の放棄

それは、社会が文明を発達させるために、人々に欲動の放棄を強制するからだとフロイトは考える。この欲動の放棄は三つの段階を経て行われる。第一の欲動の放棄は、幼児における性的な欲動の放棄である。西洋では「幼児の性的な生の発現を厳しく禁じる[32]」のであるが、それはフロイトによると、「心理学的には十分に根拠のあることである。幼児の時代から禁じておかないかぎり、大人の性的な好みの力を弱めることなどできないからである[33]」。幼児の性的な欲望は多形倒錯と呼ばれるほどに多様なものであるが、こうした倒錯を禁じないと、成熟した性的な関係が成立しないのである。

第二の欲動の放棄は、成人の性的な欲望の対象選択をあらかじめ異性だけに、しかも異性の性器だけに決定し、その他の対象選択を倒錯として禁じることである。西洋では「性的に成熟した個人の［性的な］対象選択を、異性だけに限定してしまった。そして性器を使わない欲望の充足のほとんどを、倒錯として禁止してしまった[34]」のだった。フロイトの用語では、まず「性対象」を異性に限定し、次に「性目標」を性器に限定し、その他の性対象と性目標を倒錯として禁じたのである。

第三の欲動の放棄は、こうした性的な欲望の行使を、ただ一人の異性だけに限定してしまったことである。「この性愛は、一夫一婦制という公的な正当性を認められた関係のうちに限られねばならない[35]」ことになり、複数の異性と愛しあうことは、不倫として糾弾されることになる。

この三重の制限によって、文明社会で性的な欲望を充足することができない人々が多量に生まれることになる。こうした禁止のために「自分に固有の性的な満足を享受できなくなった人の数はかなり多い[36]」のである。これによって社会にたいして不満を抱く人の数が増えたのだった。というのも、「欲動に満足を放棄させることには危険が伴う。その欲動の放棄に何らかの代償を与えないと、リビドーの配分《エコノミー》において深刻な障害が発生する[37]」のである。こうした人々は神経症に悩まされることになる。「社会がその文化的な理想を達成するためには、社会の成員に欲望を断念するように強制するのであり、人々が神経症にかかるのは、この断念に耐えきれなくなったからなのである[38]」。

このようにして社会の中で人々は自分の欲望を抑圧し、減退させることを強いられてきた。「性生活はかつては幸福の源泉であり、人生の目的を実現するほどの意味をそなえていた。しかし今ではこうした意味をほとんど失ってしまったと思えるのである[39]」ということになる。

攻撃欲動と性欲動

社会が人間たちに求めるのは、こうした性的な欲望の抑圧だけではない。人間にそなわる別の深い欲望として、他者を攻撃し、破壊したいという欲望がある。フロイトは隣人愛の掟が定められているのは、人間にはそもそも隣人を攻撃し、搾取したいという深い欲望が潜んでいるからだと考えている。

フロイトによると隣人とは「わたしが自分の攻撃衝動を向けて、その労働力を代償なしに搾取し、同意なしに性的に利用し、その持ち物を奪い、辱め、苦痛を与え、拷問し、殺害するように誘惑する存在なのである。人間は人間にとって狼なのである」[40]とまで語っている。これまでの多くの戦争は、この狼の欲望が他の民族や他の国家にたいして向けられたものだったというのが、フロイトの診断である。

フロイトは、この攻撃欲動というものは、人間のうちにごく幼い時期から存在するものであり、人間から取り去ることはできないことを指摘している。口唇期においてすでに、幼児には愛する者を自分のうちに取り込もうとするカニバリズム的な欲望が生まれ、肛門期には他者に攻撃を向けるサディズム的な欲望が生まれることは、幼児期の性的な活動の発達において確認されてきた。

こうした攻撃的な欲動は、満たされる必要があるものであり、これが満たされないと、人々は幸福になれないとフロイトは指摘する。ただしこうした攻撃的な欲動を共同体の内部で満たそうとすると、秩序が崩壊しかねない。そこで、これを外部に向けることで満足させようとするのは、かなり自然な傾向と言わざるをえないという。

そうしないと、共同体の内部での愛情も培われないと、フロイトは次のように説明している。「攻撃衝動を放棄すると、人間は幸福とは感じないものである。小さな文化圏においては、その文化圏に属さない人々を〈敵〉とみなすことで、攻撃的な欲動をいわば〈迂回路〉を通って満たすことができるのであり、この利点を過小評価してはならない。多数の人々を、たがいに愛しあいながら結びつけることができるのは、攻撃欲の〈はけ口〉となるような人々が外部に存在する場合にかぎられるのである」[41]。

共同体と共同体の戦争は、いわば社会の内部での文化的な抑圧の代償のようなものであり、共同体の成立に必要な条件のようなものだということになる。

このように人々は社会のうちに生きながら、たがいに愛しあうエロスの欲動と、他者を攻撃しあう攻撃欲動の両方を満たすという困難な課題に直面することになる。社会とは、人々のこうした二つの欲動がたがいに対立し、からみあう複雑な場なのである。

そもそも原初的な共同体の成立の際には、すでにこうしたエロスの欲動と攻撃欲動が発揮されていた。社会が成立したのは、禁じられたエロス的な欲動を、独占的な父親への攻撃欲動を解放することで満たそうとする原父の殺害から生まれたと、フロイトは考えているからである。この二つの欲動は対立するだけではなく、たがいに混じり合うこともある。エロスの欲動に攻撃的な要素が加わるとサディズムとなり、それが自己に向かうとマゾヒズムになるのである。

死の欲動の意味

問題をさらに複雑にしているのが、そこに超自我の審級が介入することである。この超自我の審級は社会の形式の前史では、すでに考察したように原父の殺害の後に、罪の意識として生まれたとされている。息子たちは父親を憎むと同時に愛するというアンビヴァレントな感情を抱いていたために、殺害された父親の命令が、息子たちのうちに内的な「掟」としてよみがえったのである。これは社会的な超自我として、共同体の成員たちの道徳性を作りだすものとなったのだった。現代でも子供たちはエディプス・コンプレックスを克服しながら、この原父殺害の系統発生的なプロセスを、自分と父親と母親との三角関係において、個体発生的なプロセスとして再現していることになる。

この超自我は、良心という機能をはたしながら、自我を裁き、苦しめる。人々は家族を形成することで、エロス的な欲動を満たそうとしたのであるが、家族が集まって形成された共同体のうちで生きるためには、他者を害する破壊衝動を満たすことは禁じられねばならない。するとこの破壊衝動はどうなるだろうか。それは自己に向かうことになる。

フロイトはこの破壊欲動が人間にとってきわめて原初的な性格のものであるために、人間には本来、死の欲動があり、その一部が破壊欲動となって表現されるのだと考えたのだった。フロイトの死の欲動の理論は、社会という「檻」の中にとじこめられた人間たちのうちに生まれる自己破壊的な欲動を説明するためのものでもあったのである。

この死の欲動は、たんに他者を破壊しようとする欲動よりも、さらに根源的なものとして考えられている。エロスの欲動が「生物を保存し、さらに大きなもののうちに統一しようとする欲動[42]」であるとすれば、死の欲動は「こうした統一を解消し、原初の無機的な状態に戻ろうとする欲動[43]」とされている。フロイトは、「エロスのほかに、死の欲動が存在することを認め、すべての生命現象を、これらの二つの欲動の協力関係と対立関係から説明しよう[44]」とするのである。

人間には、すでに指摘されたように原初的に破壊的な欲動が存在する。この破壊的な欲動を満たすときに、人間は幸福になれるのである。ただし幸福になれるのは、その欲動が自分の外部に向けられたときだけである。「死の欲動の一部は外界に向かい、攻撃と破壊の欲動として姿を現す[45]」のである。この場合には破壊欲動は「他のものを破壊する。そのような形でこの欲動は、エロスに奉仕させられている[46]」のである。

ところがこの欲動が自由に発揮されたのでは、共同体は暴力の荒れ狂う場となってしまう。そこで共同体はこれを抑制するために、個人のうちに超自我という審級を作りだしたわけである。この超自我が、主体の破壊欲動を見張り、それを罪として咎めるのである。そこから罪の意識が生まれる。

「こうして厳格な超自我と、超自我に支配された自我のあいだに緊張関係が発生する。これが罪の意識であり、これは自己懲罰の欲求として表現されるのである。このようにして文化は、個人の危険な攻撃欲を弱め、武装解除するのである。征服した都市を占領軍が監視するように、自我の内部の一つの審級に、自我を監視させるのである[47]」。

このようにこの攻撃欲動を他者に向かって発揮させることができなくなり、超自我が厳格な父として、自我の欲望を咎め、自我を攻撃する。すると自我はますます罪悪感を強め、みずからを咎めるようになる。自我は自分の密かな欲望を超自我に隠しておくことはできないからである。このようにして他者に向けて発揮することができなくなった攻撃欲動は、自己へ向かうしかなくなるのである。

文明がこのように人々の攻撃欲動を自己に向けさせるようになることで、人々は不幸になり、自己破壊的になる。そして自己破壊的な人々も、自己を完全に破壊することはできないのだから、やがては他なる共同体を破壊するようになるのである。

フロイトはアインシュタイン宛ての書簡でも、「このプロセスがあまりに強くなると、その生物にとって懸念すべき状態になるのは、ご理解いただけると思います。何よりも不健全なものだからです。ところがこの欲動の力が外部の世界の破壊に使われると、生命体にとっては負担が軽くなるわけであり、好ましい結果をもたらすのは確実なのです[48]」と説明している。個人も共同体も、自己破壊を避けるためには、他の共同体に戦争をしかけるしかないということになる。

戦争を回避する道

このようにしてフロイトは、社会の成立と発展そのもののうちに、戦争が不可避になる根拠をみいだしていった。人間には破壊的な欲動があり、それが外部に向けられないときには、内部に向かって自己を破壊しようとするのである。ときにはそれを外部に向ける戦争というものも、それなりの役目があるということになる。

しかし破壊衝動を、戦争による他者の殺害という破滅的な方法で発揮しない道も必ずあるはずである。「この欲動を別の場所に向けて、戦争においてその表現をみいださないようにすればよい[49]」はずなのである。

フロイトはそのための道を三つ指摘している。一つは破壊的な欲動と対立するエロス的な欲動を育てることである。「人間のあいだに感情的な絆を作りだすものは何でも、戦争を防ぐ役割をはたすはずである[50]」からである。

そのためには、戦争の相手となる可能性のある人々を愛するか、それと同一化して、一体感を醸成することを目指すべきだろう。古代のギリシアでも、ギリシア全土に住むヘラスの民としての統一感を作りだすために、宗教的な絆を構築し、オリンピックのような運動を通じた絆を作りだすなど、さまざまな工夫が行われたのだった。

第二の道は、指導者となる人々のうちに、「自律した思考をすることができ、威嚇されても怯《ひる》むことがなく、真理を希求する人々を養成する[51]」ことである。ただしこの教育の道は短期間で実現できるものではなく、目の前の戦争を防ぐには、あまり役立たないものである。

第三の道は、社会のすべての人が平和主義者となることである。フロイトは、文明が発展すると、知性の力が強まり、理性的に判断する人が増えることを指摘し、戦争というものに「体質的に不寛容に」なっている人が、そして戦争にたいして「生理的な嫌悪感[52]」を感じる人が増えていることを指摘している。そして戦争のもたらす惨禍という明白な理由とあいまって、やがては戦争が廃絶されるに違いないと考えている。

またフロイトは『文化への不満』では、「人類の宿命的な課題は、文化の発展によって、人間の攻撃欲動と自己破壊的な欲動が共同生活にもたらす攪乱をコントロールできるのか、そしてどこまでコントロールできるのかということに尽きる[53]」と指摘している。それはすなわち戦争をどのようにして防ぐことができるかということが、「宿命的な課題」であるということである。

それについてフロイトは「わたしたちが期待をかけることができるのは、〈天上の二つの力〉の一つである永遠なるエロスが、同じく不死の敵である死の欲動との闘いにおいて力を尽くしてくれることだけである[54]」と、エロスの力に期待するのである。

フロイトは『幻想の未来』では、宗教の幻想をロゴスという理性で克服することに期待をかけていた。しかし宗教の場合とは異なり、戦争では理性的な判断では抑えることのできない死の欲動が働いているために、さらに困難な問題が発生するのである。この問題については理性に大きな期待を寄せることができず、エロスの絆の力に頼るしかないということになる。

集団心理学と戦争

ただしフロイトが戦争とエロスの欲動に関連して指摘している重要な特徴がある。それは戦時の軍隊という場において、人々が個人の場合とは明確に異なる行動をとるということである。「多数の人々、数百万の人々が集うと、個人が獲得してきた道徳的な要素は解消されてしまい、原初的で、ごく古く、粗野な心構えだけが残る(55)」のである。これは戦争が明らかにした重要な問題である。戦争を防ぐという課題だけではなく、戦争の場で人々が殺戮に耽るようになるのはどうしてか、戦争の残虐さを少なくするにはどうすべきかという課題もまた、戦争についての重要なテーマなのである。

フロイトはこれを防ぐためには「今後の人類の発達に俟《ま》つしかない(56)」と指摘しているが、すべての人が「人間同士の関係においても、人々と支配者の関係においても、できるかぎりの誠実さと正直さを示すことが、この改革の道をなだらかなものとすることに役立つはずである(57)」と期待してもいる。この個人の心理と異なる集団的な心理の問題が、戦争に関連して登場してきた重要なテーマであり、次の章ではこの問題を考察してみよう。

第七章

人類の精神分析

1　集団の無意識

ユングの集団的な無意識の理論

これまでフロイトの思想について、主として個人の精神と心理の側面から考察してきた。しかしフロイトには人間を個人としてではなく、集団として、人類として考察する視点がある。

この視点は、フロイトを中心とする精神分析の陣営に一時は参加し、フロイトから精神分析の後継者として期待されたカール・ユング（一八七五〜一九六一）が重視したものだった。ユングは、人間の心理の奥底には、集団的な無意識が存在していると主張し、個人の心理だけでなく、こうした集団的な無意識を考察する必要があることを指摘した。

ユングのこの方法は、ユングの心理学に二つの重要な方向性を与えた。一つは人間の心理のうちに、原型的なものが存在していて、これは個人の心理を超越したものであり、しかも個人の心理を動かしていると考えるものだった。

たとえば男性における女性的なものとしてのアニマ、女性における男性的なものとしてのアニムス、自我とその影、母親、老人、子供などのさまざまな原型を取りだすことができる。そしてそれを民話などのうちに探りだすことで、人類の心理を考察することができると考えたのである。

もう一つは、個人の心理のうちに存在する集団的なパターンを考察するのではなく、伝統的な哲学や思想のうちに、個人の心理に共通する要素を探しだそうと試みる方向である。ユングがとくに興味をもったのは、錬金術とグノーシス派だった。これらの思想的な伝統は、人間の心理の原型的なものを扱っていると考えたのである。

このように個人の心理のうちの原型的なものと、歴史的な思想的な遺産のうちの原型的なものを探るのが、ユングの心理学の重要な課題となった。またフロイトの精神分析の陣営にも、英雄伝説を考察したオットー・ランク（一八八四〜一九三九）のように、民話や伝説のうちから精神分析に役立つものを探りだそうとする営みが活発に行われていた。

フロイトの人類の精神分析

フロイトはこうした傾向を容認しており、個人の精神分析だけでなく、人類の精神分析の可能性を信じていた。それにはユングの影響もあっただろうが、フロイトの思想的な枠組みにおいて、すでにこうした取り組みを促すいくつもの要因が存在していたからでもある。

その第一の要因として、当時の生物学では、個体としての人間の発生が人類の系統的な発生を反復するという理論が提起されていたことがあげられる。胎児には成長過程において、魚の鰓裂に似た裂け目が形成され、やがてそれが消えるなど、人間が成長するプロセスにおいて、人類の進化の段階を反復しているのではないかと考えられた。

一八六六年にヘッケルが『一般形態学』という生物進化論の書物で、この個体発生における系統発生の反復という理論を発表した。フロイトはこの仮説に基づいて、個人においても、幼年期の心理段階が、人類の原始的な段階の心理をある程度まで反復していると考えた。その具体的な実例として挙げられたのが、前章で考察したように、人類の原始的な時代におけるエディプス・コンプレックスの克服というテーマである。これは通時的で歴史的な観点から、個人が人類の原始時代を反復すると考えるものである。この観点からは、個人ではなく、類としての人間の精神分析が目指されることになる。

第二の要因として、人間が個人で行動する際と、集団で行動する際では、かなり違った心理的なふるまいを示すことがあげられる。集団で行動するときに、人間は個人ではなく、人類という集団の一人として行動するのであり、集団的な心理に支配されるとフロイトは考えた。これは通時的で歴史的な観点からではなく、共時的で社会学的な観点から、集団の精神分析を目指すものである。

第三の要因としては、フロイトの文明論的な考察が、個人の心理的な領域を超えるものだったことがあげられる。前章で考察してきたように、フロイトは西洋の社会と文明のありかたが、個人のエロスの欲動の充足を妨げる性格をそなえていることを繰り返し指摘している。そのために社会のうちで生きる人々は、時に文明への不満をきわめて激しく示すことがある。そして宗教はこうした不満を神経症と同じような道筋で解消する役割を果しているのである。これは文明論的な観点からも精神分析が必要であり、社会批判に精神分析を適用できると考えるものだった。

フロイトのナチズムとキリスト教の批判

フロイトの晩年は、ドイツでナチズムが台頭した時代だった。そしてフロイトは、その背景には個人のリビドーの充足が禁じられる一般的な傾向があると考えたのである。ナチズムとナチズム体制下のドイツ国民の精神分析的な考察は、ヘルベルト・マルクーゼ（一八九八～一九七九）やエーリヒ・フロム（一九〇〇～八〇）などのいわゆるフロイト左派が展開したテーマであるが、フロイトもすでに、こうした考察を展開していた。フロイトはナチズムを正面から批判することは試みていないが、そうした心理的な状況が発生する背景を分析したのである。

さらにフロイトは、現代の文明において宗教が果す役割を考察した。フロイトの最後の作品『モーセと一神教』でフロイトは、キリスト教的な文明の批判を展開したのである。フロイトの社会と文明への批判は、西洋の歴史と文化のありかたの全体を批判する鋭い視点をそなえているのである。

自己の解釈学

フロイトの思想はこのように、個人の心理の批判に基づいた文明批判として、現代思想の空間を根本的に転換する役割を果したと言えるだろう。フランスの思想家のミシェル・フーコー（一九二六～八四）は、現代思想の出発点においてこうした思想的な転換を遂行した人物として、マルクス、ニーチェ、フロイトの三人をあげている。

フーコーは、この三人が、思想を転換させる空間の新たな配置を決定し、思想の解釈の新たな道筋をつけたことについて、「マルクス、フロイト、ニーチェは、その中で記号が記号でありうるところの分布空間を根底的に変更したのではないか[1]」と指摘している。それまでは記号が「均質な空間の中に配置されていた」のにたいして、これらの三人の思想家は、記号を解釈する空間の「深さの次元」を作りだしたのであり、「記号の性質を変化させ、記号一般がそれによって解釈されうる解釈の仕方を変更した[2]」と、フーコーは指摘する。

そしてこうした解釈は、たんに対象についての解釈ではなくなり、解釈を行う自己についての解釈学という性格をおびるようになった。解釈は「われわれ自身にかかわりがあるから、われわれ解釈者が、それらの技術によってわれわれ自身を解釈し始める[3]」ような循環に陥ることになったのである。わたしたちはあるものを解釈しながら、同時につねに自己の解釈を行うことを強いられるようになったのである。

フロイトの『夢解釈』は、主として自分の夢の解釈を基礎としたものである。わたしたちはフロイト以降、思想的な課題においてつねに自己の解釈学を同時に行わざるをえなくなっているのである。精神分析は、他者の分析であると同時に、自己の分析でもあらざるをえない。そしてこの自己の分析は、個人的な心理の分析であるだけではなく、同時にわたしたちが生きる日本という伝統と歴史の分析であり、日本と西洋を含めた人類の伝統と歴史の分析でもある。

フロイトの思想をたどってきた本書の最後の章では、個人だけではなく、人類の歴史と精神を分析する試みの可能性について、すでに指摘した三つの要因に基づいた三つの視点から考察してみよう。まず、個人が人類の発展を反復しているという第一の要因の視点から考えてみよう。次に集団においては、人間は原初的な心性に退行しているという第二の視点から考察してみよう。

そして最後に、西洋の社会の根底にあるキリスト教という宗教が、文明社会における生き難さを解消するための集団的な神経症のようなものであるというフロイトの理論を検討してみよう。

2 トーテミズム

まず、個体発生が系統発生を反復するという歴史的な観点から、精神分析の可能性を考察したフロイトの第一の視点について、手短かに考えてみよう。このテーマは一九一三年の『トーテムとタブー』において中心的に考察された。

この書物のサブタイトルは、「未開人と神経症患者の精神生活におけるいくつかの一致点について」というものであり、冒頭でフロイトはこの書物が「精神分析の観点と成果を、民族心理学の未解決の諸問題に適用しようとする私の最初の試み」[4]であること、「民族心理学の素材を参照しながら個人心理学の諸問題を解決しようとする」[5]ユングの試みとは反対の方向を向いたものであることを明示している。

民話や童話を手掛かりに個人の精神を分析しようとするユングに対抗して、フロイトは個人の精神分析を手掛かりにて、文化人類学の未解決の問題を解決しようとするのである。

具体的に考えてみよう。前の章でもふれたように、当時、文化人類学の分野でオーストラリアや北米のインディアンなどにみられたトーテミズムの制度に注目が集まっていた。

イギリスの人類学者のジェームズ・ジョージ・フレイザー（一八五四〜一九四一）はこの書物

が発表される直前の一九一〇年に『トーテミズムと族外婚』という書物を発表して、トーテムとインセスト・タブーの問題を考察している。さらに一九〇二年にはフランスの社会学者のエミール・デュルケーム（一八五八〜一九一七）が、フレイザーがすでに発表していたトーテミズムの論文を批判する「トーテミズム論」を発表している。

トーテミズムの制度には四つの特徴がある。特定の動物をトーテムとして崇め、トーテムごとに集団を構成すること、集団の内部での婚姻が禁止され、外婚制をルールとすること、トーテム動物を食べることを禁止すること（摂食禁止）、全員でトーテム動物を食べる饗宴などの特別な宗教儀礼があることとである。このトーテミズムの問題はレヴィ＝ストロースが一九六二年に、構造人類学の観点から『今日のトーテミズム』を発表して、文化人類学の問題としてはほぼ解決されることになるが、フロイトはこの問題に、精神分析の観点から取り組んだわけである。

フロイトが人類の原初の段階に父親にたいする息子たちのエディプス・コンプレックスがあり、その結果として父親殺しがあったと考えていたことはすでに考察してきた。ここで注目したいのはこの理論だけではなく、フロイトが文化人類学のさまざまな問題を考察するために、精神分析の成果が貢献できると考えていたことである。

すでに指摘したように、フロイトは近親相姦の禁止、人肉食の禁止、父親殺しの禁止という人間の三つの原始的なタブーは、すべてエディプス・コンプレックスの現れとして説明できると考えていた。精神分析によって個人の成長段階で克服されるこのコンプレックスは、人類の原始時代からつづくこうしたタブーの発生のメカニズムを説明するために役立つものだと、フロイトは考えたのである。

たとえばフロイトは、精神分析による説明なしでは、未開の民族で近親相姦が厳しく制限されていることは理解できないと指摘する。精神分析なしでは、「この禁令がいかにしてトーテミズムという制度体系のうちに入ってきたのかが、分からないのである」[6]という。この外婚制問題では現代ではレヴィ＝ストロースの構造人類学で解明されているが、フロイトはそのシステムの「構造」の背後にある心理的な要素は、エディプス・コンプレックスによって説明するしかないと考えるのである。

タブーと強迫神経症の共通性

さらにフロイトはタブーの特徴を説明する上でも、精神分析が役立つと考えた。すでに考察したように、タブーは強迫症の患者の示す症状に近いものをそなえているのである。ここではこの問題を少し詳しく考えてみよう。フロイトは原始社会におけるタブーと強迫神経症の強迫的な禁止に、次の四つの顕著な共通性があることを指摘している。

第一の共通点は、「強迫的な禁止もタブーと同じように動機をもたず、その由来が明らかでないこと」[7]である。その動機も由来も明らかでないために、それを防ぐことが困難になる。それは「いまや克服しがたい不安によって遵守せざるをえない」[8]のである。

第二の共通点は、それが外的に強制されるのではなく、「それを犯せば耐えがたい災厄を招くという内心の確信（良心）があり、そのために懲罰による外面的な威嚇は不必要である」[9]ことである。

第三の共通点は、どちらも接触を禁じることである。肉体的な接触が禁止されると同時に、観念的な接触も禁じられる。接触することは伝染を生むからである。

第四の共通点は、不可解で無意味に思われる儀礼的な禁止が生まれることである。「儀礼的行為、すなわち禁止に基づく戒律の発生[10]」が観察されるのである。

二つの実例

フロイトはこうしたタブーと神経症の類似性について、フレイザーの『金枝篇』に示された実例と、ある神経症の女性の実例を対比しながら説明している。『金枝篇』で示された実例では、マオリ族の酋長は決して自分の息で火を熾《おこ》さないとされている。神聖な息が火に移り、火から食べものに移り、それを食べた人に移り、その人は死ななければならないからである[11]。

これにたいしてフロイトが実例としてあげた神経症の女性は、夫がウィーンで買ってきたある品物を、家の中にいれないように頼んだという。というのも、夫がそれを買った街路の名前が、もはや思い出したくないためにタブーとなった幼友達の名前と同じだったからである。「だから、ここウィーンで買われた品物は、彼女が触れたくない幼友達である女性と同じようにタブーということになるのである[12]」。

どちらのタブーでも、接触が禁止されていることが分かる。第一のタブーでは、神的な力をもつ酋長の「息」が接触するならば、部族のふつうの人々に害が発生することが信じられており、これを禁じている。第二のタブーでは、自分で思い出すことを内心で禁じている幼友達の名前を想起させるお土産を持ち込むことは、その幼友達の思い出を家庭の中に持ち込むことと同じ意味をもつために、許されなかったのである。

強迫神経症によるタブーの説明

フロイトはこうした強迫神経症の禁止の背景に、強い欲望の存在をみいだしている。この実例の女性には、「ごく幼少の時期に、接触への強い快感が現れた[13]」ものの、これが他者によってすぐに禁止されたのだった。禁止された欲動は無意識として抑圧されたが、その後で彼女の心の中で、禁止と欲動との闘いが始まるのである。

しかしこの欲動が無意識のうちに抑圧されたために「禁令は意識されてもその動機は不明のままであり、それを知性によって解消しようとするすべての試みは挫折した[14]」のである。

この強迫神経症の禁止の考察から、フロイトは原始的な民族のタブーも同じような強い欲望の働きと、その禁止というメカニズムによって発生したと考えた。原始的な民族はある強い欲望を抱いたのだが、それが前の世代の人々によって禁圧されたのである。そのため「無意識のうちではタブーの禁令を犯すことを何よりも望みながら、しかもそのことを恐れている[15]」のである。

トーテムの二つのタブーで禁じられているのは、集団の象徴である特定の動物を殺すことと、トーテム集団の内部で婚姻を行うことである。この二つの行為が、強い欲望として存在しているために、これを抑圧するためのタブーが生まれ、それがアンビヴァレントな欲望として表現されるのである。

第一のタブーが禁じている欲望は、父親を殺害したいという欲望と、その死体を食べたいというカニバリズムの欲望であり、第二のタブーが禁じている欲望は、姉妹や母親と交わる近親相姦の欲望であることは明らかである。

この三つの欲望、すなわち親殺し、カニバリズム、近親相姦の欲望が原初的なものであり、しかももっとも重大なタブーとして存在しているのである。これらがエディプス・コンプレックスから説明できることは、すでに確認してきたとおりである。原始的な民族におけるトーテムの制度やタブーの戒律は、個人の強迫神経症から説き明かすことができることになる。エディプス・コンプレックスの克服に失敗した個人は強迫神経症にかかることで、人類の社会の成立の最初の暴力とトラウマを再現しているとも言えるのである。

3　集団心理学と人類の精神分析

集団の三つの特徴

次に、集団において、個人の心理がどれほどまでに人類の原初的な状態に戻るのかという問題を考察してみよう。フランスの心理学者のギュスターヴ・ル＝ボン（一八四一～一九三一）は、一八九五年に『群衆心理』を発表して、この分野での先駆者となった。フロイトは一九二一年の

『集団心理学と自我の分析』という著作において、このル＝ボンの書物から集団心理の三つの重要な特徴をとりだしている。

第一に、「集団の中では個人は、無意識の情動の動きへの抑圧を払いのけることを許すような条件のもとに置かれる[16]」のである。ということは、個人は集団においては自分の良心を捨てているということである。そして集団の一員となった個人のもつ「無意識の中には、それこそ人間精神のあらゆる邪悪さの素質が含まれる[17]」のである。また、この集団の一員となった人の「無意識の容器」であるエスは、「人間精神の〈太古の遺産〉に由来するもの[18]」であり、これは人類の無意識的な欲望を表現するものとみなされた。

第二にこれとは裏腹に、個人は集団のうちで高い倫理性を発揮する場合がある。フロイトはまず「集団化した個人が寄り集まると、個人としての抑制がすべて消え去り、太古の遺産として個人の中にまどろんでいたあらゆる残酷で血なまぐさい破壊的な欲動が目覚め、その衝動が十分に満足させられる[19]」ことを指摘する。しかし一方では「集団は暗示の影響のもとに、諦念や無私や理想への献身といった、より高次の行いを示す[20]」こともあるのである。

第三に、集団は何らかの幻想を求めるものであり、集団の成員はこの幻想を提示してくれる人に服従するのである。集団は「主人と名乗るものに本能的に従属してしまうような服従への渇望をもっている[21]」のである。第一と第二の特徴は道徳性の欠如と高い道徳性という、たがいに相反するアンビヴァレントなものであるが、第三の特徴である指導者が、このアンビヴァレントな特徴を統合する役割を果しているのである。

教会と軍隊の集団の構造

フロイトはこうした集団心理を考察するために、西洋の社会でもっとも一般的にみられる集団として、教会と軍隊という二つの重要な一次集団を取り上げた。この二つの集団に典型的にみられる特徴は二つある。一つはイエス・キリストや軍の司令官のように、集団の頂点にカリスマ的な人物が存在し、率いていることである。「集団のすべての個人をひとしく愛する首長がいるというまやかし（錯覚）が通用している[22]」のである。フロイトは「すべてはこの錯覚にかかっている。この錯覚を手放してしまうなら、外面的な強制が加えられたときには、教会も軍隊もたちまち崩壊する[23]」と指摘している。

第二の特徴は、こうした指導者に服従することで、集団の成員のうちには平等な関係と仲間への愛情が成立することである。軍隊では「司令官は彼の兵士をひとしく愛する父親であり、こうして兵士はたがいに戦友である[24]」ことになる。教会でも「一般に民主的な雰囲気がみられるが、それはキリストの前では万人が平等であり、万人はひとしく愛をうけているからである[25]」と言えるのである。

このことは、集団においてその成員の人々を結びつけているのは、指導者を媒介とした愛の関係であるということである。愛というエロス的な欲動が人々を統合し、集団の成員がたがいに平等な者として愛し合うことを可能にしているのである。

このように、集団的な心理で決定的な意味をもつのは、性欲動としてのリビドーがどのように集められ、配分されるかという経済論的な問題なのである。教会でも軍隊でも、それぞれの「個人は、一方で指導者、すなわちキリストや司令官に、他方で集団の他の個人にリビドー的に結びつけられている」[26]のである。それではこのリビドーの配分からどのようにして、成員のうちで愛の関係が生まれるのだろうか。

フロイトは『トーテムとタブー』では、エディプス・コンプレックスの概念によって人々の集団的な幻想を分析したが、『集団心理学と自我の分析』では対象選択の概念によってこうしたリビドーの配分を考察しようとしている。ここで重要なのは、個人にはもともとは原初的なナルシシズムが存在するはずなのに、集団ではこうしたナルシシズムが放棄されているようにみえることである。個人は集団においては自己愛を忘れたかのように、指導者に心酔しているのである。

惚れ込み

こうした自己愛の否定と他者への愛は、個人の精神分析では、「惚れ込み」と「同一化」という概念によって説明される。まず「惚れ込み」について考えてみよう。たとえば男性がある女性に惚れ込んでいるとすると、男性は愛の対象である女性に、自分のリビドーの最大量を投じている。もともとのリビドーの量には制限があるために、自己愛として残されたリビドーはごくわずかで、男性の自己は貧しい状態にある。

フロイトは、ある人が対象にこのように惚れ込むということは、人間の本来のナルシシズム的なありかたに反するものであることに注目する。誰もが自己を愛するはずであり、そのように自己を否定して、他者を愛するのは異常なことだからである。この異常な現象を説明するために、その人は惚れ込んだ相手にリビドーをすべて投入しているようにみえるが、実はその人は迂回した経路で、自己愛を実現しているのだと考えることができる。

ここで一人の男性が、ある女性に惚れ込んでいるとしよう。惚れ込むことで、その人のリビドーのほとんどは相手の女性に備給されてしまい、自己に向かうリビドーはごく少なくなるために、その男性の自己愛は傷つけられる。しかしその愛する人に愛されるならば、愛する人に愛されている自己を愛することができる。このように迂回路を通ることで、惚れ込んだ男性は、惚れた女性に備給した自己愛を取り戻すことができるのである。

こうした「惚れ込み」の愛で顕著に見られるのは、対象として選択した相手を過大評価することである。愛する女性はまるで天使のように、人間ばなれした存在として崇められ、男性はその女性については、いかなる批判もうけつけなくなる。そしてその男性の自我は貶められ、自己犠牲と言わざるをえない状態が生まれるのである。

「いわば対象が自我を食い尽くした[27]」のであり、その主体を「へりくだり、ナルシシズムの制限、自己の毀損[28]」が支配するようになる。それでもこの惚れ込んだ男性は、こうした迂回路を通って、傷ついた自己愛を癒すことができるのである。

このような状態はどのようにして発生するのだろうか。フロイトはそこにはある種の理想化が発生していると考えている。ナルシシズムのリビドーが自己に向けられた時には、超自我の審級において、自我理想が発生する。この自我理想とは、あるべき自我であり、この理想的な自我の審級に基づいて、自我はみずからを批判し、貶めるのである。自我はこれに苦しむが、それでも「人は自分自身の自我に満足できない場合でも、自我とは区別された自我理想のうちに満足をみいだすことが許される」(29)のである。

こうした惚れ込みは、一目惚れのように一瞬で生まれることもある。ラカンがしばしば指摘する例であるが、ゲーテの小説『若きヴェルテルの悩み』では、ヴェルテルは子供たちに取り囲まれたロッテをみた瞬間に惚れ込んだ。そこにヴェルテルは母としても妻としても最高の女性を幻視したのであるが、そこには、母から愛され、妻から愛されるある種の自我理想が形成されていたと考えることができる。ヴェルテルはロッテに惚れ込むことで、ロッテから愛される自己に惚れ込んだのである。

集団における指導者の理想化と愛は、この自我理想によって説明することができる。集団の成員は、指導者を自分の自我理想と同じものとみなすのである。そしてこの自我理想から愛されることで、自分の自我にリビドーを取り戻すことができる。この場合には「対象は自我理想の代わりになった」(30)のである。

同一化

もう一つの考え方は、「同一化」の概念によるものである。すでに確認したように、エディプス・コンプレックスが克服される際には、父親との同一化が行われるのだった。少年は父親の審級を内面化することによって、父親と同等な存在になろうとするのである。この同一化によって、超自我の審級が確立されることはすでに確認してきた。

そして主体は集団において、超自我を体現する父親と同じような地位にある指導者に、父親に向けるような愛と尊敬を捧げるのであり、父親に匹敵するこうした指導者から、子供のように愛されることを望むのである。そして組織のすべての成員は、一人の父親に愛される子供たちのように、対等で同一な地位のもとにあるとみなされるのである。

この場合には、同一化の対象となる指導者が、「自我の中で再建され、自我は失われた対象を模範として、部分的に変化している」[31]のである。惚れ込みの場合には、対象が自我理想の代わりになったのだが、この同一化の場合には対象が自我の代わりになったのである。

集団心理では、この惚れ込みと同一化の二つのメカニズムが働いていると考えることができる。まず、指導者は自我理想が体現されたものであり、この指導者から愛されることで、集団の成員は自分の自我にリビドーを取り戻すことができる。

また他の成員との関係では、同一化が成立していることで、他の成員は誰も、指導者に愛される自分と同一なものとみなされるのである。フロイトはこうした一次集団は、「同一の対象を自我理想の代わりに置き、その結果、自我がたがいに同一化してしまった個人の集団である」[32]と説明している。

群衆における原始家族の再生

このように卓越した指導者のもとで、同じ集団の成員がたがいに同一化しあうという関係は、実は『トーテムとタブー』で考察された原始的な家族の集団において成立していた関係である。原始群族ではただ一人の父親が、息子たちには性的な欲望を充足することを禁じ、しかも子供たちのすべてを、父親として平等に愛しているのだった。

リビドーを満たすことを禁じられた息子たちは父親を殺したのだが、それぞれの息子たちが争いあうことを防ぐために、近親相姦の欲望を禁じて、たがいに対等な仲間として、共同体を維持することを決めるのであり、こうして社会が成立し、維持されるようになったとフロイトは考えたのだった。

フロイトは現代においても人々が集団を構成し、群衆になると、人々の心のうちにこうした原始的な心性が蘇ると考えている。「したがって集団は、原始群族がふたたび息を吹き返したもののように思われる。潜在的にはあらゆる個人の中に原始の人間が保存されているように、任意の人間が群れをなして集まると、ふたたび原始群族をそこに作りだすことができる(33)」と、フロイトは指摘する。

このような集団の中においては、人々は理性的な自我を放棄して幼年期に退行してしまう。そしてエディプス・コンプレックスの克服の時期に成立していた理想自我と同一化の段階に戻るわけである。集団では「意識的な個人の人格性が消失し、思考と感情が同じ方向に向けられ、情動性と無意識的な心の働きが優位に立ち、思いついた意図はすぐに実行される傾向がある。これらのすべては原始的な心の活動に退行した状態に対応するものであって、そのまま原始群族に帰してもさしつかえない(34)」ということになる。

このように個人は集団においては自己の良心を放棄して、自我理想を対象として選択し、そのような個人としてたがいに同一化しあい、たがいに愛しあう仲間となる。こうした仲間の間では、ときに高い道徳性が実現されることがある。この道徳性は同一化によって生まれたものであり、「自我のその共同性から、たがいに相手を援助し、所有する物を分かち合うべき仲間同士であるがゆえの義務に導かれる[35]」ものと考えることができる。この道徳性が真の意味での道徳ではないことは、この道徳性が集団の外部の他者にはまったく適用されないことからも明らかである。

それでもたがいに自我理想に向かって進み、そうした自我理想を手本としている人々の集団が、ときには高い道徳性を発揮するのもたしかであり、これこそが「キリスト教がより高次の道徳性を獲得したと主張する基礎になっている要因[36]」であると言えるだろう。

このようにしてフロイトは、集団の三つの特徴を、指導者にたいする自我理想の投影、原始的な群族の再生による心的な退行と人格性と良心の消滅、同じ自我理想を抱く個人のたがいの同一化による仲間たちへの愛による高い道徳性の実現として説明することができたのだった。こうした集団は、人々が集まるとすぐに形成されるものであり、文明化された人間と言われる人々のうちにひそむ原始的な心性の強さを示すものとなった。

この原始的な心性は、一九三〇年代のナチスの総統というカリスマ的な指導者に率いられたドイツの大衆の心を支配するものであり、フロイトのこの集団心理学的な考察は、文明人の心に潜む原始的な心性と情熱を分析するための重要な手掛かりとなるものだった。

フロイト左派の人々、とくに『エロス的文明』などを著したマルクーゼは、フロイトのこうした理論構成を手掛かりに、抑圧的な文明の批判を展開するようになる。またユングによるドイツ批判も、その一つの流れと考えることができるだろう。ユングは同時代のドイツ人が、ゲルマンの神話の魅力のもとで、幼児的な心性に退行していることを批判していたのである。

4　集団的な神経症としての宗教の批判

戦争を防ぐ道

フロイトは晩年に『幻想の未来』という書物で、西洋の資本主義社会がいかに人々の欲動の充足を妨げているか、そしてそれがどのようにして人々を戦争へと導くきっかけとなっているかを指摘している。フロイトは西洋の文化の「人間を強制し、人間の欲動を抑圧するというこれまでの方法は放棄して、人間が内的な葛藤に妨げられずに財を稼得し、それを享受することができる方法」[37]はないのだろうかという問題を提起した。

これは困難な課題である。フロイトは実際には西洋ではこの課題を実現するのではなく、この抑圧された状態を糊塗するための方策が採用されているばかりであることを痛烈に批判する。そうした方策としては、ナショナリズムを利用するものと、創造的な活動に性欲動を昇華させる道があることは、すでに簡単に確認してきたが、この論考では、宗教が同じように、こうした抑圧を糊塗するために使われていることが批判されることになる。

フロイトは、宗教において神々が「文化のうちで人間が共同して生活することによって生まれる苦痛と欠如の償いをする」[38]ために大きく貢献してきたことを認めている。前節で確認したように、キリスト教の教会は、頂点に聖なる指導者としてのイエスを据え、そのイエスに平等に愛される信徒たちの集団としての性格を帯びていた。宗教は人々にたいして、たがいに愛しあうことを教えるとともに、集団の頂点に立って支配的な力を振るう権力にたいする抵抗を抑える役割を果しているのである。

西洋ではキリスト教は伝統的に、世俗的な国家の支配者を、宗教の権威の力で支える役割を果してきた。四世紀にキリスト教が国教となってからというもの、国家という政治的な共同体は宗教の共同体の権威と権力を借りてきたのである。この宗教の道は、ナショナリズムや昇華の道と比較すると、きわめて長い間、その有効性を維持してきたのだった。しかし現代にいたって、この宗教の道の有効性が疑問にされるようになってきた。大衆が宗教の教義に疑いをもち始めたからである。

神は存在しないのではないかと疑い始めると、これまで有効だっただけに、宗教は重要なリスクをもたらすことをフロイトは指摘する。「大衆が、愛する神は存在しないことを知ったならば、そして神の下す罰を恐れる必要がないことを知ったならば、懸念も抱かずに隣人を殺すようになるだろう」[39]というわけである。そして実際に神は存在しないことは、ほぼ誰もがうすうす知っている周知の事柄なのである。

ヨーロッパはこの宗教の力で大衆の不満を抑えてきただけに、このリスクは大きくなるだろう。

そしてフロイトによると、宗教との関係では次の二つの道しか残されていない。「この危険な大衆を厳しく抑制して、精神的に覚醒させるあらゆる機会を慎重に断ち切るか、文化と宗教の関係を根本的に変革するか(40)」、そのどちらかなのである。大衆の暗愚化によって宗教のもつ力を維持する第一の道は、現代ではもはや採用できないことは明らかである。だからフロイトからみると、宗教の力を借りて、秩序を維持しようとするのはもはや無理なのであり、第二の道に進んで、文化と宗教の関係の根本的な変革を模索する必要があるのである。

宗教と精神分析

フロイトは、宗教はある意味では神経症と同じ役割をはたしていると考えている。フロイトがどうしてそのように考えるようになったのかを理解するためには、西洋の社会において神が占める位置と、その役割について考察してみる必要があるだろう。西洋の神は、どのような存在だろうか。キリスト教の信者たちが信仰する神とは、全能の存在であり、自然と世界の秩序を定めた存在であり、人々を自然の脅威から救ってくれる存在であり、愛によって苦しみを軽減してくれる存在である。

信者たちを愛し救済してくれるこうした全能の神の像は、子供の頃に自分を守ってくれた父親の像にそっくりなのである。そして子供たちは自分の欲動を自分だけでは抑制することができず、父親からの禁圧によってそれを抑制することを学んだのである。その抑制の背後には不安が存在しており、それが神経症をもたらす要因となっていたのである。

宗教はこのような欲動を抑圧する力であり、宗教によってこの欲動を禁圧している社会は、神経症にかかっているのと同じなのである。「だから宗教とは、人類に一般にみられる強迫神経症のようなものなのだ[41]」ということになる。逆に言えば、人類は宗教を信じることで、神経症にかかることから免れているのである。「信者はいわば集団的な神経症にかかることで、個人的な神経症を発病する負担から免れているのである[42]」ということになる。

だから宗教の力の衰退によって生じた問題を解決する道は、神経症の患者を治療する道と同じものとなるだろう。神経症の患者たちは、身体に症状を生じさせることで、大きな利得を獲得している。神経症が発生するのは、患者が想起したくない記憶を抑圧しつづけたためである。身体的な障害が発生することで、患者たちはこうした記憶を想起することを防げるのである。こうした障害は、防衛の一つのメカニズムなのである。

だから宗教は、個人の神経症が人類的な次元で発病したものだと考えることができる。そして精神分析によって個人の神経症が治療できたように、人類の神経症である宗教もまた、理性的な精神分析によって治療することができることになる。「抑圧のもたらした結果を、理性的な精神の働きによって克服すべき時期が到来している[43]」とフロイトは考える。

『人間モーセと一神教』における宗教批判

この『幻想の未来』という書物では、宗教が秩序を維持するために果たしてきた重要な役割を認めながらも、それは神経症が抑圧に役立っているのと同じであり、こうした疾患は治療する必要があることを訴えていた。

科学の発達とともに、宗教の教義の説得力が失われつつあり、大衆が宗教を信じることをやめると、宗教のほかに秩序を維持する手段を用意しておかないと、秩序が崩壊する恐れがあるからである。理性によって教育によって、文明と文化の必要性を大衆に納得させるのでなければ、危機的な状態が訪れると考えたのである。

しかし最晩年の『人間モーセと一神教』では、宗教にたいする姿勢はさらに厳しいものになる。この論考ではフロイトは、『幻想の未来』と同じように、宗教を集団心理学的に考察するという課題を追求するが、その背後にはユダヤ教の運命を探るという隠れた目的があった。

この書物でフロイトは、『幻想の未来』ではごく一般的に語られていた個人の神経症と人類の神経症としての宗教の関連を、ある強迫神経症の患者の実例を挙げながら具体的に説明している。この患者の強迫神経症のパターンは、人類が歴史において経験してきたトラウマと同じようなパターンを示しているというのである。

神経症患者の実例

この患者は、幼年期にエディプス・コンプレックスを克服するのに失敗している。少年は母親に愛着し、父親から去勢されるという恐怖感を味わった。それが強すぎて、少年は性的な活動をまったく放棄し、父親にたいして受動的な態度を取るようになった。わざといたずらをして父親から折檻されるようなこともあった。一方では母親への強い愛によって、父親の去勢の脅しから保護されようとしたのである。

思春期までの潜伏期には少年は「良い子」として成長したが、思春期に神経症が発病する。そしてそれまでは可能だった性的な活動をすることができなくなり、父親にたいする激しい憎悪が生まれた。そして仕事の上司に、父親にたいするのと同じように反抗しつづけ、社会的に適応することに失敗したのである。結婚することはできたものの、日常生活では父親とそっくりのエゴイストで横暴で、残酷な人物になった。

この患者は、「幼児期におけるトラウマ、防衛、潜伏、神経症の疾患の発生、抑圧されたものの部分的な回帰[44]」という神経症に典型的なプロセスを示しているのである。そしてフロイトは人類にも、宗教においてこれと同じプロセスが発生していることを指摘する。原始的な家族では、家長である父親は強く、横暴で、女性を独占するエゴイストだった。

息子たちはこの父親を憎み、力を合わせてこれを殺害した。これが社会の原初にある暴力であり、トラウマとなる。息子たちはこのトラウマを抑圧し、それを補償するために、トーテム動物として亡き父親を崇めることにしたのである。そしてかつての父親の命令にしたがって、家族の女性たちを自分のものにするのをやめたのだった。家族の内部の女性にたいしてはインセスト・タブーを作り、妻は外部から迎えることにしたのである。

やがてこのトーテム動物が人間の姿をとるようになり、一神教が登場し、人々はふたたび父なる神を信仰するようになる。抑圧された父親殺害の記憶が部分的に回帰して、父が神となり、神が父となったのである。

この抑圧されたものが回帰した神は、強い力を発揮した。フロイトはこの一神教のもつ力を、「何かが忘却の後に回帰してくると、それは特別な力をもって地位を確保し、人間集団にたいして比類のないほど強い影響を及ぼすのである」[45]と、抑圧されたものの回帰によって説明している。

キリスト教と原父

ここまではユダヤ教の物語である。しかしイエスが殺され、パウロがイエスの死を人間の罪にたいする贖いと解釈することで、新たな物語が始まる。すでに指摘したように、イエスは父親殺しという罪を贖うために十字架に掛けられたことになる。これによってユダヤ教とは異なるキリスト教の教義が始まるのである。

原父は息子たちに殺されたのだが、キリスト教とともに息子が父親のために殺され、息子たちの父親殺しは贖われたのである。そしてイエスは死の直前に使徒たちにパンとワインを分かち、それを自分の身体と血とした。こうして聖体拝領の儀礼が生まれたのだが、この儀礼は、息子たちが殺した父親の肉を食べるトーテム饗宴の儀礼を反復し再現したもののようにみえる。

ということは、息子であるイエスが自分の命を捧げて、かつて息子たちが原父に犯した罪を贖うことによって、今では息子であるイエスが、父親の立場に立つようになったということである。息子は自分の命を捨てることで、神になったのである。

信者たちは、もはや原父であった神ヤーヴェを崇めるのではなく、ヤーヴェを殺害した人類の罪を贖うイエスを、神として崇めるのである。かつての父としての神の地位を、息子であるイエスが奪い取ったのである。

「ユダヤ教は父の宗教だったが、キリスト教は息子の宗教になった。古い父なる神はキリストの背後に退き、息子であるキリストが父の位置についた。これはかの太古の時代に、すべての息子が望んでいたことである[46]」とフロイトは解説する。

ユダヤ人の迫害の背景

こうしてキリスト教はユダヤ教を受け継ぎながらも、その教義を破壊して、新たな教義を作りだした。フロイトはキリスト教はユダヤ教を発展させた世界宗教であるものの、ユダヤ教と比較すると「文化的な退行[47]」の傾向があることを指摘する。「キリスト教は、ユダヤ教が到達していた精神的な高みを維持することはできなかった[48]」というのである。

まずキリスト教は、ユダヤ教のような厳格な意味での一神教ではなくなった。三位一体論によって、父なる神、子なる神のイエス、聖霊という三位の神が存在するようになった。それだけではなく、やがては母なるマリアを聖なる神の位置に高め、母性神を作りだしたのだった。

さらに近隣の民族から多くの象徴的な儀礼を取りいれた。このようにキリスト教は「迷信的で、魔術的で、神秘的な要素の浸透を拒まなかった。こうした要因は、その後の二〇〇〇年の精神的な発展に、深刻な障害となるものだった[49]」とフロイトは指摘している。

反ユダヤ主義の遠因

この時代には、ホローコストにみられるように、反ユダヤ主義の嵐が吹き荒れた。フロイトはこの時代のユダヤ人の迫害の原因の一つとして、ユダヤ人たちはキリスト教の教徒たちにとって父であるイエスを殺害したと非難されていることを指摘している。

ユダヤ人たちは、父なる神を殺害したというエディプス的な記憶を抑圧することで一神教を作りだしたのだが、キリスト教徒たちはユダヤ人たちが二重の意味で父親殺しをしたと咎めるのである。ユダヤ人にとって父なる神を代理する地位にあったモーセを殺害し、キリスト教徒にとって父の地位についた息子イエスを殺害したと咎めるのである。

このようにフロイトは、旧約聖書の物語を分析しながら、モーセが殺害されたという伝説には原初的な父親殺しと同じものがあることを指摘する。それだけではなく、ユダヤ人たちはキリスト教徒にとって父の地位についたイエスを殺したのだった。こうしてユダヤ人たちは、モーセとイエスと、二度にわたって父親を殺したと咎められるようになったのである。

さらに精神的に高い水準を維持してきたユダヤ教にたいするキリスト教の嫉妬も、こうした反ユダヤ主義の重要な要因として挙げられている。ユダヤ人たちが文化的に優れた業績をあげながらも、「父なる神の最初の子供であり、寵愛された子供であると自称するユダヤの民族に、ユダヤ人でない民族は嫉妬を感じる」(50)のだというわけである。

最後にフロイトは、ゲルマン民族のユダヤ人嫌いの背後に、キリスト教への嫌悪が隠されていると考えている。ゲルマン民族はキリスト教に改宗する時期が遅れた。そしていまだにかつての「野蛮な多神教」への郷愁を抱いており、それがユダヤ人嫌いとなって表現されるのだというのである。「これらの民族は、自分たちに新たに押しつけられたキリスト教にたいする恨みを克服することができず、それをキリスト教の源泉であるユダヤ教に向けているのである」(51)ということになる。

このようにユダヤ人であったフロイトは、ユダヤ教とキリスト教の秘密を暴きながら、宗教全般にたいする批判を展開すると同時に、ユダヤ教がキリスト教よりも精神的な高みに到達していること、キリスト教はユダヤ人に嫉妬しているためにユダヤ人を迫害すること、さらにドイツなどの諸国ではキリスト教への認識がユダヤ人への憎しみとして表現されることを主張する。この書物は宗教批判であり、キリスト教批判であると同時に、ユダヤ教を擁護し、ユダヤ人が迫害される理由を明らかにしようとする狙いをもった書物なのである。

フロイトの精神分析は、個人の神経症の治療を目的として始められたが、晩年にいたると、人間の社会における抑圧の分析、そうした抑圧の結果として生まれた戦争の避け難さとナショナリズムの働き、そして西洋の伝統的なキリスト教の批判という文明と社会についての鋭い考察を展開するにいたったのである。

本書では、フロイトの思想の根幹にある概念を考察しながら、フロイトのこうした思想的な遺産が、現代のわたしたちの問題の考察にどのように役立てうるかを考えてきた。現代はフロイトの時代と同じように、ナショナリズムの時代であり、戦争の時代であり、宗教戦争の時代である。フロイトの思想的な遺産についての探索をさらに深めるべき時期が訪れているのである。

注

（なおフロイトの文章の引用は、拙訳のないものについては岩波書店版の『フロイト全集』のページ数をあげてあるが、訳し直していることが多い。また人文書院版の『フロイト著作集』の訳文も参考にした。さらに他の文献からの引用についても、訳し直していることがある。）

第一章　精神分析の誕生

（1）フロイト『精神分析入門』第18講。邦訳は『フロイト全集』第15巻、高田珠樹ほか訳、岩波書店、347ページ。
（2）同。
（3）同。
（4）ミシュレ『フランス革命史』。桑原武夫責任編集、『世界の名著37　ミシュレ』中央公論社、444ページ。
（5）ニーチェ『悦ばしき知識』125節。邦訳は『ニーチェ全集』第八巻、信太正三訳、ちくま学芸文庫、220ページ。
（6）同、108節。邦訳は同、199ページ。
（7）ミシェル・フーコー『異常者たち　ミシェル・フーコー講義集成5』。邦訳は慎改健之訳、筑摩書房、111ページ。
（8）同。
（9）同。
（10）同。邦訳は同、112ページ。
（11）この二つの系譜についてはとくに、「（座談会）〈無意識〉の生成とゆくえ」、『思想』二〇一三年四月号、岩波書店を参照されたい。
（12）フロイト「神経症の遺伝と病因」。邦訳は『フロイト全集』第3巻、立木康介訳、岩波書店、185ページ。
（13）フロイト「防衛-神経精神症再論」。邦訳は同書、野間俊一訳、193ページ。
（14）ブリタニカ国際大百科事典の「メスメル」の項目。
（15）エティエンヌ・トリヤ『ヒステリーの歴史』安田一郎・横倉れい訳、青土社、164ページ。
（16）同。
（17）同、184ページ。
（18）フロイト「シャルコー」。邦訳は『フロイト全集』第1巻、兼本浩祐訳、岩波書店、386ページ。
（19）同。邦訳は同、387ページ。

(20) 同。邦訳は同、390ページ。
(21) 同。邦訳は同、391ページ。
(22) 同。
(23) アーネスト・ジョーンズ『フロイトの生涯』竹友安彦・藤井治彦訳、紀伊國屋書店、164ページ。
(24) 同。
(25) フロイト『ヒステリー研究』。邦訳は『フロイト全集』第2巻、芝伸太郎訳、岩波書店、39ページ。
(26) 同。邦訳は同、25ページ。
(27) 同。邦訳は同、27ページ。
(28) 同。邦訳は同、35ページ。
(29) 同。邦訳は同、41ページ。
(30) なおこの嫌悪感は異様であり、さらに分析が必要とされるだろう。たんに犬にコップから水を飲ませようとした行為だけで、自分で水が飲めないほどの症状を起こすとは考えられない。アンナはそもそもこの女性を嫌っていたと考えられる。それはこの若いイギリス人の家庭教師にたいして彼女が敵対的な感情をもっていたからだろう。そしてこの敵対心は、父親との関係から生まれるものだろう。家庭教師が水を与える犬は、父親を象徴しており、彼女も父親を愛していたために、父親との同一視が生まれ、彼女は自分が家庭教師から犬のように水を与えられる状況を心の中で思い浮かべたに違いない。そのことを屈辱と感じて、水を飲むことを拒んだのだろう。これについては石田浩之の指摘「アンナが小犬に同一視するのは、その位置に同一視されている父親の代わりに、父親がイギリス女性を愛してはいない（－）ということを主張するためなのである」（石田浩之『負のラカン』誠信書房、140ページ）を参照されたい。なお引用文中の（－）は否定の記号である。
(31) 前掲のトリヤ『ヒステリーの歴史』180ページ。
(32) 同、181ページ。
(33) フロイト『ヒステリー研究』。邦訳は前掲書、50ページ。
(34) 同。邦訳は同、46ページ。
(35) 同。
(36) 同。邦訳は同、10ページ。
(37) 同。邦訳は同、12ページ。
(38) 同。邦訳は同、16ページ。
(39) 同。邦訳は同、15ページ。
(40) 同。邦訳は同、324ページ。
(41) 同。邦訳は同、326ページ。
(42) 同。邦訳は同、324ページ。
(43) 同。
(44) 同。邦訳は同、326ページ。
(45) 同。
(46) 同。邦訳は同、326〜327ページ。

(47) 同。邦訳は同、326ページ。
(48) 同。
(49) 同。
(50) 同。邦訳は同、367～368ページ。
(51) 同。邦訳は同、369ページ。
(52) 同。
(53) 同。
(54) 同。
(55) 同。邦訳は同、368ページ。
(56) 同。邦訳は同、371ページ。
(57) 同。邦訳は同、368ページ。
(58) 同。
(59) 同。邦訳は同、331ページ。
(60) 同。邦訳は同、333ページ。
(61) 同。邦訳は同、332～333ページ。
(62) 同。邦訳は同、331～332ページ。
(63) 同。邦訳は同、371ページ。
(64) 同。邦訳は同、372ページ。
(65) 同。邦訳は同、374ページ。
(66) 同。
(67) 同。邦訳は同、381ページ。
(68) 同。邦訳は同、341ページ。
(69) 同。邦訳は同、342ページ。
(70) 同。邦訳は同、343～344ページ。
(71) 同。邦訳は同、367ページ。
(72) フロイト「防衛‐神経症」。邦訳は『フロイト全集』第1巻、渡邉俊之訳、岩波書店、396ページ。
(73) 同。邦訳は同、397ページ。
(74) 同。
(75) 同。邦訳は同、398ページ。
(76) 同。邦訳は同、400ページ。
(77) フロイト『ヒステリー研究』。邦訳は前掲書、80ページ。
(78) 同。邦訳は同、57ページ。
(79) 同。邦訳は同、131ページ。
(80) 同。邦訳は同、107ページ。
(81) 同。邦訳は同、116ページ。
(82) 同。
(83) 同。邦訳は同、126ページ。
(84) 同。邦訳は同、128ページ。
(85) 同。邦訳は同、134ページ。
(86) 同。邦訳は同、135ページ。
(87) 同。邦訳は同、136ページ。
(88) 同。邦訳は同、137ページ。
(89) 同。邦訳は同、132ページ。
(90) 同。邦訳は同、146ページ。
(91) 同。
(92) 同。邦訳は同、166ページ。

(93) ラプランシュ／ポンタリス『精神分析用語辞典』村上仁監訳、みすず書房、102ページ。
(94) フロイト『ヒステリー研究』。邦訳は『フロイト全集』第2巻、170ページ。
(95) 同。邦訳は同、177ページ。
(96) 同。邦訳は同、174ページ。
(97) 同。邦訳は同、200ページ。
(98) 同。邦訳は同、204ページ。
(99) フロイト『日常生活の精神病理学』。邦訳は『フロイト全集』第7巻、高田珠樹訳、岩波書店、315ページ。
(100) フロイト「無意識」。邦訳は『フロイト全集』第14巻、新宮一成訳、岩波書店、230ページ。
(101) 前掲のラプランシュ／ポンタリス『精神分析用語辞典』332ページ。
(102) フロイト「転移の力動論にむけて」。邦訳は『フロイト全集』第12巻、須藤訓任訳、岩波書店、217ページ。
(103) フロイト「転移性恋愛についての見解」。邦訳は『フロイト全集』第13巻、道籏泰三訳、岩波書店、311ページ。
(104) フロイト「転移の力動論にむけて」。邦訳は前掲書、220ページ。
(105) フロイト『ヒステリー研究』。邦訳は前掲書、386ページ。
(106) 同。邦訳は同、387ページ。
(107) 同。
(108) 同。
(109) 同。邦訳は同、389ページ。
(110) アーネスト・ジョーンズ『フロイトの生涯』160ページ。
(111) フロイト「転移の力動論にむけて」。邦訳は前掲書、220ページ。
(112) 田村雲供『フロイトのアンナO嬢とナチズム』ミネルヴァ書房、68ページ。
(113) ブロイアー治療の後にベルタが送った闘病生活については、田村の前掲書を参照されたい。

第二章　忘却と失錯行為

(1) 金関猛『ウィーン大学生フロイト』中央公論新社、66ページ。
(2) アンリ・エレンベルガー『無意識の発見』下巻、木村敏・中井久夫監訳、弘文堂、91ページ。
(3) フロイト「度忘れの心的メカニズムについて」。邦訳は『フロイト全集』第3巻、角田京子訳、岩波書店、321ページ。フロイト『日常生活の精神病理学』。邦訳は『フロイト全集』第7巻、高田珠樹訳、岩波書店、8ページ。

（4）同。邦訳は前掲書、318ページ。フロイト『日常生活の精神病理学』。邦訳は前掲書、6ページ。

（5）同。邦訳は前掲書、318ページ。フロイト『日常生活の精神病理学』。邦訳は前掲書、7ページ。

（6）フロイト「遮蔽想起について」。邦訳は『フロイト全集』第3巻、角田京子訳、岩波書店、348ページ。

（7）同。邦訳は同、349ページ。

（8）同。邦訳は同、350ページ。

（9）同。邦訳は同、351ページ。

（10）フロイト『ヒステリー研究』。邦訳は『フロイト全集』第2巻、7ページ。

（11）フロイト「ヒステリーの病因論のために」。邦訳は『フロイト全集』第3巻、芝伸太郎訳、岩波書店、244ページ。

（12）同。邦訳は同、244～245ページ。

（13）同。邦訳は同、245ページ。

（14）同。邦訳は同、233ページ。

（15）同。邦訳は同、233～234ページ。

（16）同。邦訳は同、235ページ。

（17）同。邦訳は同、241ページ。

（18）フロイト「防衛‐神経精神症再論」。邦訳は『フロイト全集』第3巻、野間俊一訳、岩波書店、198ページ。

（19）同。邦訳は同、201ページ。

（20）この「誘惑理論の放棄」の背景については、下司晶『〈精神分析的子ども〉の誕生』（東京大学出版会）の第1章を参照されたい。

（21）フロイト「精神分析運動の歴史のために」。『フロイト全集』第13巻、福田覚訳、岩波書店、55ページ。

（22）フリース宛ての一八九七年一一月一四日付けの書簡。邦訳は『フロイト　フリースへの手紙』河田晃訳、誠信書房、293ページ。

（23）フロイト『日常生活の精神病理学』。邦訳は『フロイト全集』第7巻、177～178ページ。

（24）同。邦訳は同、30～31ページ。

（25）同。邦訳は同、72ページ。

（26）同。邦訳は同、119～120ページ。シェイクスピア『ヴェニスの商人』第三幕第二場。ポーシャが愛するバサーニオウに箱を選ぶのを慎重にしてくれと頼む場面。ポーシャは「私の半分はあなたのもの、もう半分はあなたのもの。いいえ、私のものというところだったのです。けれど私のものなら、あなたのもの。ですからみんな、あなたの物ですわ」と言い間違えを正当化する。邦訳は『シェイクスピア全集』第1巻、菅泰男訳、筑摩書房、290ページ。

（27）同。邦訳は同、207ページ。

（28）同。邦訳は同、219ページ。

（29）同。邦訳は同、221ページ。

(30)同。邦訳は同、71ページ。
(31)同。邦訳は同、69ページ。
(32)フロイト『機知』。邦訳は『フロイト全集』第8巻、中岡成文ほか訳、岩波書店、15ページ。
(33)同。邦訳は同、24ページ。
(34)同。邦訳は同、29ページ。
(35)同。邦訳は同、78ページ。
(36)同。邦訳は同、77ページ。
(37)同。
(38)同。邦訳は同、87ページ。
(39)同。邦訳は同、85〜86ページ。
(40)シェイクスピア『ジュリアス・シーザー』第三幕第二場。邦訳は『シェイクスピア全集』第6巻、中野好夫訳、筑摩書房、190ページ。
(41)フロイト『機知』。邦訳は前掲書、87ページ。
(42)同。邦訳は同、92ページ。
(43)同。邦訳は同、137ページ。
(44)同。邦訳は同、72ページ。
(45)同。邦訳は同、142ページ。
(46)同。邦訳は同、152ページ。
(47)同。邦訳は同、174ページ。
(48)同。邦訳は同、171ページ。
(49)同。邦訳は同、176ページ。
(50)ジャン＝リュック・ジリボン『不気味な笑い』原章二訳、平凡社、75ページ。
(51)フロイト『機知』。邦訳は前掲書、243ページ。
(52)同。邦訳は同、244ページ。
(53)同。邦訳は同、248ページ。

第三章　夢とヒステリー

(1)フリース宛ての一八九七年九月二一日付けの書簡。『フロイト　フリースへの手紙』275ページ。
(2)フリース宛ての一八九七年八月一四日付けの書簡。同、272ページ。
(3)フリース宛ての一八九七年五月二日付けの書簡。同、246ページ。
(4)フリース宛ての一八九七年九月二一日付けの書簡。同、275ページ。
(5)フリース宛ての一八九七年一〇月一五日付けの書簡。同、284ページ。
(6)同。
(7)フリース宛ての一八九七年五月三一日付けの書簡。同、258ページ。
(8)フロイト「夢について」。邦訳は『フロイト全集』第6巻、道籏泰三訳、岩波書店、373ページ。
(9)フロイト『夢解釈』第5章。邦訳は『フロイト全集』第4巻、新宮一成訳、岩波書店、309ページ。
(10)同。邦訳は同、321ページ。

(11) 同。
(12) フリース宛ての一八九七年一〇月三日付けの書簡。邦訳は前掲書、279ページ。
(13) 同。邦訳は同、280ページ。
(14) フロイト「夢について」。邦訳は前掲書、350ページ。
(15) 前掲の『フロイト　フリースへの手紙』282ページの原注による。
(16) フロイト「夢について」。前掲書、351ページ。
(17) フリース宛ての一八九七年一〇月三日付けの書簡。前掲書、280ページ。
(18) フリース宛ての一八九七年一〇月一五日付けの書簡。同、283ページ。
(19) アーネスト・ジョーンズ『フロイトの生涯』31ページ。
(20) フリース宛ての一八九七年一〇月三日付けの書簡。前掲書、281ページ。
(21) フリース宛ての一八九七年一〇月一五日付けの書簡。同、283ページ。
(22) フリース宛ての一八九七年一〇月三日付けの書簡。同、281ページ
(23) アーネスト・ジョーンズ『フロイトの生涯』30ページ。
(24) フリース宛ての一八九七年一〇月一五日付けの書簡。前掲書、284ページ。
(25) 同。
(26) 同。
(27) 同。
(28) フリース宛ての一八九七年五月三一日付けの書簡、草稿N。前掲書、259ページ。
(29) 同。
(30) フロイト『夢解釈』第5章。邦訳は前掲書、332ページ。
(31) 同。
(32) フロイト『夢解釈』第1章。邦訳は同、105ページ。
(33) フロイト「夢について」。邦訳は前掲書、314ページ。
(34) 同。
(35) 同。邦訳は同、316ページ。
(36) フロイト『夢解釈』第2章。邦訳は前掲書、136ページ。
(37) フロイト『夢解釈』第3章のタイトル。邦訳は同、165ページ。ただし邦訳では「夢は欲望の実現である」となっている。
(38) フリース宛ての一八九七年五月一六日付けの書簡。前掲書、251ページ。
(39) 同。

(40)フロイト『夢解釈』第2章。邦訳は前掲書、144~145ページ。
(41)同。邦訳は同、146ページ。
(42)同。
(43)同。邦訳は同、158ページ。
(44)この男性の三人組について、さらにイルマ、彼女に重ねられたフロイトの妻マルタ、そして別の理想的な女性患者で構成される女性の三人組の意味についての興味深い分析が、ジャック・ラカン『フロイト理論と精神分析技法における自我』小出浩之ほか訳、岩波書店、上巻、257~261ページにみられる。
(45)フロイト『夢解釈』第2章。邦訳は前掲の『フロイト全集』第4巻、161ページ。
(46)同。邦訳は同、181ページ。
(47)フロイト「夢について」。邦訳は前掲の『フロイト全集』第6巻、324ページ。
(48)フロイト『夢解釈』第4章。邦訳は前掲書、190ページ。
(49)同。邦訳は同、191ページ。
(50)同、第7章。邦訳は『フロイト全集』第5巻、新宮一成訳、岩波書店、330ページ。
(51)同、第4章。邦訳は前掲の第4巻、191ページ。
(52)同。邦訳は同、192ページ。
(53)同。邦訳は同、194ページ。
(54)同、第7章。邦訳は前掲の第5巻、330ページ。
(55)同。
(56)同。
(57)同。邦訳は同、331ページ。
(58)同、第6章。邦訳は同、4ページ。
(59)同。邦訳は同、8ページ。
(60)同。邦訳は同、10ページ。
(61)フロイト「夢について」。邦訳は前掲書、332ページ。
(62)フロイト『夢解釈』第6章。邦訳は前掲の第5巻、18ページ。
(63)同。邦訳は同、19ページ。
(64)同。
(65)同。邦訳は同、21ページ。
(66)同。邦訳は同、38ページ。
(67)フロイト「夢について」。邦訳は前掲書、339ページ。
(68)同。邦訳は同、343ページ。
(69)同。邦訳は同、345ページ。
(70)同。
(71)フロイト「夢について」。邦訳は前掲書、346ページ。
(72)フロイト『夢解釈』第6章。邦訳は前掲書、55ページ。

(73)フロイト「夢について」。邦訳は前掲書、346ページ。
(74)フロイト『夢解釈』第6章。邦訳は前掲書、266ページ。
(75)同、第1章。邦訳は前掲の第4巻、45ページ。
(76)同、第6章。邦訳は前掲の第5巻、274ページ。
(77)フロイト『夢解釈』第7章。邦訳は同、325ページ。
(78)同。
(79)同。邦訳は同、327ページ。
(80)同。邦訳は同、326ページ。
(81)フロイト「マジック・メモについてのノート」。邦訳はフロイト『自我論集』中山元訳、ちくま学芸文庫、305〜312ページ。
(82)フロイト『夢解釈』第7章。邦訳は前掲の第5巻、328ページ。
(83)同。邦訳は同、329ページ。
(84)同。邦訳は同、331ページ。
(85)同。邦訳は同、330ページ。
(86)同。邦訳は同、340ページ。
(87)同。
(88)同。
(89)同。邦訳は同、335ページ。ただし岩波の全集版は、「事実上退行とみなすことができる」の部分を訳していない。『フロイト著作集』第二巻、高橋義孝訳、人文書院、447ページ参照。
(90)同。邦訳は同、337ページ。
(91)同。邦訳は同、341ページ。
(92)同。
(93)同。邦訳は同、363ページ。
(94)同。
(95)同。邦訳は同、364ページ。
(96)同。
(97)同。
(98)同。
(99)同。
(100)同。邦訳は同、366ページ。
(101)フロイト「ヒステリー性空想、ならびに両性性に対するその関係」。『フロイト全集』第9巻、道籏泰三訳、岩波書店、247ページ。
(102)フロイト『夢解釈』第7章。邦訳は前掲の第5巻、376ページ。
(103)同。邦訳は同、377ページ。
(104)同。
(105)同。邦訳は同、377〜378ページ。
(106)同。邦訳は同、378ページ。
(107)同。
(108)フロイト『心理学草稿』。邦訳は『フロイト全集』第3巻、総田純次訳、岩波書店、55ページ。
(109)フロイト『夢解釈』第7章。邦訳は前掲の第5巻、397ページ。
(110)同。邦訳は同、399ページ。
(111)同。邦訳は同、398〜399ページ。
(112)フロイト「心理学草稿」。邦訳は前掲の『フロイト全集』第3巻、65ページ。

第四章　幼児の性的な成長と性格の形成

(1)フロイト『性理論三篇』。邦訳はフロイト『エロス論集』中山元訳、ちくま学芸文庫、101ページ。
(2)同。
(3)同。邦訳は同、106ページ。
(4)前掲のラプランシュ／ポンタリス『精神分析用語辞典』261ページ。
(5)フロイト『性理論三篇』。邦訳は前掲書、107ページ。
(6)同。
(7)同。邦訳は同、109ページ。
(8)同。
(9)同。邦訳は同、130ページ。
(10)同。
(11)同。
(12)同。
(13)同。邦訳は同、111ページ。
(14)同。邦訳は同、112ページ。
(15)フロイト「ある五歳男児の恐怖症の分析」。邦訳は『フロイト全集』第10巻、総田純次訳、岩波書店、8ページ。
(16)同。
(17)フロイト『性理論三篇』。邦訳は前掲書、127ページ。
(18)同。邦訳は同、112ページ。
(19)同。邦訳は同、127ページ。
(20)フロイト「ある五歳男児の恐怖症の分析」。邦訳は前掲書、111ページ。
(21)フロイト『性理論三篇』。邦訳は前掲書、131ページ。
(22)同。邦訳は同、132ページ。
(23)フロイト「幼児の性器体制」。邦訳は前掲書、208ページ。
(24)同。邦訳は同、209ページ。
(25)同。邦訳は同、152ページ。
(26)同。
(27)同。邦訳は同、153ページ。
(28)フロイト『性理論三篇』。邦訳は前掲書、117ページ。
(29)同。邦訳は同、133ページ。

(30) 同。邦訳は同、145ページ。
(31) 同。
(32) 前掲のラプランシュ／ポンタリス『精神分析用語辞典』283ページ。
(33) フロイト『性理論三篇』。邦訳は前掲書、145～146ページ。
(34) 同。邦訳は同、134ページ。
(35) 同。邦訳は同、134～135ページ。
(36) 同。邦訳は同、135ページ。
(37) 同。邦訳は同、133ページ。
(38) 同。邦訳は同、151ページ。
(39) 同。
(40) 同。邦訳は同、168ページ。
(41) 同。邦訳は同、169ページ。
(42) 同。邦訳は同、170ページ。
(43) 同。
(44) 同。
(45) 同。
(46) 同。邦訳は同、119ページ。
(47) 同。邦訳は同、51ページ。
(48) 同。邦訳は同、48ページ。
(49) 同。邦訳は同、58ページ。
(50) 同。邦訳は同、59ページ。
(51) 同。邦訳は同、58ページ。
(52) フロイト「フェティシズム」。邦訳は同、288ページ。
(53) 同。
(54) 同。邦訳は同、286ページ。
(55) 同。邦訳は同、292ページ。
(56) フロイト『性理論三篇』。邦訳は前掲書、63ページ。
(57) 同。
(58) 同。
(59) 同。
(60) 同。邦訳は同、64ページ。
(61) 同。
(62) 同。邦訳は同、66ページ。
(63) アブラハム「性格形成に対する口唇性愛の寄与」。『アーブラハム論文集』下坂幸三ほか訳、岩崎学術出版社、123ページ。
(64) 同。邦訳は同、126ページ。
(65) 同。
(66) 同。邦訳は同、127ページ。
(67) 同。
(68) 同。邦訳は同、129ページ。
(69) 同。
(70) 同。邦訳は同、130ページ。
(71) 同。

(72)同。
(73)同。邦訳は同、131ページ。
(74)同。
(75)フロイト「性格と肛門愛」。邦訳は前掲の『エロス論集』365ページ。
(76)同。邦訳は同、367ページ。
(77)同。
(78)同。邦訳は同、366ページ。
(79)同。
(80)同。邦訳は同、370ページ。
(81)同。
(82)同。邦訳は同、371ページ。
(83)同。
(84)同。邦訳は同、372ページ。
(85)同。邦訳は同、370ページ。
(86)フロイト『性理論三篇』。邦訳は同、194ページ。
(87)フロイト「性格と肛門愛」。邦訳は同、373ページ。
(88)フロイト『文化への不満』。邦訳は『幻想の未来/文化への不満』中山元訳、光文社古典新訳文庫、181ページ。
(89)同。邦訳は同、182ページ。
(90)ラブレー『ガルガンチュワ物語』第一之書、渡辺一夫訳、岩波文庫、94ページ。
(91)フロイト『文化への不満』。邦訳は前掲書、182ページ。
(92)フロイト『性理論三篇』。邦訳は前掲書、176ページ。
(93)同。邦訳は同、180ページ。
(94)同。
(95)同。
(96)同。邦訳は同、173ページ。
(97)同。
(98)同。
(99)フロイト「ある五歳男児の恐怖症の分析」。邦訳は前掲の『フロイト全集』第10巻、7ページ。
(100)フロイト「エディプス・コンプレックスの崩壊」。邦訳は前掲の『エロス論集』300ページ。
(101)同。邦訳は同、299ページ。
(102)同。
(103)フロイト「ある五歳男児の恐怖症の分析」。邦訳は前掲書、5ページ。
(104)同。邦訳は同、7ページ。
(105)フロイト「エディプス・コンプレックスの崩壊」。邦訳は前掲書、300ページ。
(106)ハンスは入浴させられている妹の裸体をしげしげと眺め、残念そうに言う。「これ、ほんとにとってもちっちゃなおちんちんがあるね」(フロイト「ある五歳男児の恐怖症の分析」。邦訳は前掲書、12ページ)。

(107) ハンスは母親にペニスを洗ってパウダーをつけてもらうときに、「どうして指で触らないの」と尋ねている(同、20ページ)。母親は「幼児の自慰行為を信じようとしなかった、自分自身神経症的である」(同、199ページ)と描写されている。ハンスの母親は、自分の幼児期の性的な欲望を抑圧して、ヒステリー症状を示しているようである。そのことは、ハンスに「ママにもおちんちんがあるの」と尋ねられて、「もちろんよ、なぜ」(同、4~5ページ)と反問していることにも示されている。

(108) フロイト「エディプス・コンプレックスの崩壊」。邦訳は前掲の『エロス論集』301ページ。

(109) 同。邦訳は同。

(110) 同。邦訳は同、302ページ。

(111) フロイト『自我とエス』。邦訳は前掲の『自我論集』235ページ。

(112) 同。邦訳は同、236ページ。

(113) 同。

(114) 同。邦訳は同、237ページ。

(115) 同。

(116) 同。邦訳は同、238ページ。

(117) 同。邦訳は同、236ページ。

(118) フロイト「エディプス・コンプレックスの崩壊」。邦訳は前掲書、302ページ。

(119) 同。邦訳は同、303ページ。

(120) フロイト『自我とエス』。邦訳は前掲の『自我論集』238ページ。なおこのページの訳注も参照されたい。

(121) 同。邦訳は同、239ページ。

(122) 同。

(123) フロイト「女性の性愛について」。邦訳は『エロス論集』337ページ。

(124) フロイトは「だから男性と女性の発達の類似性を強調する目的で使われているエレクトラ・コンプレックスという用語は、使用すべきではない」(同)と指摘している。

(125) 同。邦訳は同、304ページ。

(126) 同。邦訳は同、305ページ。

(127) 同。邦訳は同、305~306ページ。

(128) 同。邦訳は同、306ページ。

(129) 同。

(130) 同。

(131) 同。

(132) フロイト『夢解釈』第2章。邦訳は前掲の『フロイト全集』第4巻、151ページ。このフロイトにとっての女性が謎であったことについては、サラ・コフマン『女の謎——フロイトの女性論』(鈴木晶訳、せりか書房）を参照されたい。

第五章　フロイトの欲動の理論

（1）フロイト「自我とエス」。邦訳は前掲の『自我論集』210ページ。
（2）同。
（3）同。
（4）同。邦訳は同、222ページ。
（5）同。邦訳は同、210ページ。
（6）同。邦訳は同、220ページ。
（7）同。
（8）同。邦訳は同、221ページ。
（9）同。
（10）同、邦訳は同、222ページ。
（11）同。邦訳は同、223ページ。
（12）同。邦訳は同、256ページ。
（13）同。邦訳は同、261ページ。
（14）同。邦訳は同、263ページ。
（15）同。邦訳は同、262ページ。
（16）同。邦訳は同、261ページ。
（17）同。
（18）フロイト『快感原則の彼岸』。邦訳は前掲の『自我論集』116ページ。
（19）同、115ページ。
（20）同、119ページ。
（21）フロイト「心的生起の二原則に関する定式」。邦訳は『フロイト全集』第11巻、高田珠樹訳、岩波書店、264ページ。
（22）フロイト「精神分析的観点から見た心因性視覚障害」。邦訳は同、226ページ。
（23）同。邦訳は同、226〜227ページ。
（24）プラトン『ティマイオス』64C。邦訳は『プラトン全集』第6巻、泉治典訳、角川書店、239ページ。
（25）フロイト「心理学草稿」。邦訳は前掲の『フロイト全集』第3巻、30ページ。
（26）同。邦訳は同、32ページ。
（27）同。邦訳は同、38ページ。
（28）同。邦訳は同、39ページ。
（29）フロイト「心的生起の二原則に関する定式」。邦訳は前掲書、264ページ。ただし現実原則はたんに快感原則を迂回して充足するだけのものではなく、生体に現実の厳しさを教えるものとして、あくまでも有用な働きをする。生体は身体というものが、たんなる欲望の充足の手段ではなく、現実のものであることを、現実原則で学ぶのである。この現実原則の重要性については、ジャック・ラカン『精神病』（上巻、岩波書店、139ページ）を参照されたい。
（30）フロイト「ナルシシズム入門」。邦訳は前掲の

『エロス論集』233ページ。
(31) 同。邦訳は同、234ページ。
(32) 同。邦訳は同、237ページ。
(33) 同。邦訳は同、250ページ。
(34) 同。邦訳は同、250ページ。
(35) 同。邦訳は同、237ページ。
(36) 同。邦訳は同、238ページ。
(37) 同。邦訳は同、240ページ。
(38) フロイト「快感原則の彼岸」。邦訳は前掲の『自我論集』154ページ。
(39) 同。邦訳は同、140ページ。
(40) 同。邦訳は同、162ページ。
(41) 同。邦訳は同、159ページ。
(42) 同。邦訳は同、161ページ。
(43) 同。邦訳は同、183ページ。
(44) 同。邦訳は同、182ページ。
(45) 同。
(46) 同。邦訳は同、179ページ。
(47) 同。
(48) フロイト「マゾヒズムの経済論的問題」。邦訳は同、276ページ。
(49) 同。
(50) 同。邦訳は同、275ページ。
(51) 同。邦訳は同、277ページ。
(52) 同。邦訳は同、276ページ。
(53) 同。邦訳は同、277ページ。
(54) 同。
(55) 同。邦訳は同、278ページ。
(56) 同。邦訳は同、277〜278ページ。
(57) 同。邦訳は同、282ページ。
(58) 同。
(59) 同。邦訳は同、281ページ。
(60) 同。邦訳は同、281〜282ページ。
(61) 同。邦訳は同、282ページ。
(62) 同。
(63) 同。邦訳は同、283ページ。
(64) 同。
(65) フロイト「子供が叩かれる」。邦訳は同、92ページ。
(66) 同。邦訳は同、89ページ。
(67) 同。邦訳は同、90ページ。
(68) フロイト「マゾヒズムの経済論的問題」。邦訳は同、283ページ。
(69) 同。邦訳は同、279ページ。
(70) 同。邦訳は同、284ページ。
(71) 同。邦訳は同、286ページ。
(72) 同。邦訳は同、289ページ。
(73) 同。邦訳は同、287ページ。

(74)同。邦訳は同、290ページ。
(75)同。
(76)同。
(77)同。
(78)フロイト「精神分析の作業で確認された二、三の性格類型」、フロイト『ドストエフスキーと父親殺し／不気味なもの』中山元訳、光文社古典新訳文庫、92ページ。
(79)同。邦訳は同、93ページ。
(80)フロイト「マゾヒズムの経済論的問題」。邦訳は前掲書、290ページ。

第六章　社会という「檻」

(1)フロイト「〈文化的〉性道徳と現代の神経質症」。邦訳は『フロイト全集』第9巻、道籏泰三訳、岩波書店、264〜265ページ。
(2)同。邦訳は同、266ページ。
(3)ニーチェ『道徳の系譜学』。邦訳は中山元訳、光文社古典新訳文庫、156ページ。
(4)フロイト『文化への不満』。邦訳は前掲書、275ページ。
(5)同。邦訳は同、276ページ。
(6)フロイト「人はなぜ戦争をするのか」。フロイト『人はなぜ戦争をするのか　エロスとタナトス』中山元訳、光文社古典新訳文庫、14ページ。
(7)ホッブズ『リヴァイアサン』第1部第13章。邦訳は水田洋訳、第1分冊、岩波文庫、203ページ。
(8)同。
(9)同。邦訳は同、199ページ。
(10)フロイト「人はなぜ戦争をするのか」。邦訳は前掲書、15ページ。
(11)同。邦訳は同、16ページ。
(12)同。
(13)ルソー『人間不平等起源論』。邦訳は中山元訳、光文社古典新訳文庫、129ページ。
(14)フロイト『文化への不満』。邦訳は前掲書、199ページ。
(15)同。
(16)同。邦訳は同、198ページ。
(17)同。
(18)同。邦訳は同、196ページ。
(19)同。
(20)同。邦訳は同、198ページ。
(21)フロイト『トーテムとタブー』。邦訳は『フロイト全集』第12巻、門脇健訳、岩波書店、181ページ。
(22)同。
(23)同。邦訳は同、183ページ。
(24)同。

(25) 同。邦訳は同、184ページ。
(26) 同。
(27) 同。邦訳は同、182ページ。
(28) 同。邦訳は同、91ページ。
(29) 同。
(30) 同。邦訳は同、115ページ。
(31) フロイト『文化への不満』。同。邦訳は前掲書、170ページ。
(32) 同。邦訳は同、207ページ。
(33) 同。
(34) 同。邦訳は同、208ページ。
(35) 同。
(36) 同。
(37) 同。邦訳は同、194ページ。
(38) 同。邦訳は同、173ページ。
(39) 同。邦訳は同、209ページ。
(40) 同。邦訳は同、222ページ。
(41) 同。邦訳は同、228ページ。
(42) 同。邦訳は同、236ページ。
(43) 同。
(44) 同。
(45) 同。邦訳は同、236〜237ページ。
(46) 同。邦訳は同、237ページ。
(47) 同。邦訳は同、246ページ。
(48) フロイト「人はなぜ戦争をするのか」。邦訳は前掲書、29ページ。
(49) 同。邦訳は同、30ページ。
(50) 同。邦訳は同、31ページ。
(51) 同。邦訳は同、32ページ。
(52) 同。邦訳は同、37ページ。
(53) フロイト『文化への不満』。邦訳は前掲書、291〜292ページ。
(54) 同。邦訳は同、292ページ。
(55) フロイト「戦争と死に関する時評」。邦訳は前掲の『人はなぜ戦争をするのか　エロスとタナトス』70ページ。
(56) 同。
(57) 同。

第七章　人類の精神分析

(1) フーコー「ニーチェ・フロイト・マルクス」。『フーコー思考集成』第Ⅱ巻、大西雅一郎訳、筑摩書房、406ページ。
(2) 同。
(3) 同。
(4) フロイト『トーテムとタブー』。邦訳は前掲書、3ページ。
(5) 同。

（6）同。邦訳は同、10ページ。
（7）同。邦訳は同、40ページ。
（8）同。
（9）同。
（10）同。邦訳は同、42ページ。
（11）同。邦訳は同、41ページ。
（12）同。邦訳は同、42ページ。
（13）同。
（14）同。邦訳は同、44ページ。
（15）同。邦訳は同、45ページ。
（16）フロイト『集団心理学と自我分析』。『フロイト全集』第17巻、藤野寛訳、岩波書店、134ページ。
（17）同。
（18）同。邦訳は同、135ページ。
（19）同。邦訳は同、140ページ。
（20）同。
（21）同。邦訳は同、142ページ。
（22）同。邦訳は同、160ページ。
（23）同。
（24）同。邦訳は同、161ページ。
（25）同。
（26）同。邦訳は同、162ページ。
（27）同。邦訳は同、184ページ。
（28）同。
（29）同。邦訳は同、180ページ。
（30）同。邦訳は同、184ページ。
（31）同。邦訳は同、185ページ。
（32）同。邦訳は同、188ページ。
（33）同。邦訳は同、196ページ。
（34）同。
（35）同。邦訳は同、210〜211ページ。
（36）同。邦訳は同、211〜212ページ。
（37）フロイト『幻想の未来』。邦訳は前掲の『幻想の未来／文化への不満』14ページ。
（38）同。邦訳は同、36ページ。
（39）同。邦訳は同、82ページ。
（40）同。
（41）同。邦訳は同、90ページ。
（42）同。邦訳は同、92ページ。
（43）同。
（44）フロイト『人間モーセと一神教』。邦訳は同、347〜348ページ。
（45）同。邦訳は同、357ページ。
（46）同。邦訳は同、364ページ。
（47）同。
（48）同。邦訳は同、365ページ。
（49）同。
（50）同。邦訳は同、371ページ。

(51) 同。邦訳は同、372ページ。

あとがき

本書では、わたしたちの心のうちに潜む無意識というくらがりを探るために、精神分析という方法を発明したフロイトが直面していた思想的な課題を紹介することを試みた。読者の方は、次のような疑問を抱かれたことはないだろうか。


わたしたちがかかることのある心の病は、どうして生まれるのだろうか。それはどうすれば治るのだろうか。それはわたしたちの心の仕組みとどう関係しているのだろうか。

わたしたちが物忘れをしたり、言い間違いをしたりするのはどうしてだろうか。人が洒落を言うと、わたしたちはなぜ笑うのだろうか。

わたしたちはどうして夢をみるのだろうか。夢はわたしたちにどんなことを語っているのだろうか。

わたしたちの幼い頃の経験は現在の自分にどのような影響を与えているのだろうか。わたしたちの性格はどうやって形作られるのだろうか。

人間が社会的に、そして性的に成熟するには、どのようなプロセスを経るのだろうか。

わたしたちがときに社会の中で息苦しく、抑圧されているように感じるのではどうしてだろうか。

わたしたちの時代にあって、人々が殺しあう戦争がなくならないのはどうしてだろうか。「神が死んだ」と言われる現代において、宗教はどんな意味をもっているのだろうか。

これらはわたしたちが生きる上で重要な問いであり、そのうちのいくつかは、現代においてもなお重要な思想的な課題となっている。フロイトはこれらの問いに、精神分析という方法で取り組んだ。もちろんこれらの難問に、誰もが納得できる答えをだすことはできなかったとしても、わたしたちがこれらの問いを考察するために重要な手掛かりを提供してくれたのはたしかである。

本書では、フロイトがこれらの問いをどのように考察し、どのような答えを提示したかについて紹介することを試みた。わたしたちを襲う不安の問題やナルシシズムの問題など、フロイトが考察した人間の欲動のさまざまな運命について、さらに掘り下げて考えたい問題も残されているが、これらについては別に考察したい。

本書の執筆にあたっては、筑摩書房の筑摩選書編集部の湯原法史さんから、暖かい励ましの言葉と心強いご支援をいただいた。心から感謝申し上げる。

中山　元

中山　元（なかやま・げん）

一九四九年、東京生まれ。東京大学教養学部中退。哲学者・翻訳家。フーコー、カント、ニーチェ、デリダなど多数の訳書のほか、著書として『フーコー入門』『高校生のための評論文キーワード１００』『正義論の名著』『アレント入門』（いずれもちくま新書）、『賢者と羊飼い――フーコーとパレーシア』『思考の用語辞典』（いずれも筑摩書房）、『フーコー思想の考古学』『ハンナ・アレント〈世界への愛〉その思想と生涯』（いずれも新曜社）、『フーコー　生権力と統治性』（河出書房新社）、『自由の哲学者カント』（光文社）などがある。

筑摩選書 0123

フロイト入門《にゅうもん》

二〇一五年一一月一五日　初版第一刷発行
二〇二四年　五　月二〇日　初版第三刷発行

著　者　中山元《なかやまげん》
発行者　喜入冬子
発行所　株式会社筑摩書房
東京都台東区蔵前二-五-三　郵便番号　一一一-八七五五
電話番号　〇三-五六八七-二六〇一（代表）
装幀者　神田昇和
印刷 製本　中央精版印刷株式会社

 ISBN978-4-480-01629-4 C0311

筑摩選書
0037

主体性は教えられるか

岩田健太郎

主体的でないと言われる日本人。それはなぜか。この国の学校教育が主体性を涵養するようにはできていないのではないか。医学教育をケーススタディとして考える。

筑摩選書
0044

さまよえる自己
ポストモダンの精神病理

内海健

「自己」が最も輝いていた近代が終焉した今、時代を映す精神の病態とはなにか。臨床を起点に心や意識の起源に遡り、主体を喪失した現代の病理性を解明する。

筑摩選書
0049

身体の時間
〈今〉を生きるための精神病理学

野間俊一

加速する現代社会、時間は細切れになって希薄化し、心身に負荷をかける。新型うつや発達障害、解離などの臨床例を検証、生命性を回復するための叡智を探りだす。

筑摩選書
0064

トラウマ後　成長と回復
心の傷を超えるための6つのステップ

S・ジョゼフ
北川知子 訳

病いのように見られてきた「心の傷」が、人に成長をもたらす鍵になる。トラウマの見方を変え、新たな人生を手にするための方法とは。第一人者が説く新しい心理学。

筑摩選書
0085

うつ病治療の基礎知識

加藤忠史

社会生活に甚大な影響を与える精神疾患、「うつ病」。診断と治療について関係者が知っておくべき知識を網羅した本書は、現在望みうる最良のガイドである。

筑摩選書
0090

躁と鬱

森山公夫

躁うつ病と診断される人の数がここ十数年で急増した。軽症化、新型うつの登場等昨今の状況を超えて、人類の苦悩の極北的表現としてこの病の両極性を捉えなおす。